文章·文学·文化

近代中学国文教科书中的古代作品选文研究

赵新华 著

ZHEJIANG UNIVERSITY PRESS
浙江大学出版社

图书在版编目（CIP）数据

文章·文学·文化 ：近代中学国文教科书中的古代
作品选文研究 / 赵新华著. — 杭州 ：浙江大学出版社，
2022.3
ISBN 978-7-308-22305-8

Ⅰ．①文… Ⅱ．①赵… Ⅲ．①中学语文课－教材－
研究－中国－近代②中国文学－古典文学研究 Ⅳ．
①G633.302②I206.2

中国版本图书馆CIP数据核字(2022)第017576号

文章·文学·文化：近代中学国文教科书中的古代作品选文研究
赵新华　著

策划编辑	吴伟伟	
责任编辑	陈　翩	
责任校对	丁沛岚	
封面设计	雷建军	
出版发行	浙江大学出版社	
	（杭州市天目山路148号　　邮政编码　310007）	
	（网址：http://www.zjupress.com）	
排　　版	杭州林智广告有限公司	
印　　刷	广东虎彩云印刷有限公司绍兴分公司	
开　　本	710mm×1000mm　1/16	
印　　张	16.25	
字　　数	265千	
版 印 次	2022年3月第1版　2022年3月第1次印刷	
书　　号	ISBN 978-7-308-22305-8	
定　　价	68.00元	

浙江大学出版社市场运营中心联系方式：0571－88925591；http://zjdxcbs.tmall.com

目 录

绪　论

夫立国于地球之上者，不徒当谋横的统一，而并当谋纵的统一。……以五千年之言语，讫于今日犹能保持其系统而行用于社会之上者，除吾国以外，实亦未之或见。……故吾国之语言其能保持其纵的统一，遂并能保其横的统一。

　　小学生徒年龄尚幼，智识程度尚低，其所须用者止于普通文及通俗文，强授之以古文亦属无益。至中学则年龄渐长，智识程度渐高，各种高等之学术皆将于是时启其研究之端，倘所授者仍限于普通文及通俗文，必有不足于用之感也。然则今后高等言语之教授，必当以中学任其责。

——赵铨年《中学国文教授刍议》（1915）

一、研究的缘起

语文独立设科一百多年以来，关于学习现代"语体文"与古代文言文的论争一直没有停止：在清末民初，社会各界都努力争取"语体文"的合法地位；而进入21世纪，诸多人士都在关注"古文"的学习。1995年3月两会期间，赵朴初、冰心、启功、张志公等人发出了《建立幼年古典学校的紧急呼吁》，他们认为，中国文化的某些方面面临中断的危险，建议依托大学成立古典学校，也可在中小学设立古典班，让学生接受诸如背诵历代名篇、写作古代诗文等古典学科训练。[①]随后，关于21世纪中学生学习古代作品的话题一直没有间断。北京师范大学王宁教授认为，为了继承优秀的文化遗产和提高文化素养，学习文言文是绝对必要的[②]；北京大学陈平原教授指出，从文化修养或自我娱乐的角度可以进行古文写作，但从教育方针的角度则古文写作没有必要[③]。2004年4月，《中国教育报》发起了"给'文言'什么待遇"的讨论，韩军和王尚文的两篇文章引起各界关注。韩军认为，文言是白话的根基，应适度加大中小学阶段文言课文的比例，至高中阶段应当略高于50%[④]；王尚文则认为，要求学生在中学阶段读通文言是不切实际的，继承传统文化首先要学好现代语文[⑤]；《中国教育报》在后续探讨中总结道："要让'文言'在21世纪焕发新的光彩。"[⑥]还有人明确提出了在21世纪复兴文言文、"打破白话垄断"等主

[①] 陈大宝：《赵朴初等八老呼吁建立幼年古典学校》，《社科信息文荟》1995年第14期，第27页。

[②] 王宁：《我们提倡什么——关于儿童读经和学写文言文的思考》，《人民政协报》2001年9月4日，第9版。

[③] 陈平原：《当代中国的文言与白话》，《中山大学学报（社会科学版）》2002年第3期，第16页。

[④] 韩军：《没有"文言"，我们找不到回"家"的路》，《中国教育报》2004年4月22日，第5版。

[⑤] 王尚文：《"文言"如旧戏总觉得隔了一层，"文白并重"是开历史倒车》，《中国教育报》2004年4月22日，第5版。

[⑥] 《我们该给"文言"什么待遇？（续）》，《中国教育报》2004年6月3日，第5版。

张[1]；毕耕撰写了一系列文章号召实现语体多元[2]，《文汇报》也刊登文章表达了对小学文言文教学空白的担忧[3]。

教育部于2014年3月印发通知，要求分学段有序推进中华优秀传统文化教育：小学阶段诵读古代诗文经典篇目，初中阶段诵读古代诗词、阅读浅易文言文，高中阶段阅读传统文化经典，大学阶段深入学习古代思想文化典籍。

习近平总书记说："我很不赞成把古代经典诗词和散文从课本中去掉，'去中国化'是很悲哀的。应该把这些经典嵌在学生脑子里，成为中华民族文化的基因。"[4]不难发现，面对新的时代特征及青少年学生的新特点，应该如何正确、有效地发挥中国传统文化经典的教育功能，成为社会各界广泛关注的话题。而语文教科书是传递和接受人类精神财富的特殊凭借物，通过阅读被选入其中的典范性语言作品，学生的思想品德、审美情趣会在潜移默化中受到影响。[5]可以说，语文教科书比其他任何书籍都更能影响人、塑造人、决定人。[6]

不难理解，语文教科书是青少年学生学习中国古代经典作品的重要媒介。而现代语文教育不仅要培养学生的识字、写作能力，也要培养学生作为公民的道德品质，教科书在选择课文时就必须同时考虑审美因素和道德因素。[7]中国古代作品入选教科书后，对青少年"启发智德"的功能得以实现，其中的"德"包括对国家、对民族、对社会、对自然、对事业、对他人的正确认识和爱憎分明的感情以及基于这种认识和情感所产生的坚定、纯正、高尚的行为。[8]而什么样的中国古代作品可以进入教科书，哪些篇目是中小学教育中的"经典"（与学术研究界的"经典"是不同的），又是当前语文教育面临的现实问题。

---

[1] 肖绪才、余雪莲：《文言文的理性回归是时代的必然》，《温州职业技术学院学报》2007年第1期。

[2] 《文言，魂兮归来》（《社会科学论坛》2003年第6期）、《文言复兴论》（《理论月刊》2003年第11期）、《从中国文学的语言变迁看当代文学的语体多元化》（《求索》2005年第1期）、《古文万无灭亡之理——重评林纾与新文学倡导者的论战》（《广西社会科学》2005年第7期），等等。

[3] 王柏玲：《重拾文言课本，品味纯正汉语》，《文汇报》2011年3月22日，第6版。

[4] 习近平：《我很不赞成把古代经典诗词和散文从课本中去掉》，人民网：http://politics.people.com.cn/n/2014/0909/c1024-25628978.html。

[5] 顾黄初：《语文教材的编制与使用》，江苏教育出版社1996年版，第13页。

[6] 朱绍禹：《中学语文教材概观》，人民教育出版社1997年版，第11—12页。

[7] 陶东风：《作为媒介化公共事件的文学》，《文艺争鸣》2010年第1期，第11页。

[8] 顾黄初：《语文教材的编制与使用》，江苏教育出版社1996年版，第13页。

"让历史照亮现实",回顾清末民国时期,面对来自外国的挑战,中国原有的价值体系被打破,有志之士也曾试图寻找一条根植于中国文化价值观的自己的道路。[①] 而国文教育被寄予厚望,"国文教授之作用,不外形式、实质二端。形式以涵养能力,实质以陶冶心性。所谓搜集知识发表思想者,形式也;所谓启发智德者,实质也"[②]。所以,通过对清末民国时期国文教科书的考察,可以发现国家及社会精英利用国文教育对青少年国民现代性改造而作出的努力。本书聚焦于清末民国时期中学国文教科书中的古代作品选文,以"育人"为主线,梳理古代作品在中学教育大众化的进程中,国文教育文、白论争的背景下,由"雅"到"俗"的演变历程及其被赋予的教育功能的变迁,并探讨古代作品选文变化背后所呈现的国家及知识分子(教科书编者)对未来的理想国民之语文素养(包括技能、品德)的建构与实践,从而分析和总结在不同的历史阶段中国古代作品选文在青少年学生语言文字能力培养、情感陶冶、人格塑造等诸多方面发挥的功用,以期给今天的基础教育带来有益的启示。第一,充分认识并有效利用中国传统文化经典的现代价值。如当前应如何运用教科书中的古代作品选文对青少年学生进行"中国化"教育,包括国家意识、文化认同、中华民族认同、社会主义核心价值观教育等。第二,提高当前中学语文教科书中古代作品选文编排的科学性,从而有利于教学的具体实施,有助于青少年学生便捷、深入地学习。

二、研究对象与范围

本书以清末民国时期初级中学国文教科书中的古代作品选文为对象。一个国家的通用语言文字是该国最有效的交际工具,也是民族文化传承的重要载体。语言文字课程内容的物质载体就是国文教科书。教科书,俗称课本,是根据教学大纲或课程标准编制的系统地反映学科内容的教学用书[③];是在教学活动中,在一定范围内,专门编写给学生上课用的课本。教学参考书、学

---

① 曹诗弟:《文化县:从山东邹平的乡村学校看二十世纪的中国》,泥安儒译,山东大学出版社2005年版,第136页。
② 孙本文:《中学校之读文教授》,《教育杂志》1919年第11卷第7号,第3页。
③ 中国大百科全书编辑委员会:《中国大百科全书·教育》,中国大百科全书出版社1985年版,第145页。

生自修类读本不在本书的研究范围。初级中学国文教科书，显然就是初级中学阶段国文科的教学用书。在初级中学阶段，学生开始审视未来作为成年人的角色，国家也在利用课程内容向他们灌输成年人所应具备的知识。[①] 清末民初的中学虽然还没有初级、高级之分，但它们具有鲜明的新制初级中学性质。[②] 国文教科书是由一篇篇选文（课文）组成的，这些选文有古代作品、现代作品，还有西方作品的译作。作为一个以语言文字教育为特色的学科，要区分国文教科书选文的"古代"与"现代"，不能不参考中国文学史研究的历史分期，"中国文学'现代性'的产生是在大规模引进西方学说开展启蒙的十九世纪最后几年"[③]。所以，本书中的古代作品选文之"古代"的下限大致是晚清维新运动前后，像林纾等人创作的文言作品，在文法、用词等方面都是"古代"的延续，还把它们看作"古代"作品；像梁启超等人在"诗界革命""小说革命"时期创作的"新文体"作品则不在本书的"古代"之列。下面对本书中的几个概念做重要界定。

（一）初级中学

现代意义上的"中学"是相对于"大学""小学"而言的，是三段制学校系统形成和发展的产物，是"西学东渐"的结果。光绪二十九年十一月二十六日（1904 年 1 月 13 日），清政府颁布了《奏定学堂章程》，其中规定："设普通中学堂，令高等小学毕业者入焉，以施较深之普通教育。"[④] 章程还明确规定了中学堂的学生额数、经费来源、学习科目设置、学习年限、入学办法、教室图书器具配备标准、教员管理员制度等，这就从制度上为"中学"的发展提供了坚实的保障。民国成立后，对于清末制定的三段制学校系统并没有做太大的变动；至 1922 年，北洋政府公布了《学校系统改革案》，把中学的修业期限改为六年，分作初级中学、高级中学两段，就此，"初级中学"正式产生。新、旧学制相对照，当时的人多把旧制高等学堂、大学预科和新制高级中学看作

---

① 康海燕：《初中语文教科书的人生观研究》，社会科学文献出版社2011年版，第12页。
② 对于清末民初中学的"初级中学性质"，后文有详细的论述。
③ 杨联芬：《晚清至五四：中国文学现代性的发生》，北京大学出版社2003年版，第1页。
④ 多贺秋五郎：《近代中国教育史资料：清末编》，文海出版社1972年版，第278页。

同一级。建立新学制的重要参与者胡适就说过"高级中学可以做大学预科的课程",他还建议高级中学教员待遇须与大学预科教员待遇略相等[①];蔡元培也提出过"高级中学者抵大学之预科"的看法[②];黎锦熙甚至把大学预科的教科书列为中等学校用书,"大学预科程度,今亦列于中等选本中"[③]。既然旧制大学预科和新制高级中学为同一级[④],与它们相衔接的清末民初中学也就和新制初级中学为同一级学校了。因此,本书中的"初级中学"包括清末民初旧制中学。而"中学"又侧重于中等学校中的普通中学,不包括中等实业学校、中等师范学校等。

(二)国文教科书

教科书是与学制相适应的。[⑤]可以说,癸卯学制颁布之前,中国不存在"学制"教科书,因为中国古代没有科学严谨、系统完备的学制,而学生的读物也主要是用于识字的"三、百、千"之类的蒙学读物及应付科举的"四书五经"、《古文观止》之类的书籍。光绪三年(1877),在华基督教徒在上海召开了第一届传教士大会,会上提出了编写教科书的建议并成立了"School and Textbook Series Committee",虽然其中有"Textbook"一词,但该组织的中文名称为"益智书会"[⑥],所以"教科书"之名还没有出现。光绪二十七年(1901),罗振玉在《教育世界序例》中频繁使用了"教科书"一词——"附译之书约为六类,曰各学科规则,曰各学校法令,曰教育学,曰学校管理法,曰学级教授法,曰各种教科书","教科书分小学级中学级二者","考各种教科书有可通用者"[⑦];时任清政府出洋学生总监督的夏谐复在《学校刍言》一文中指出,"教科图书者,教育之材料"[⑧]。可见,"教科书"一词在当时正逐渐流行开来。

---

① 胡适:《对于新学制的感想》,《新教育》1922年第4卷第2期,第189—190页。
② 蔡元培:《全国教育会联合会所议决之学制系统草案评》,《新教育》1922年第4卷第2期,第126页。
③ 黎锦熙:《三十年来中等学校国文选本书目提要》,《师大月刊》1933年第2期,第11页。
④ 王伦信亦认同清末民初大学预科(高等学堂)的中学性,详见王伦信:《清末民国时期中学教育研究》,华东师范大学出版社2002年版,第41—48页。
⑤ 汪家熔:《民族魂——教科书变迁》,商务印书馆2008年版,第8页。
⑥ 王建明、王晓霞:《中国近代出版史稿》,南开大学出版社2011年版,第148页。
⑦ 罗振玉:《教育世界序例》,《教育世界》1901年第1号。
⑧ 夏谐复:《学校刍言》,《教育世界》1901年第15号。

光绪三十一年（1905），清政府颁发《清帝谕立停科举以广学校》，正式废除了科举制度。^①科举的废除让人们对旧式教育不再抱有幻想，而新式教育的发展离不开现代教科书，商务印书馆等出版机构编印出版了大量冠以"教科书"之名的学校用书。民国成立后，"教科书"概念得到了官方、民间出版机构较为一致的认同，成为经常使用的名词。

"国文教科书"显然就是"国文"科的教学用书。《奏定学堂章程》并不是尽善尽美的，其中虽然规定分科设学，却没有设置"国文"科，而是设置了"读经讲经""中国文字（学）"这两门与国文有密切联系的课程。但商务印书馆并没有编写"中国文字"教科书，而是于1904年2月出版了《最新初等小学国文教科书》。该书受到读者的普遍欢迎，销量极大，"国文"一词也随之大行其道。清政府学部图书局也使用"国文"字样，编写了《初等小学国文教科书》。光绪三十三年（1907），清政府的官方文件《学部颁订京师初等小学画一课程表》中也出现了"国文"，规定国文课每周9学时。宣统元年（1909），清政府颁布《学部奏请变通初等小学堂章程》，"国文"被正式列入该章程，其合理性终于得到了官方承认。^②本书中的"国文教科书"，是指"国文"学科独立之后，和现代学制（如清末五年制中学堂、民初四年制中学校、新学制之后的六年制中学）配套使用的文本类教学材料，学生自修类阅读材料及与当时学制年限不配套的"课外"读本，不属于本书的研究范畴。清末民国的大部分时间，实行的是教科书"审定制"，即由教育行政机关制定教授要旨及学程标准，允许民间书局编纂教科书，由各校教师按照标准选择使用。光绪二十三年（1897）成立的商务印书馆及1912年成立的中华书局是近现代中国教科书出版领域的主力，占据了中国教科书市场非常大的份额。本书所参照的教科书，以中华书局、商务印书馆编印出版的为主，兼及其他书局及有实力的中学出版的教科书，以便客观展示清末民国时期教科书中古代作品选文编排的全貌。

---

① 舒新城：《中国近代教育史资料》（上册），人民教育出版社1961年版，第65页。
② 汪家熔：《民族魂——教科书变迁》，商务印书馆2008年版，第73—74页。

（三）古代作品选文

对于国文教科书中选文的"古代"之界定，需要参考中国文学史研究中的"古代"标准。学界普遍认同，在"古代"和"现代"之间有一个过渡期。郭延礼先生认为，"从1840年的鸦片战争到1919年的'五四'运动80年的文学称为中国近代文学"，并认为"近代文学既是古典文学终结，又是现代文学的先声，具有承前启后的意义"[①]；中国社科院文学研究所领衔编著的《中国文学通史》一书，"把鸦片战争到'五四'运动前后的文学划为'近代'文学"[②]，这和郭延礼先生的观点一致；袁行霈主编的《中国文学史》中，"近代文学"也是"以1840年鸦片战争为开端，到1919年'五四'新文化运动兴起为止"[③]。章培恒等人编写的《中国文学史新著（增订本）》指出："自1895年以后，随着维新思潮的扩展和深化，文学也开始有所变化"，"从二十世纪起就进入了现代时期"。[④]总之，当前学界普遍认可"近代文学"的存在及其新、旧分水岭性质。民国时期的学者也提出了自己对文学史中"古代"的看法。胡适总结了1872—1922年的文学概况，认为谭嗣同与梁启超一派的议论文章、章炳麟的述学文章、章士钊一派的政论文章有别于曾国藩一派的古文，是"古文范围以内的革新运动"[⑤]；陈子展也认为"近代文学"应"自'戊戌维新'时候（一八九八）说起"，因为戊戌政变后国内的思想界起了极大的变动，文学也开始发生明显变化，出现了谭嗣同、梁启超等人所倡导的"新文体"与"诗界革命"[⑥]；钱基博把康、梁等人的"新民体"与胡适的"白话文"同列为"新"文学[⑦]。所以，本书中的"古代作品选文"之"古代"，大致以1898年为界，同时，像梁启超等人横跨清末、民国的"近代"时期所创作的"新文体"作品不在本书的研究范围，而林纾等人创作的文言作品实际上是古代文言作品的延续，则纳入本书的"古代"之列。而且，"选文"以教科书中的正文（精读文）为主，有些教科

---

① 郭延礼：《中国近代文学发展史》，高等教育出版社2001年版，第1页（自序）。

② 王飚：《中国文学通史·近代文学》，江苏文艺出版社2013年版，第11页。

③ 袁行霈：《中国文学史（第四卷）》，高等教育出版社2005年版，第351页。

④ 章培恒、骆玉明：《中国文学史新著（增订本）》（第二版），复旦大学出版社2011年版，第387—392页。

⑤ 胡适：《五十年来中国之文学》，《胡适文存二集（二）》，外文出版社2013年版，第93页。

⑥ 陈子展：《中国近代文学之变迁·最近三十年中国文学史》，上海古籍出版社2013年版，第18页。

⑦ 钱基博：《现代中国文学史》，上海书店出版社2004年版。

书编入的"略读文""补充课文""补白"文等，均不在研究之列。

三、研究现状

关于清末民国时期中学国文教科书中的古代作品选文研究，主要包括清末民国时人的研究和中华人民共和国成立后当代学者的研究两大历史阶段。

（一）民国时期

民国时期对于中学国文教科书中古代选文的研究，主要集中在教科书中古代作品的入选标准、古代作品选文的价值与功能、古代作品选文的历史演变等方面。

1.古代作品入选标准的研究

在中国教育现代化的进程中，国文教科书选文最终打破了古文的独霸地位。在新的时代特征及复杂的形势下，古文要不要进入国文教科书，什么样的古代作品可以进入中学教科书，一直是民国时期教育界讨论的热点。刘半农认为，应用文、文学文性质不同，古代应用文不宜选入教科书。[①] 胡适提出的对于中学国文教材中"古文的教材"部分的设想为，把古文分为"近人的古文"和"古人的古文"：第一年专读近人（如梁启超、章太炎）的文章，后三年应该多读古人的古文，"不分种类，但依时代的先后，选两三百篇文理通畅、内容可取的文章。从老子、《论语》、《檀弓》、《左传》一直到姚鼐、曾国藩，每一个时代文体上的重要变迁，都应该有代表"。[②] 周予同认为，"国文教材的选择，注重艺术，却不可忘了思想"，所以，凡"带有神权或君权的色彩"的文章、"应酬文章和干禄文章"、"陈义过高，措辞过艰，已入哲学专门研究的范围"的文章，一概不能选入教科书；入选的古文可以分成"著述文"（老子、墨子、孟子、荀子、庄子、韩非子等人的文章）、"藻饰文"（司马相如的文章、萧统《文选》中的文章等）、"格调文"（《古文辞类纂》中的文章）、"考证文"（《日知录》《国故论衡》《新学伪经考》等书中的文章），在中学二、三、

---

① 刘半农：《应用文之教授》，《新青年》1918年第4卷第1号，第98页。
② 胡适：《中学国文的教授》，《新青年》1920年第8卷第1号，第3—6页。

四年级教授文言，"著述文""考证文"应该多选。① 沈仲九则认为，"古文"不适宜初级中学学生的学习，并指出："我以为中学国文教授的第一件大事，要把国文从现在的所谓国学脱离，而承认他有独立的价值，不要再把国文当做国学看"；"所谓古文，尽可让志愿专攻国文的人们去研究，决不能看做任何人所必具的常识的"。② 姚毅成认为，教科书采用文白混编不利于国文教学，"现在初高中教材无一不是语体、文言并采，结果是文言做不通顺，白话也写不清楚"；他建议，古文教学中可以适当调整选文以引起学生兴趣，如讲授蒋士铨《鸣机夜课图记》之"哀毁骨立"语时，如能转入《世说新语》中王戎、和峤两人"生孝""死孝"之遗闻逸事，学生自然容易发生兴趣。③ 宋宪民认为，古代作品选文不能拘泥于朝代的先后，要以"文意深浅为次序"，"说理明显的四书诸子之文不妨在前几年就教，近人所作的艰深文章凡要搁在后面"；还建议"多印副篇以帮助主篇之不足"。④ 朱羲冑则认为，初中三年无须选入有韵文言文及骈俪文言文。⑤

2. 古代作品选文价值与功能的研究

古文在清末民初国文教科书中处于"独霸""至尊"的地位，至 20 世纪 20 年代新学制时期，白话文才得以进入中学国文教科书。此后，诸多论者仍然认为古文的价值不能忽视，尤其在传统文化的传承及对学生进行道德教育方面。周予同首先区分了普通中学与中等职业学校、大学文科的不同，认为普通中学的国文教学不能追求"即时的实际应用"，应该有"文学的涵养"，同时又不能偏重专业性的"学术"。在此基础上，他认为文言文不能抛弃："就实际说，中学生在现在还有阅览或发表文言能力的必要；就理论说，中学生也应该懂得本国文学和学术变迁的大概。"⑥ 阮真分析了新学制时期最流行的几部教科书：从文体上看，序跋、书札、诗歌类可选为教材的古文居多，语体文

---

① 周予同：《对于普通中学国文课程与教材的建议》，《教育杂志》1922年第14卷第1号，第11—13页。
② 沈仲九：《中学国文教授的一个问题》，《教育杂志》1924年第16卷第5号，第7—10页。
③ 姚毅成：《中学国文教学之检讨》，《大夏》1934年第1卷第9号，第144—146页。
④ 宋宪民：《对于现在中学国文教授方法的批评和建议》，《新北辰》1937年第3卷第11—12期，第78页。
⑤ 朱羲冑：《中学国文教材教法研究之我见》，《国立四川大学师范学院院刊》1945年创刊号，第8页。
⑥ 周予同：《对于普通中学国文课程与教材的建议》，《教育杂志》1922年第14卷第1号，第6—8页。

中好的很少；从主题上看，道德类在文言选文中极多，语体选文中较少。^①宋文翰认为，国文教科书中选入古文的目的在于借鉴、学习古人的语言文字表达技巧及发表方式，在教材选文上应该同题材语体文作品、文言文作品并选，如：一为语体文一为文言文，《爸爸的看护者》与《医中侍疾之童子》之类；或为文言文和文言文的译语文，如《冯谖》与《冯谖》的译文之类。借此，可使学生"明白文言与语体两者的用词造句等在文法上的异同点，促进其由语体渡到阅读与写作文言的能力"。^②施章指出，要充分认识到国文教科书中文言选文的文化意义，否则会"成为异种文化之奴隶，足以肇灭亡之祸根"。^③在全面抗战时期，戚维翰指出，《勾践灭吴》《班超投笔》这类古文对于启迪学生思想、鼓励勇气具有莫大的功能^④；李绍曾认为，《左传》《史记》一类的文章能使学生逐渐了解或欣赏中国固有文化，指示学生应有的正确思想^⑤；余冠英认为，国文教学中"了解固有文化"通常的意义就是"古典的训练"，和文言文教材关系密切得多，而古代白话文中也往往有些活泼矫健的地方是胜过现代语体文的^⑥；朱羲胄阐述了国文教科书中古文的价值与功能，如德操的陶养（如孟子《鱼我所欲也》、文天祥《正气歌》）、情感的陶冶（如唐诗宋词元曲）、技巧的学习（如宋起凤《核工记》、陈其元《婺州斗牛记》之类）。^⑦

3. 古代作品选文历史演变的研究

阮真总结了从清末到新学制时期初中教科书选文的演变历程：清末选文以时代为经、文体为纬，全部是古文；民国元年，选文于形式上略有进步，内容上仍是陈陈相因；新学制时期，选文内容大概偏重道德、价值，也有一些古色古香的诗文，还似乎很注重兴趣。^⑧黎锦熙把清末至1932年的教科书选文总结为四个阶段：清末所选大概为应用的古文；民国初年内容扩大，加入了少量诗歌；1919年以后，古文"渐具文艺的眼光与整理国故之新头脑"；1927年

① 阮真：《几种现行初中国文教科书的分析研究》，《岭南学报》1929年第1卷第1期，第111—113页。
② 宋文翰：《一个改良中学国文教科书的意见》，《中华教育界》1931年第19卷第4期，第197页。
③ 施章：《中学国文选材研究》，《云南教育行政周刊》1932年第2卷第14期，第10页。
④ 戚维翰：《战时中学国文补充教材》，《青年月刊》1938年第6卷第4期，第15页。
⑤ 李绍曾：《战时中学国文补充教材编辑问题》，《广西教育通讯》1939年第1卷第7期，第9—10页。
⑥ 余冠英：《坊间中学国文教科书中白话文教材之批评》，《国文月刊》1942年第17期，第19—20页。
⑦ 朱羲胄：《中学国文教材教法研究之我见》，《国立四川大学师范学院院刊》1945年创刊号，第9—10页。
⑧ 阮真：《几种现行初中国文教科书的分析研究》，《岭南学报》1929年第1卷第1期，第102—103页。

以后，初中教科书中的文言文分量减少。[①]张存拙梳理了选文演变的轨迹，并将之分为七个阶段：①新学初兴期（兴学初年至清末），主要是经史文杂选；②学制革新期（民国元年以后六七年间），古文杂选、今古文杂选等；③文化运动期（五四运动前后），白话文、小说戏曲、世界文学名著等；④国故整理期（新文化运动以后产生），国故研究材料、国学概论（有时专设学程）等；⑤国运更新期（国民革命前后），革命文学、平民文学、经子史集（分期选）等；⑥复兴运动时期（"九一八"以来），振起民族精神文学、民族斗争史论等；⑦抗建运动时期（抗战前中后[②]），民族诗歌、民族正气选集等。最后，他总结了国文教科书选文的递变——"由经义策论而时文，由文言而语体，由古文学而趋重近代文学，由了解古代文化而转重现实生活的启迪"。[③]

（二）中华人民共和国成立后

中华人民共和国成立后，对于清末民国中学国文教科书中古代作品选文的专门研究相对较少，大多是在一些历史、文学、教育研究中提及古代作品选文。

1. 清末民国时期古代作品选文变迁的历史梳理

李保初等人发表于1985年的《中学文言文教学的目的意义》，是较早涉及清末民国教科书选文的论文之一，该文把1922年看作分水岭，1922年以前全部教科书都是文言文，1922年以后则是文言文、语体文并存。[④]颜禾将1895—1949年的中学语文教材分为孕育期、破土期等七个历史阶段。[⑤]刘正伟选择20世纪前50年中学语文教科书中的典型个案，探讨了近代中国教育由传统到近代化的转型。[⑥]陈圣宇简要梳理了文言文在近现代教育中的地位变迁历程。[⑦]胡虹丽在分析中小学文言诗文教学在1902—1949年经历的现代转

---

① 黎锦熙：《三十年来中等学校国文选本书目提要》，《师大月刊》1933年第2期，第4页。

② 指1937年全面抗战爆发前后。

③ 张存拙：《中学国文教材的改进和社会本位文化》，《国文月刊》1948年第74期，第1—2页。

④ 李保初、周靖：《中学文言文教学的目的意义》，《教学与管理》1985年第4期，第73页。

⑤ 颜禾：《我国近现代中学语文教材编写史略》，《教育评论》1988年第1期，第47—50页。

⑥ 刘正伟：《1901—1949年语文教科书发展研究（下）》，《中学语文教学参考》1997年第10期，第1—2页。

⑦ 陈圣宇：《时代思潮与文言文地位的变迁》，《语文教学与研究（教研天地）》2006年第11期，第6页。

型时，也提及教科书中的古代作品选文的变化。① 黄耀红在其关于中小学文学教育史的研究中指出，中小学文学教育的内容重点由古典文学向现代文学转移，文言作品选文的教学价值不在实用性而在文化功能，学生在学习古典文学作品的过程中可以形成对传统文化的认同。② 栗永清在比较了数种教科书后发现，"民国时期中学国文课文言文占据主导是'常态'，白话文比重较高反属'特例'"。③ 另外，商丽浩等以民国时期四套高中国文教科书为研究对象，分析了教科书中的女性选文的演变历程，其中也提及古代作品选文中的人物变迁；陆胤、李斌、王蓉等人分别对清末国文教科书的文体、编者进行了相关论述，在这些论文中也提及清末教科书中的选文；陈尔杰则集中论述了民初中学国文教科书选文的变迁。④

2. 清末民国时期古代作品选文变化的原因

毕苑认为，选文发生变化是因为新文化运动打破了古代文言选文在教科书中的垄断地位。⑤ 李大圣提到，在新旧文化的较量下，当时的知识分子把现代白话文引入中小学课堂，但同时也不拒绝文言文经典。⑥

3. 清末民国时期古代作品选文的现代功用

陆耀东谈到国文教科书中古代作品选文对作家成长的功用，如传统文化的熏陶等。⑦ 颜禾提到，20 世纪前 50 年的语文教材中的一些古代名篇（如司马迁《项羽本纪》、韩愈《师说》、柳宗元《小石潭记》、诸葛亮《出师表》等）仍然被选入现代中学语文教科书中，为现代语文教材留下了珍贵的遗产，有

---

① 胡虹丽：《坚守与创新：百年中小学文言诗文教学研究》，湖南师范大学博士学位论文，2008年，第34页。

② 黄耀红：《演变与反思：百年中小学文学教育研究》，湖南师范大学博士学位论文，2008年，第40页。

③ 栗永清：《学科·教育·学术：学科史视野中的中国文学学科》，复旦大学博士学位论文，2010年，第185页。

④ 商丽浩、李可依：《简析民国高中国文教材中女性文选》，《教育学报》2005年第6期；陆胤：《清末"蒙学读本"的文体意识与"国文"学科之建构》，《文学遗产》2013年第3期；李斌：《清末古文家与中学国文教科书的编写》，《文学遗产》2013年第5期；王蓉、李玉宝：《日为叫旦之鸡冀吾同胞警醒——林纾国文教科书编选中的道德重构解读》，《岳阳职业技术学院学报》2012年第5期；陈尔杰：《"古文"怎样成为"国文"——以民初中学教科书为中心的考察》，《中国现代文学研究丛刊》2012年第2期。

⑤ 毕苑：《中国近代教科书研究》，北京师范大学博士学位论文，2004年，第99页。

⑥ 李大圣：《百年语文育人功能检讨》，西南师范大学博士学位论文，2005年，28—30页。

⑦ 陆耀东：《文学转型：传统与创新》，《学术月刊》1998年第8期，第13页。

利于对民族文化、民族风格的承继。①

　　综上所述，即使在白话文盛行的情况下，民国学人依然肯定了古代作品选文在语言文字表达技巧、道德教育、情感教育等诸多方面具有重要的价值，而在承继中国传统文化、实现国家"纵的统一"方面发挥的作用则是现代语体文不可企及的。从中华人民共和国成立后的相关论著中可以发现，研究者虽然也提到古代作品选文的文化意义，但普遍聚焦在"打破国文教科书中古代文的垄断地位是一大进步"②上。总体来看，当前的研究还存在很多不足之处：

　　首先，许多研究者把新文化运动时期的"文学"现象与"国文教育"现象混为一谈，即把现代国文教育的历史等同于新文学运动的历史，以为中学国文教育就是文学教育，以至于在国文教育史研究中经常出现"古文死了""白话文胜利了"之类的论述。

　　其次，一些研究者过于聚焦当时一些社会"精英"的论述，而没有深入了解国文教学实际。如在新学制时期，白话文的确进入了教科书，纯白话文教科书也陆续出版，但很少有人论及当时的白话文选文是供学生"自读"用、白话文教科书是供学生"自修"用的，更少有人提及，各级考试的国文试题依然是文言文翻译、写作，甚至英文考试中还有英文、文言文的对译试题。

　　再次，随着时代的发展，清末民国时期的现代教育也在逐渐发展进步，官方、民间都在推进教育大众化进程，随着中学尤其是初级中学的平民化，中学的社会分流功能逐渐变化，由此引起的古代作品选文的变迁则少有人提及。

　　最后，当前的研究者大多以清末民国时期的个别或少数版本的教科书为研究对象，进而得出相关研究结论。在实行教科书审定制、多版本教科书并存的清末民国时期，如果缺乏全面、整体的考察，容易以偏概全。例如，多数研究者在谈及清末中学国文教科书时，只涉及商务印书馆出版的两套，对于文明书局等机构出版的教科书则很少提及；即便是清末的两套商务印书馆版教科书，大多数研究者使用的也是民初的重订本，对清末的原版教科书则很

① 颜禾：《我国近现代中学语文教材编写的若干特点》，《宁德师专学报（哲学社会科学版）》2003年第1期，第60—61页。

② 顾黄初：《我国现代语文课程教材建设百年的理论跋涉》，《江苏教育研究》2008年第8期，第7页。

少提及，而不知民初重订本较之清末原版发生了很大变化。

因此，针对上述不足，本书在掌握清末民国时期大量原版中学国文教科书的基础上，搜集整理各类考试（如升学考试、毕业会考、公务员考试、出国留学考试）中的国文试题，参照不同历史阶段颁布的课程标准，并结合该时期的中学发展实际，对初级中学国文教科书中的古代作品选文进行统计、分析。

四、研究的思路与方法

（一）研究思路

本书主要按照时间顺序，以历史分期进行分章研究。在历史研究中，英国历史学家迈克尔·斯坦福（Michael Stanford）指出："我们所知的往昔许多事件对事件相关人士而言，多属于尚未到来的事件。我们应当先将我们所知的这个行动的后续结果抹除。"[①] 日本思想史研究学者丸山真男认为，"用现在的想象力去装饰过去，是难以结出丰硕的成果的"，如果从结果出发来判断问题，就容易因结果里没有出现某种可能性而认为其思想本来不存在朝某种方向发展的可能性，这样，就难以在真正意义上从过去丰富的思想中汲取有益的营养。[②] 所以，本书尽量摒弃"事后诸葛亮"的态度，而是回到当时那个时代，考察国文教科书中古代作品选文的演变历程。如清末民国时期的中学性质和我们今天的中学有很大不同：清末的高等小学堂学生通过考试，取得了下等以上的成绩，即可获得功名；升入中学堂的学生，自然也是被授予功名的。所以，清末的中学其实不是一般的国民教育系统，而是官员预备学校。即便到了民国时期，在实行新学制之前，在各类能够获得良好职业的考试中，中学学历也是最基本的报考要求。也就是说，如果不能进入中学，则失去了进入上层社会的机会。实行新学制以后，中学有了初级、高级之分，初级中学具备普及教育和社会分流的双重功能，但也是升入高级中学的必经阶段，所

---

① 迈克尔·斯坦福：《历史研究导论》，刘世安译，世界图书出版公司2012年版，第151—155页。
② 丸山真男：《关于思想史的思考方法——类型、范围、对象》，《日本近代思想家福泽谕吉》，区建英译，世界知识出版社1997年版，第203页。

以，清末民国时期中学教育的政策取向往往牵动千家万户，为众人瞩目。现代教育的基本特征之一就是分科教学，但是各科的地位并不是平等的，国文科在清末民国时期有着特殊的地位：在各级学校升学考试、出国留学考试、文官考试中，国文科都是必考科目，并且多有因国文科不及格即取消入学（职）的情况；其他学科，如外语，在师资力量不是太完备的县乡学校是可以免考的，直到20世纪20年代，中国的一些地方还存在仅考一篇作文的升学考试。国文科中的古代作品学习又有着更为重要的地位，即便是在新学制时期白话文进入教科书打破文言文的垄断地位后，在实际教学中语体文作品在很多学校也以自学为主；在各类考试中，一直没有取消文言文，最多是"文言、语体皆可"，直到1928年初中入学考试才不考文言文[1]；在南京国民政府组织的一次文官考试中，邮差佐职位的国文考试作文是允许作语体文的，而特等警察职位的考试则要求必须用文言文写作。这就不难理解，学好国文教科书中的古代作品选文对青少年学生来讲有着特殊的意义。陈子展就说过，中学领域的学习古文问题不能和文学创作中的古文问题混为一谈：国语运动是"为教育的"，是以国语为"开通民智"的工具；国语文学运动是"为文学的"，是以国语为"创作文学"的工具。前者是提出白话文，不废古文；后者是提出白话文学，攻击古文为死文学。所以前者只可叫作改革运动，后者才是文学革命运动。[2]

自1904年《奏定学堂章程》的颁布到1949年中华人民共和国成立的不到50年时间里，中国经历了多个历史阶段，本书采用历史分期的方法，把该时期分为四个阶段：①清末民初（1904—1919）。《奏定学堂章程》的颁布及科举考试制度的废除，为中国现代教育的发展提供了制度保证，与现代学制配套使用的真正意义上的"教科书"诞生。但此时的教科书还处在新旧过渡阶段，不论内容还是形式都带有鲜明的封建君主时代的烙印。辛亥革命推翻了封建帝制，走向"共和"，教科书也随之发生了变化，但民国成立后的一系列"复辟"活动，又阻碍了教育的现代化进程，教科书发展也在磕磕绊绊中缓慢前

---

① 黎锦熙：《三十年来中等学校国文选本书目提要》，《师大月刊》1933年第2期，第4页。

② 陈子展：《中国近代文学之变迁·最近三十年中国文学史》，上海古籍出版社2013年版，第254页。

行。②新学制时期（1920—1926）。1920年，民国北洋政府颁布法令，要求国民学校使用国语；1922年，颁布并实行了具有鲜明欧美色彩的"新学制"。当时的教育平民化、大众化思潮盛行，也促使中学国文教科书选文产生了新变化，选入大量古代"俗语"作品和现代语体文作品。③南京国民政府前期（1927—1936）。国民党北伐成功，并在东北易帜后完成了对中国形式上的统一，南京国民政府把"三民主义"列为各级学校的必修内容；同时，中学国文教科书在文白选文合编、按照主题单元编排等方面达成共识。"九一八"事变震惊了国人，振起民族精神、发扬固有文化被纳入国文课程标准，保家卫国、奋起抵抗外辱成为中学国文教科书选文的重要主题。④全面抗战爆发至中华人民共和国成立前（1937—1949）。抗日战争全面爆发后，教科书统编制代替了审定制，日伪政权编辑出版了"国定"《初中国文教科书》在沦陷区强制统一使用；国统区完成了"部编"《初级中学国文甲编》；根据地政权也出版了适应时代要求的《中等国文》。不同政权都力图通过教科书对青少年学生（新生力量）施加影响，根据各自的需要编入了不同的古代作品选文。

本书选用的教科书版本既追求全面又考虑实际影响力。在清末民国时期，主要实行教科书审定制，允许民间出版发行教科书，在大部分时间内，教科书的版本是多种多样的。本书以北京师范大学图书馆所藏1949年前中小学教科书资源库为主，同时查阅其他教科书资源（如人民教育出版社图书馆、国家图书馆等），尽量完整、全面地展现清末民国时期初级中学教科书面貌。本书选用的教科书既包括中华书局、商务印书馆出版的发行量较大的教科书，也包括当时有实力的学校，诸如扬州中学、南开中学、北京高等师范学校附属中学（下文简称北师附中）自编的国文教科书，且选用的教科书满足以下条件：第一，与学制相配合的完备教科书，即与当时的五年制、四年制或三年制中学相配，五册（或十册）、四册（或八册）、三册（或六册）齐全。某些教科书由于各种原因，只出版了上学期用书，有的教科书因散佚而不齐全，这类教科书不作为本书的重点研究对象。第二，在社会上产生了实际影响力，即该教科书在当时已经由出版社正式出版，版权页信息（一版、再版、三版等）显示该书已经具备相当大的发行量。

总之，笔者尽可能全面地搜集整理教科书，以保证研究的客观性。如清末教科书，当前的研究者大多参照商务印书馆林纾主编的《中学国文读本》、吴增祺编的《中学堂用国文教科书》，且版本为民国初年许国英重订本，笔者找到了清末两种教科书的原版，发现许国英不是简单地由五册重订为四册（清末中学为五年制，民初改为四年制），其还删除了大量选文，更改了部分选文的顺序，以迎合民国初年宣扬"共和"精神的需要，这些往往是被当前的研究者所忽略的；另外，在清末和商务印书馆一样有着巨大影响力的文明书局，于1905年1月出版了一套中学用国文教科书，并在1906年再版印刷，却少有论者提及，从这套教科书的选文中也可以发现清末中学国文教育中存在的"中学""西学"之争。再如，汪伪政府编制的"国定"教科书（至1943年已达七版）、陕甘宁边区政府编制的《中等国文》，都是当前的研究者较少提及的。

（二）研究方法

教科书研究方法可分为静态、动态研究的方法。[1] 本书主要侧重历史研究，对教科书选文做静态的分析，主要包括以下研究方法。

1. 文献研究法

本书大量搜集清末民国时期的中学国文教科书、国文试卷、课程文件法规、报纸杂志等历史文献资料，并力求通过对这些文献的梳理，呈现影响教科书选文变化的主要因素。

2. 比较法

通过对某一阶段不同版本教科书选文的异同比较，总结其阶段性特点；通过对不同历史阶段尤其是前后阶段教科书选文的异同比较，探寻古代作品选文变化的历史演变轨迹；通过对同一历史阶段、同一类别下古代作品、现代作品选文的异同比较，探寻古代作品选文在不同时代背景下被赋予的教育功能。

3. 内容分析法

内容分析法是本书采用的最主要方法。主要通过量化分析及质性分析，对教科书选文分类目进行探究。教科书选文类目主要有以下三个方面：

---

[1]　孔凡哲、张怡：《教科书研究方法与质量保障研究》，东北师范大学出版社2007年版，第18页。

第一，选文的内容主题。所谓"家事国事天下事，事事关心"，教科书选文一般有其内容主题，如在1929年，王森然依次从个人、社会、国家、世界四个方面论述了国文教学的价值。[①] 顾黄初认为，语文教科书可以通过其选入的典范性语言作品让学生对国家、民族、社会、自然、事业、他人拥有正确的认识。[②] 刘云杉从自然场域和社会场域的对比中分析了海峡两岸教科书的异同。[③] 所以，本书将古代作品选文表现的内容主题分为个人修身、家庭、社会、国家、自然、艺术等领域，并希望通过每个阶段选文中不同主题的比例及前后历史阶段的变化来探讨古代作品选文的教育价值与功能。

第二，选文的文体。国文教科书选文的文体分类不等同于文学体裁，黎锦熙就有把教科书列入"第六库"以补《四库全书》的提法[④]，胡适也有文学作品与用于国文教育的教科书选文不能混为一谈的论述[⑤]。在国文教育现代化的进程中，在不同历史阶段，国文教科书编写者及国文教育研究者对教科书选文的文体分类也有所不同：清末民初的国文教科书主要采用的是"姚选"标准、"曾选"标准，凸显古代社会经世致用的应用文体；新学制时期文学文、实用文的分类，强化的是古代作品选文的文学性；1929年课程标准时期提出了偏重实用、兼顾审美的选文标准，即便是古代作品选文，也要体现其"古为今用"的特点，要有助于提高青少年学生叙事说理的现代语文能力。

第三，选文中的人物形象。许多教育研究者发现，语文教科书中的人物形象渗透着统治阶层所倡导的价值取向。如"九一八"事变后，国文课程标准要求重点了解学习"代表民族人物之传记"。显然，清末民国时期中学国文教科书的人物形象具有"示范作用"。本书重点选择以描写人物为主的古代作品选文，对其中主要人物的身份特点进行多要素分析，如：社会地位，包括帝王将相（帝王、帝后、文官、武将）、平民（侠客、隐士、普通民众、民间艺人）；人物性别，女性、男性；人物性格，武性、文性；等等。本书通过对这些人物

---

① 王森然：《中学国文教学概要》，商务印书馆1929年版，第3—6页。
② 顾黄初：《语文教材的编制与使用》，江苏教育出版社1996年版，第13页。
③ 刘云杉：《视域的分歧——大陆与台湾初中语文教科书比较》，《教育研究与实验》1997年第4期，第31页。
④ 黎锦熙：《三十年来中等学校国文选本书目提要》，《师大月刊》1933年第2期，第2页。
⑤ 《通信：胡适答黄觉僧君〈折衷的文学革新论〉》，《新青年》1918年第5卷第3号，第301—303页。

要素的统计分析，把握清末民国时期相关要素指标的变化脉络，如不同历史阶段平民形象的多少、女性形象的增减、文武形象的对比等，从中探寻古代作品选文教育功能变化的轨迹，并分析其中的决定性因素。

第一章

知文章流别，读雅正之文

（1904—1919）

入中学堂者年已渐长，文理略已明通，作文自不可缓。……文者积字而成，用字必有来历（经史子集及近人文集皆可）。……文法备于古人之文，故求文法者必自讲读始，先使读经史子集中平易雅驯之文。……作文以雅正为主。

次讲中国古今文章流别、文风盛衰之要略，及文章于政事身世关系处。

——《奏定学堂章程》（1904）

国文首宜授以近世文，渐及于近古文，并文字源流、文法要略及文学史之大概，使作实用简易之文。

——《中学校令施行规则》（1912）

文章的选授，以雅正切于实用为准。

——《中学国文教授要目草案》（1915）

第一节　培养未来官绅读写雅正文的国文教育理念

一、以期保存国粹的课程性质对教科书选文的影响

（一）《奏定学堂章程》中有关国文教育的规定

近代中国代表不同阶层与不同派别的政治家、思想家对于如何实现现代化的主张和做法尽管有很大差异，但在运用教育、普及教育这点上是完全相同的。尤其在甲午海战后，触及教育、谋求教育变化成为风气。[①]庚子事变后，面对严峻的国内外局势，清朝统治者于 1901 年宣布实行"新政"。在这样的背景下，以张之洞为首的一些官员从人才培养的紧迫性出发，多次上奏要求废科举以讲求有用之学。光绪二十九年十一月二十六日（1904 年 1 月 13 日），清政府颁布了《奏定学堂章程》，分学科教学的"三段制"现代教育拉开了帷幕。

《奏定学堂章程》规定"学堂不得废弃中国文辞"[②]，要求"文者积字而成，用字必有来历（经史子集及近人文集皆可）……故求文法者必自讲读始，先使读经史子集中平易雅驯之文"[③]。以《左传》《史记》为代表的史书及以韩愈、欧阳修领衔的古文家的作品，在清末中学国文教科书中备受青睐（见表 1-1）。

《奏定学堂章程》中还有"次讲中国古今文章流别、文风盛衰之要略"的规定。清末的中学国文教科书往往在其"编辑说明"[④]中对此进行简明扼要的介绍，如《中学文粹·例言》说："惟四编则由上古而中古而近古而近世，以

<hr>

① 汪家熔：《民族魂——教科书变迁》，商务印书馆2008年版，第5页。
② 多贺秋五郎：《近代中国教育史资料：清末编》，文海出版社1972年版，第213页。
③ 多贺秋五郎：《近代中国教育史资料：清末编》，文海出版社1972年版，第280页。
④ 编者对教科书的宗旨、编排、体例等方面的说明，主要以《叙》《例言》《例略》《编辑说明》《编辑大意》等为题，为论述方便，本书有时用"编辑说明"统称之。

次搜辑可以考见体制之变迁，亦研究文学史之一助也。"《高等国文读本·叙》云："汉朝人莫不能为文章，独司马迁相如刘向扬雄之徒，为之最。昌黎韩氏，所谓其用功深者，其收名也远，不其然欤？故自汉以后，而文章遂为专家之学，名于世者，代不数人，而时代不同，体例亦异。魏晋而下，而有骈体之名。唐韩愈出，而有古文之目。入主出奴，互相标竞。而近世复有宗派之说。"由吴增祺编辑、商务印书馆出版的《中学堂用国文教科书》更是在每册的《例言》中较为全面地概述了各个朝代文章的特点，并对每个朝代的代表性作家作了评点。

表 1-1　清末中学国文教科书选文作者举例

单位：篇

选文作者	中学堂国文教科书（1908）	中学国文读本（1908）	高等国文读本（1906）	中学文粹（1905）	合计
《左传》	0	12	22	20	54
《史记》	15	3	17	56	91
韩愈	23	29	35	6	93
柳宗元	20	24	7	9	60
欧阳修	28	16	17	1	62

注：史书及古文家等在本书中均视为"作者"。后不另注。

《奏定学堂章程》还规定"近代有关系之文不必熟读"，并强调学生作文"忌袭用报馆陈言"。这实际上是在强调读、写"雅正"之文的同时，对晚清渐渐兴起的白话书写的拒斥。晚清出现了总数达到200多种的白话文报刊，即便一些以文言文为主的报刊也开辟了白话文栏目。[①] 但清末的中学堂教科书中，除《中学文粹·例言》表示"十年以来严之译笔、梁之报章均脍炙人口，择其尤者以供研究"外，其他皆均标明"生存人不选"，《高等国文读本》更是连宋代以后的文章都没有选入，这大概是其冠以"高等"之名的原因。

借鉴学习外国中小学堂设置的"唱歌音乐"功课，《奏定学堂章程》还规定了"中小学堂读古诗歌法"，"遇童子倦怠之时歌诗一章"或"遇闲暇放学时，即令其吟诵"。也就是说，古代诗歌在清末学堂里是供休憩、娱乐之用

---

① 夏晓虹：《作为书面语的晚清报刊白话文》，《天津社会科学》2011年第6期，第115页。

的，相当于现代教育中的"唱歌音乐"；还再三强调中小学堂学生"万不可读律诗"，古诗歌要"有益风化""雅正"。① 因为此项规定，清末的中学国文教科书基本上没有选入诗歌作品。

（二）民初课标文件中有关国文教育的规定

辛亥革命成功后，随着封建帝制的推翻，民国教育部明令废止了读经科，废除了学校的旧时奖励出身政策，开始构建与"民主共和"体制相适应的新教育体系。

南京临时政府甫一成立，教育部就要求删改教科书中不合"共和宗旨"的地方。如《中学堂用国文教科书》第一册是"国朝文"（清代文），首篇是多尔衮的《睿亲王与明史可法书》，由于该教科书遵循"凡遇与书、答书并入选者，则以答书附于书之后，使读者易晓然于意旨所在"的原则，在《睿亲王与明史可法书》一文后附有《史可法复摄政睿亲王书》；而民初该教科书的重订本把明朝文编排在了第一位，《史可法复清摄政王多尔衮书》则作为正文排在了明朝文中，而《清摄政王多尔衮致史可法书》成了排于其后的附文（见图1-1）。

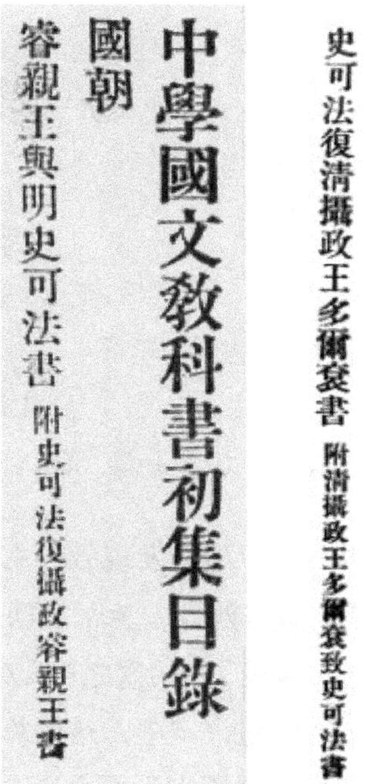

图 1-1 《中学堂用国文教科书》清末原版（左）与民初重订本（右）选文名称对比

---

① "中小学堂读古诗歌法"规定："小学堂读古诗歌，须择古歌谣及古人五言绝句之理正词婉，能感发人者，惟只可读三四五言，句法万不可长，每首字数尤不可多。遇闲暇放学时，即令其吟诵，以养其性情，且舒其肺气，但万不可读律诗。高等小学堂、中学堂读古诗歌五七言均可。高等小学仍宜短篇，中学篇幅长短不拘，亦须择其词旨雅正而音节谐和者，其有益于学生与小学同，但万不可读律诗。学堂内万不宜作诗，以免多占时刻。诵读既多，必然能做，遏之不可，不待教也。"详见多贺秋五郎：《近代中国教育史资料：清末编》，文海出版社1972年版，第284—285页。

从图 1-1 中可以发现，不但二文的正、附关系做了调换，选文名称中的人名称谓也发生了变化：清代版标题中为"睿亲王"，避讳了"多尔衮"的名字；民国重订本则是"清摄政王多尔衮"，不但没有避讳其名，还隐去了"睿亲"封号，并刻意加一"清"字，以标明其为旧朝之作。显然，由"睿亲王"到"多尔衮"的转变，表明教科书编者严格遵照了"如有避讳抬头字样，应由各该书局自行修改"的法令。再如该教科书的清代版第一册，还选入了曾国藩在咸丰继位之初所作的两篇奏折——《应诏陈言折》《敬陈圣德三端预防流弊折》，在目录中，两篇奏折的格式与其他选文有着鲜明的不同（见图 1-2）。

图 1-2　清末《中学堂用国文教科书》目录局部

从图 1-2 中不难发现教科书编写者对皇权的敬畏。曾国藩两篇奏折的主要目的是向咸丰建议，为了挽回人心渡过时下难关，应下令开言路、求贤才。这两篇选文体现了"中兴之臣"对皇帝的忠心及其维护、延续清朝统治的良苦用心。在民国重订本中，这两篇选文都被直接删掉了，同时被删掉的还有曾国藩为纪念因镇压太平军而阵亡的将士所撰写的碑祭文，如《江忠烈公神道碑铭》《李忠武公神道碑铭》《台洲墓表》《林君殉难碑记》《何君殉难碑记》。同样是商务印书馆出版的《中学国文读本》，在民国重订本中也删除了曾国藩的《江忠烈公神道碑铭》《罗忠节公神道碑铭》《李忠武公神道碑铭》《李勇毅公神道碑铭》《季弟事恒墓志铭》《湖口县楚军水师昭忠祠记》《金陵军营官绅昭忠祠记》《金陵湘军陆师昭忠祠记》《金陵楚军水师昭忠祠记》《湘乡昭忠祠记》。

为了与"完足普通教育，造成健全国民"[①]的中学校宗旨相适应，国民政府教育部于1912年公布了《中学校令施行细则》，其中第三条规定："国文要旨在通解普通语言文字，能自由发表思想，并使略解高深文字，涵养文学之兴趣，兼以启发智德。国文首宜授以近世文，渐及于近古文，并文字源流、文法要略及文学史之大概，使作实用简易之文，兼课习字。"[②]细究该要旨的内容，先授以近世文，渐及近古文，最终略解"高深文字"，同时学习"文学史之大概"，这和清末并没有太大的区别。

1913年3月，教育部又公布了《中学校课程标准》，其中对国文科的教学内容规定见表1-2。

表1-2　1913年《中学校课程标准》规定的国文科教学内容

学年	每周课时数	教学内容
一	7	讲读；作文；习字（楷书、行书）
二	男，7；女，6	讲读；作文；文字源流；习字（同前学年）
三	5	讲读；作文；文法要略；习字（同前学年）
四	5	讲读；作文；文法要略；中国文学史；习字（行书、草书）

资料来源：《教育部公布中学校课程标准令（1913年3月9日）》，中国第二历史档案馆：《中华民国史档案资料汇编（第三辑·教育）》，江苏古籍出版社1991年版，第284页。

从表1-2中可以看出国民政府力图把中学国文教学进一步细化的构想。1913年出版的《共和国国文读本》就严格遵循了上述要求，"国文每周七时（一、二年）及五时（三、四年），除作文、习字、文法、文学史等子目外，讲读系每周三时及二时计"[③]。还出现了和这些"子目"配套使用的教科书：文法教科书，如《中等国文典》《国文典》；文学史教科书，如上海会文堂书局出版的《中国文学指南》、商务印书馆出版的《中国文学史》；作文教科书，如上海会文堂书局出版的《中等新论说文范》《国文新范》《论说范本初集》《论说范本二集》等。

同时，一些教科书编者也在进行着综合知识类国文教科书的摸索。如

---

① 《教育部公布中学校令（1912年9月28日）》，中国第二历史档案馆：《中华民国史档案资料汇编（第三辑·教育）》，江苏古籍出版社1991年版，第282页。

② 《中学校令施行规则》，《政府公报》1912年第217号（十二月初四日）。

③ 许国英：《共和国教科书国文读本·编辑大意》，商务印书馆1913年版，第1页。

《新制国文教本》"兹选仍以文学上之分类，略以体制为次，庶几先后相承，得以辨文章之流别"①。每册书都把同一文体的选文编排在一起，并在目录中结合具体选文概述了文体的源流变迁，融文体知识、精读选文为一体。这就体现了选文的教学功能，学生不再是因文而学文；同时，把抽象的文体知识循序渐进地融入一篇篇选文中，更便于中学生理解掌握，效果胜过那些语法知识教科书。

民初的中学国文教科书发生了一些新变化，但由于时代的局限，尤其是在民国成立不到 20 年的时间里，相继发生了以袁世凯、张勋为首的复古运动，每次都重提尊孔读经，因此，民初的中学国文课程并没有随着帝制推翻、"共和"初建而发生天翻地覆的变化。从民初的《中学国文教授要目草案》中，也能看出其变化之小，"本科教授分文章、文法、文字、作文、习字五目"，"文章的选授以清真雅正切于实用为准"。②一方面，民国废除了"读经讲经"，一些昔日的"经"典被选入了中学国文教科书；另一方面，诗歌名正言顺地进入教科书中。至于民初教科书中的"近世文"，也只是"近"到龚自珍、薛福成、梅曾亮，依然遵循了"生人不选"的原则，所以不要说清末民初的报刊文、梁启超等人的新文体，连古文家林纾的作品都没有选入。曾参加过宏文图书社版《中等学校国文读本》编写的黎锦熙就认为，民初是中学国文教科书编排的"曾选"标准时期，即由取法姚鼐的《古文辞类纂》改为取法曾国藩的《经史百家杂钞》，再加入少量的古代诗歌。③

二、清末民初中学的性质对教科书选文的影响

《奏定学堂章程》的颁布最终确立了"大学""中学""小学"三段制的现代学校系统。民国成立后对清末学校系统并没有做太大的变动，只是把"学堂"的名称改为"学校"，中学的学习年期由五年改为四年。相对于后来的初级中学、高级中学之分，20 世纪 20 年代新学制的重要参与者普遍把旧制高

① 谢蒙：《新制国文教本·编辑大意》，中华书局1914年版，第2页。
② 《附录：中学国文教授要目草案》，《教育研究》1915年第24期，第41页；《专件：中学国文教授要目草案》，《教育周报》1915年第95期，第37页。
③ 黎锦熙：《三十年来中等学校国文选本书目提要》，《师大月刊》1933年第2期，第4页。

等学堂、大学预科和新制高级中学看作同一级学校。如胡适认为"高级中学都可以做大学预科的课程"，还建议"高级中学的教员待遇须与大学预科教员的待遇略相等"[①]；主张中学实行"四二"制的蔡元培也认为，"高级中学者，所以抵现在大学之预科"[②]；黎锦熙甚至把大学预科的教科书列为"中等学校"用书，"大学预科程度今亦列于中等选本中"[③]。既然高等学堂和大学预科与新制高级中学是同一级学校[④]，那清末五年制中学堂、民国旧制四年制中学校和新学制"初级中学"就应该是同一级了，即便它们不是严格意义上的一一对应。所以，本书将清末民初的中学与新学制以后的初级中学作为同级学校进行对比论述。

（一）新体制、旧功名的清末中学堂性质对教科书选文的影响

《奏定学堂章程》规定"设普通中学堂，令高等小学毕业者入焉"，要求"各府必设一所，如能州县皆设一所最善"。[⑤]《各学堂奖励章程》又规定，中学堂学生完成修业年限，成绩最优等者作为拔贡，优等者为优贡，中等者为岁贡，即便考试成绩为下等者发回原籍，也作为优廪生，并报礼部备案。[⑥]其实，张之洞早在《劝学篇》中就建议："小学、中学、大学，期满以后，考其等第，给予执照。国家欲用人才则取之于学堂，验其学堂之凭据，则知其任何官职而授之。"[⑦]总之，这就决定了清末中学国文教科书的读者——中学堂学生是未来的官员，教科书选文应该适应"准官员"的培养。所以，清末中学国文教科书特别注重应用文体的编排，如：《中学堂国文教科书》"期于每集之中，诸体略备"；《中学国文读本》也力求"各类略备，使读者稍知其门径"；《高等国文读本》"将欲究古今之宜，致当世之用"，其《例略》指出，"文不外序事、立论两体。序事之文，以义法为本，易所谓言有序者是也；立论之文，以义理

---

① 胡适：《对于新学制的感想》，《新教育》1922年第4卷第2号，第189—190页。
② 蔡元培：《全国教育会联合会所议决之学制系统草案评》，《新教育》1922年第4卷第2期，第126页。
③ 黎锦熙：《三十年来中等学校国文选本书目提要》，《师大月刊》1933年第2期，第11页。
④ 详见王伦信《清末民国时期中学教育研究》第一章第二节第三部分"清末民初大学预科（高等学堂）的中学性"，华东师范大学出版社2002年版，第41—48页。
⑤ 多贺秋五郎：《近代中国教育史资料：清末编》，文海出版社1972年版，第278页。
⑥ 多贺秋五郎：《近代中国教育史资料：清末编》，文海出版社1972年版，第403—404页。
⑦ 张之洞：《劝学篇》，上海书店出版社2002年版，第43页。

为本，易所谓言有物者是也"，该教科书编排了大量应用文（见图1-3）。

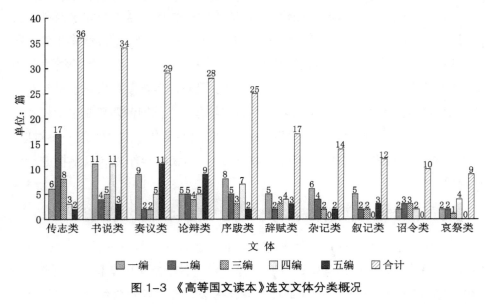

图 1-3 《高等国文读本》选文文体分类概况

从图1-3中可以看出，选文总数排在前三位的是传志类（36篇）、书说类（34篇）、奏议类（29篇），奏议类选文数量居多足以凸显该教科书的"高等"之义。通过每一编各类选文数量的差别，还能看出该教科书编者在不同学年对青少年学生不同训练重点的设想，如第一学年注重书说、奏议，第二、三学年是传志，第四学年是书说，第五学年则是奏议、论辩；同时，在第四学年没有了杂记和叙记，第五学年没有了诏令和哀祭。

清末的中学堂数量还很少，并且规模不大（见表1-3），更凸显出中学堂生员身份地位的"不一般"。

从表1-3中可以看出，四川的中学数量最多，但也不过50余所，而黑龙江、新疆等省全省仅有一两所；每个中学堂的学生数量多则百人，少则二三十人。可见清末的青少年进入中学堂学习不是一件容易的事情，如果结合各省的人口数量，更能进一步感受到接受中学教育的机会之难得（见图1-4）。

表 1-3　清末普通中学概况

省区	光绪三十三年（1907）		光绪三十四年（1908）		宣统元年（1909）	
	学堂数/个	学生数/人	学堂数/个	学生数/人	学堂数/个	学生数/人
京师	21	948	20	1258	22	1587
直隶	31	2039	30	2316	31	2419
奉天	4	342	3	404	5	505
吉林	4	331	5	368	5	126
黑龙江	2	169	1	105	1	156
山东	19	1050	20	1118	22	1206
山西	25	1639	26	1425	15	1360
陕西	13	771	13	799	14	943
河南	22	1331	13	2036	22	2551
江宁	11	1126	20	1598	20	1516
江苏	12	1473	9	1119	11	1639
安徽	21	988	22	1533	25	1844
浙江	32	2025	30	2256	23	2430
江西	23	1473	29	2070	33	2286
湖北	17	1391	24	2036	21	2560
湖南	39	3220	42	3734	47	3992
四川	52	5356	50	5323	51	5828
广东	25	2600	27	3058	29	3122
广西	12	1231	12	1440	15	1700
云南	8	458	7	407	7	416
贵州	1	146	2	293	4	445
福建	14	1095	13	1163	15	1044
甘肃	11	477	11	370	11	373
新疆			1	35	1	21
合计	419	31682	440	36364	462	40468

资料来源：朱有瓛：《中国近代学制史料（第二辑上册）》，华东师范大学出版社 1987 年版，第 531 页。

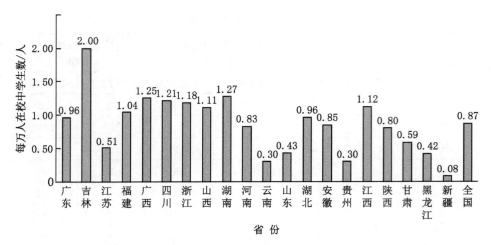

图1-4　1909年部分省份在校中学生概况

资料来源：王伦信：《清末民国时期中学教育研究》，华东师范大学出版社2002年版，第233页。

学部还于光绪三十二年（1906）颁布了《京外各学堂征收学费章程》，规定了多个收费项目（见表1-4），把贫寒家庭子弟直接阻挡在中学堂之外。

表1-4　《京外各学堂征收学费章程》学杂费概览

序号	收费项目	收费标准
1	学费	初等小学堂，每学生每月不得超过银元三角； 高等小学堂，每学生每月自银元三角至六角； 中学堂，每学生每月自银元一元至二元； 高等学堂，每学生每月银元二元至三元； 大学堂，每学生每月银元四元
2	入学考试费	各学堂入学时，应纳入学费银元二元
3	书籍、笔墨、纸张、石板、操衣、靴帽等	学堂代为购备，学生缴价具领
4	膳宿费	就各地方食用贵贱及各学堂情形分别征收

资料来源：舒新城：《近代中国教育史料》，中国人民大学出版社2012年版，第268—269页。

从表1-4中可以看出，要想接受正规的学堂教育，需要支付的费用名目很多，且多数费用是按月缴纳的；再加上当时有限的几所中等学堂大多设立在县城、省城，那些偏僻乡村的学生要在学校住宿，膳宿费、交通费也是一笔不菲的开销，一般家庭是难以承担起的。

当时也有一些中学堂招收品学优秀的贫寒子弟，可以"酌免学费"，但名额非常有限，并且要受到种种限制。如清末第二次直隶全省中学例会中的第九议"寒士酌免自费"为：

> 原议系指学生实系可造，而家贫无力就学者而言。惟家贫之说，必须同乡同学者公认，方可酌免自费。此议已经多数赞成。惟酌免自费，有谓宜限定每学堂若干名者；有谓宜限定每州县若干名者；有谓宜先于入学之日即声明为寒士者；有谓宜以考试优劣定之者。后经决议如下：
>
> 决议：酌免自费之寒士，定名为优待生。优待生额数之多寡，可按各学堂财力而定。惟优待生以考试时列入最优等，方得免下期之学膳各费。至下学期考试时若仍列最优等，即继续为优待生。[①]

其中"额数之多寡，可按各学堂财力而定"基本上就是一句空话，因为大多数学堂都称自己财力有限；而"以考试时列入最优等，方得免下期之学膳各费"的要求形同虚设，有些贫寒子弟连缴纳入学考试费都困难，更难以先凑够一个学期的学费入校学习，也就更没有机会在学期末"考试时列入最优等"了。

总之，晚清政府虽然兴办了新式中学堂，但依然保留着学生的功名，中学堂就成为青少年跻身上层社会的阶梯；同时，中学堂数量少、规模小，又要收取不菲的学杂费，这就把那些勤学苦读的贫寒子弟挡在了门外，家境富裕的官宦子弟则得以入学就读。在这一情形下，中学的教学内容也是以未来官绅必须掌握的经世应用之学为主，对于国文科而言，让青少年学生掌握奏议、书序、序跋等应用文体，以及提高论辩说理技巧、储备引经据典之素材则是重要目标，这也是中学国文教科书选文的重要依据。

（二）官商子弟居多的民初中学性质对教科书选文的影响

1912 年 9 月，国民政府教育部公布了《中学校令》，虽然规定"中学校以

---

① 《光绪三十四年第二次直隶全省中学例会之记述》，《直隶教育杂志》1908年第10期，第17—18页。

完足普通教育，造成健全国民为宗旨"，但同时规定"中学校定为省立，由省行政长官规定地点及校数，报告教育总长。教育总长认为必要时，得命各该省增设中学校"，"中学校之设立、变更、废止，须经教育总长认可"。① 这表明中学在整个国民教育体系中依然居于较高地位。1917 年 3 月发布的《教育部通咨各省限制中等学校招生资格》中说："中学为普通学校与专门学校之枢纽，此时根柢不固，毕业以后影响于将来人才教育前途固大。"②

"以造成健全国民为宗旨"，这其实喻示了中学教育的大众化取向。③ 然而，由于民国初年政局不稳，经济发展水平很低，人民生活困苦，全国适龄青少年普遍接受中学教育的设想难以实现。下面从学生费用、学生家庭背景、学生的待遇与前途等三个方面来进一步分析民初中学的实际情形。

1. 学生费用情况

从表 1–5 中可以发现，在民初，要进入中学学习，需要缴纳学费、膳费、住宿费等多种费用，而且多数学校要求现钱结算，再加上应用书籍、文具用品等日常杂费，这对于普通家庭来讲，是一笔巨大的开支。有些学校可以接受政府部门的拨款或社会募捐，没有这些款项收入的学校完全依靠学生分担，学费更为高昂。而且许多中学的学费不是一成不变的，像北师附中的学费，1913 年为全年 10 元，1914 年则增至 20 元，学校还规定"每学期始开课后一星期内交纳，因事退学者概不缴还"④。办学"规范"的清华学校，需要缴纳制服费、体育费、洗衣费等多种费用，一个学生每年仅学杂费用及生活零用一般需 150 元，多的需要 200~300 元，也有到 600~700 元的。⑤ 这种开销及待遇显然只有非富即贵的家庭才能负担得起。

① 中国第二历史档案馆：《中华民国史档案资料汇编（第三辑·教育）》，江苏古籍出版社1991年版，第282页。

② 《大事记：教育部通咨各省限制中等学生招生资格》，《教育杂志》1917年第9卷第5号，第35页。

③ 王伦信：《清末民国时期中学教育研究》，华东师范大学出版社2002年版，第25页。

④ 朱有瓛：《中国近代学制史料（第三辑上册）》，华东师范大学出版社1990年版，第412页。

⑤ 朱有瓛：《中国近代学制史料（第三辑上册）》，华东师范大学出版社1990年版，第573页。

表 1-5　民初部分中学学生费用概况

学校名称	收费项目	收费数额	备注
北京高等师范学校附属中学	学费	1913年全年10元，1914年增至20元	学校每年接受高等师范学校的拨款；1918年起学费搭收现洋
	膳费、杂费	若干	
无锡竞志女子中学	学费	15元	其他费用由创办者侯鸿鉴筹借及募捐
	膳费	全膳36元，半膳18元	
	宿费	4元	
正定中学	学膳费	每月3元	
陕西私立成德中学校	学费	全年10元	每月700元日常经费由校主拨给
	膳费、用品	学生自备	
扶轮中学校	学费	每年70元	非铁路子女须纳各费
	宿费	每月3元	
清华学校中等科	制服费	25元	新生入校须缴前六项，均按现币结算；学校于每年暑假期内修整校舍，所有学生不便留校，应各自预备旅费出校
	蚊帐、褥单费	10元	
	赔偿损失费	5元	
	半膳费	每学期15元	
	体育费	每学期1元	
	洗衣费	每学期2元	
	应用之书籍、文具等费	自备，每年约需20元	
	另用钱	每月约需3元	
	暑假旅费	自备	

资料来源：根据民国期刊中的民初部分中学招生简章及朱有瓛主编的《中国近代学制史料（第三辑上册）》等整理。

2. 学生家庭背景

下文以江苏省立第一中学、北师附中为例，通过民初中学生家长的身份，来了解当时中学生的家庭所处的社会阶层。

从表1-6中不难看出，江苏省立第一中学四年级、三年级、二年级（分别于1914年、1915年、1916年入学）学生的家长中，来自政界、学界、商界的占据了绝对优势，务工、务农者极少。再如北师附中，1918年在校学生共291人，家长以政界人士居多，来自商界、学界的次之。[1] 总之，接受中学教育在民初依然是一种"高消费"，对于普通家庭的子女来讲，进入中学是可望而不可即的。

---

[1] 朱有瓛：《中国近代学制史料（第三辑上册）》，华东师范大学出版社1990年版，第412页。

表 1-6　江苏省立第一中学学生保护人职业概况（1917）

单位：人

年级	家长身份								合计
	政界	学界	农界	工业界	商界	医界	军警界	其他	
一	9	28	23	2	34	2	1	7	106
二	9	13	5	1	10	0	3	4	45
三	6	14	0	0	6	0	1	5	32
四	13	20	2	0	15	1	1	9	61

资料来源：朱有瓛：《中国近代学制史料（第三辑上册）》，华东师范大学出版社 1990 年版，第 407 页。

3. 中学毕业生的待遇与前途

民初颁布的教育法令虽然明确规定取消中学生的功名，但这并不代表中学生的社会地位有所下降，中学依然是改变前途的一个关键台阶。

首先，中学学历是升入高等学校的必要条件。清末小学教育的发展，为民初中等学校招录新生提供了较为稳定、规范的生源。顺延至高等学堂招生，对新生的入学资格要求也逐渐强调其需要接受正规的中学教育，如 1913 年 1 月颁布的《大学规程》第十六条要求"大学预科学生入学之资格，须在中学校毕业，及经试验有同等学力者"①。1917 年 9 月颁布的《修正大学令》依然维持了这一原则。也就是说，没有接受正规中学教育者难以进入高等学堂之门。

其次，中学学历也是民初公务员考试的最低学历要求。1913 年颁行的《文官考试法草案》规定，文官高等考试包括甄录试、初试、大试，凡甄录试落第者，不得应初试；此外，第十条明确规定："在中学以上学校毕业或有与中学以上学校毕业相当之资格者，得免甄录试。"②1915 年 9 月颁布的《文官高等考试令》第三条规定高等专门学校毕业生才具有报考资格，但同时规定这些毕业生"以曾经中学校毕业或有中学校毕业相当之学力者为限"③。以江苏省为例，民初的中学毕业生都有着非常不错的前途与机遇（见表 1-7、表 1-8）。

---

① 《教育部公布大学规程令（1913年1月12日）》，中国第二历史档案馆：《中华民国史档案资料汇编（第三辑·教育）》，江苏古籍出版社1991年版，第139页。

② 《法令：临时大总统教令：文官考试法草案》，《民国汇报》1913年第1卷第2期，第9页。

③ 《文官高等考试令》，《政府公报》1915年第1220号（十月一日），第6页。

表 1-7　江苏省立第一中学 1917 年毕业学生出校后状况

毕业去向		人数/人
升学	法政学校	8
	农工业专门学校	3
	医学专门学校	7
	金陵大学	3
	高等师范及师范学校第二部	6
	其他	31
任事	高等小学校教员	5
	国民学校教员	1
出洋		1

表 1-8　江苏省中学校历届毕业生概况（1919）

学校名称	毕业		升学/人				就事/人				其他/人		
	次数	人数/人	大学	专门	师范	其他	教育	实业	行政	其他	在家	未详	死亡
省立一中	8	212	12	37	20	10	23	0	6	2	0	99	3
省立二中	7	145	10	25	15	11	42	0	3	4	22	4	9
省立三中	11	238	16	38	5	31	80	8	5	5	19	26	5
省立四中	8	146	11	18	5	12	50	9	4	0	15	15	7
省立五中	11	349	35	57	32	28	54	12	6	2	29	89	7
省立六中	4	78	1	12	5	1	40	5	2	0	12	0	0
省立七中	5	146	22	12	18	4	30	5	18	3	22	16	1
省立八中	4	101	10	10	17	8	17	6	5	9	12	6	1
省立九中	3	120	19	17	7	0	46	2	4	1	21	2	1
县立吴江中学	3	22	3	3	4	2	3	1	1	0	5	0	0
私立钟英中学	6	96	15	18	8	4	11	10	6	8	11	3	0
私立民立中学	7	108	20	14	2	0	16	24	16	3	1	11	1
私立浦东中学	5	87	13	26	9	2	13	7	1	0	5	11	0
私立海门中学	4	42	6	19	2	0	7	2	0	3	2	1	0
私立彭城中学	4	36	5	10	7	2	6	0	0	1	4	1	0
总计	90	1926	198	316	156	115	438	91	70	37	178	290	37

　　资料来源：刘永昌：《江苏全省中学师范毕业生调查表》，《教育杂志》1919 年第 11 卷第 2 号，第 1—2 页。

在表 1–8 中，升学者占毕业生总数的 40.76%，就事者占 33.02%，在家及未详者占 24.30%，死亡者占 1.92%。具体来说，升学者，毕业生升入大学校者占 10.28%，升高专者占 16.41%，升高师者占 8.10%，升其他学校者占 5.97%；就业者，毕业生之就教育者占 22.74%，就实业者占 4.72%，就行政者占 3.63%，就其他业者占 1.92%。[①]

通过以上分析不难发现，民国成立后虽然明令取消了中学生的"奖励出身"政策，中学校依然是青少年跻身上层社会的重要阶梯，但入学机会的获得同样是学生家长经济资本和社会资本较量的结果，贫寒子弟难以进入中学课堂。所以，民国成立后，中学国文教育虽然提出了"通解普通语言文字"的口号，但中学国文教科书选文并没有发生根本的变化，还是以古文为主。

（三）清末民初的非学制教育及白话文、俗语学习

1. 清末的平民教育

清末，普通家庭的青少年进入正规学堂接受系统教育的机会渺茫，但在"教育救国"观念盛行的情形下，一些有识之士通过办阅报社、半日学堂等从事开启民智的工作，参与这项运动的既有处江湖之远的民间人士，也有居庙堂之高的官吏。[②] 如 1904 年，陈蔗圃等人在天津设立有益茶社，每天晚上八点到九点半请来学堂教员向手艺买卖人讲解算学、单字、修身、手艺等课程；再如，一位叫杜学义的教书匠在学馆门外开设讲报处，内容以白话报和《敝帚千金》为主，听众有四五十人。[③] 清政府于 1906 年颁布了《学部奏定劝学所章程》，在"推广学务"一节特别提到，"遇贫寒之家，可劝其子弟入半日学堂"；同时发动民间办学力量，"遇私塾塾师课程较善者，劝其改为私立小学；遇绅商之家，劝其捐助兴学，裨益地方"。1911 年，又颁布了《学部奏定地方学务章程实行细则》，要求府厅州县、城镇乡都要设立公用学堂——简易

---

① 其他地方的学校也大体如此。如北京高等师范学校附属中学，至1918年毕业学生共4次，人数151人，升学者占毕业生总数的7/10以上；浙江私立安定中学学生毕业去向，至1918年毕业421人，教育96人，肄业各校82人，留学外国34人，商界41人，政界24人，军界13人，法界7人，其他职务6人，家居44人，未详62人，已故12人。详见朱有瓛：《中国近代学制史料（第三辑上册）》，华东师范大学出版社1990年版，第412、515、530页。
② 陈尔杰：《民国北京"平民教育"的渊源与兴起（1912—1920）》，北京大学博士学位论文，2012年。
③ 李孝悌：《清末的下层社会启蒙运动：1901—1911》，河北教育出版社2001年版，第253—254页。

识字学塾。①

这种"下层启蒙运动"使清末的部分贫寒子弟及曾经失去求学机会的成年人得以读书、识字。但这也表明，清末的现代教育与旧式教育一样，教育机会的获得与跻身上层社会紧密相关：正规的"三段制"学校教育是培养国家未来的上层人士的教育，学员多为富家官绅子弟；以半日学堂、简易识字学校为代表的平民教育是一种扫盲式的、预防愚昧的教育，贫家子弟虽然在此得以识字求学，却因为"学历"因素被阻挡在通往上层社会的道路之旁。《奏定高等学堂·考录入学章》更是以国家法令的形式对此作了明确规定：

> 第一节　高等学堂应考选中学堂毕业生升入肄业，其有未得过中学堂毕业凭照而其学力实符合中学堂程度者，如考验合格亦准入学。
>
> 第二节　高等学堂学生虽例由中学堂毕业生及有同等之学力者考选入堂，但此时学堂初开，尚未有此等合格学生；可酌量变通，选中国经史文学确有根柢者，先补习各种普通学一年，然后升入高等学堂。此例于学堂开办合法五年后即不行用。②

从以上规定中可知，在清末要想进入高等学堂，就要获得"中学堂毕业凭照"或取得"中学堂同等学力"；而要想进入中学堂，则"应尽高等小学堂毕业学生，及与高等小学程度相等之学堂毕业学生升入肄业。其年在十五岁以上，二十岁以下，已读孝经、四书，文理明顺者，亦可考选入学"。显然，这些学习科目及"凭照"是半日学堂、简易识字学塾无法提供的。即使在"中学堂初开"的前五年，对"中学堂毕业凭照"要求不是过分严格，但以识字、扫盲为主的面向贫寒子弟的"下层启蒙"类教育机构也很难让自己的教育对象达到"中国经史文学确有根柢"的程度。光绪三十四年（1908）四月，清政府批准学部奏请，自该年七月起，大学、高等学堂、优级师范、译学馆等不再招收未经中学堂毕业之学生。也正因如此，中学堂学生接受的不是简单的普通知识教育，而是未来官吏绅士的必备知识，所以供清末中学堂学生使用的国

---

① 朱有瓛等：《中国近代教育史资料汇编·教育行政机构及教育团体》，上海教育出版社1993年版，第61页。
② 多贺秋五郎：《近代中国教育史资料：清末编》，文海出版社1972年版，第276页。

文教科书以官员必备的应用文体为主，并格外注重"雅正"。

2.民初的平民教育

民初的普通民众子弟进入正规学校学习依然不是一件容易的事情，政府为提高国民的文化素质，延续了清末设立半日学校、露天学校等非学历教育机构的做法。经过各级政府的努力，平民教育取得了较大发展（见表1–9）。

表1–9　民初各省平民教育概况（1916—1918）

省区	半日学校			公众补习学校			简易识字学校		
	校数/所	每校班数/个	每班人数/人	校数/所	每校班数/个	每班人数/人	校数/所	每校班数/个	每班人数/人
京师	55	2	不详	6	2	不详	23	1	不详
京兆	4	2	40				248	2	40
直隶	420	2	40	1	2	30	1511	2	40
奉天	1	3	30	1	2	30	257	3	30
吉林	13	2	30				86	2	30
黑龙江				1	1	20	4	2	20
山东	29	3	30				73	3	30
河南	17	3	30	1	2	30	932	2	30
山西	314	2	20	5	2	30	260	2	20
江苏	17	3	40	9	3	40	33	2	40
安徽	10	2	30				69	3	20
江西	42	2		2	2	30	108	2	30
福建	21		30				13	3	30
浙江	28		40	5	3	40	84	3	40
湖北	58		40	2	3	40	165	2	40
湖南	29		30				8	2	30
陕西	6		30				14	2	30
甘肃	33		20				230	1	20
新疆	11		20						
四川	345	2	30	2	2	40	160	2	20
广东	53	3	40	1	3	30	54	3	40
广西	227	2	20	45	1	20	224	2	20
云南	7	3	30	1	1	30	28	3	30
贵州							6	2	20
热河							264	1	20

资料来源：根据中华民国教育部中国教育年鉴编审委员会编《第一次中国教育年鉴》"丙编：教育概况"等资料整理。

从表 1-9 中可以发现，民初面向平民的以识字及基本知识普及为主的非学历教育不论在京师地区还是遥远的新疆都有所发展，尤其是简易识字学校建设受到了各地的重视，其数量和规模都很大。

但是，民初平民教育的发展不能改变正规学校教育尤其中学学段以上教育的社会分层功能，国家认可的"学历"是挤入社会上层的通行证，中学依然具有复制和扩大社会阶层差距的作用。显然，民初中学的国文教科书选文也不能和半日学校、通俗教育讲习所的教学材料相似，平民教育机构以识字教材为主，并伴以小说、戏曲、通俗演讲，这对于正规学制中的中学生来讲，都是些不能登"大雅之堂"的"俗语""俗作"。宏文图书社出版的《中等学校国文课本》在《叙例》中就明确指出："中等校生，其异日或作国民之师，或治高深之术，或怀从政之望，或执社会之业"，所以"至中学校生，渐当明辨古今"，"中学幸足专力治文，急宜传以古泽"。[①]1913 年中国图书公司出版的《中学新国文》在《编辑概言》中也强调："诗词歌赋，美术之文也；函牍传记，应用之文也。对中学而论，程度亦必以应世为先。若公牍，若私函，若序传记述，均为立身处世所必要。非有精熟之名文数十百篇，以为之基本，则应用将虞其穷。"[②]该教科书选文全是函牍传记、书铭箴颂类应用文。1912 年出版的《中华中学国文教科书》也是"上溯经训，旁采诗歌"，只选入了古代散文和诗歌，没有小说、戏剧，该教科书虽然"兹编只主论文，不求备体"，但"统计四册编次之文，亦复诸体略备，意在使读者稍知古人之体裁门径"。[③]1913 年商务印书馆出版的《共和国教科书国文读本》，其《编辑大意》第一条也明确指出："中学国文程度，较高于小学，故宜授以适当之作文法理，宜使略知本国古今文章规范，以期共保国粹。"1914 年中华书局又编辑出版了《新制国文教本》，四册教科书均是按照"论著之属""序录之属""碑刻之属""铭颂之属""杂记之属"的单元进行选文的编排，该书"编辑说明"指出"庶符智德兼启之方，以冀文质并茂之效"，即教科书选文要具备启"智德"功能，能够对青少年学生——未来官绅实施道德教育。如该套教科书第一册论说文的学

---

① 刘宗向：《中等学校国文课本·叙例》，宏文图书社1914年版，第1—3页。

② 陆基：《中学新国文·编辑概言》，中国图书公司1913年版，第1页。

③ 刘汉曾：《中华中学国文教科书·编辑大意》，中华书局1912年版，第4页。

习提示云:"涤生《五箴》,则趋向可得而正也;次之以望溪之《原过》、牧心之《名说》,以达修身成名之要;而南雷《原君》,颇明古之所以为国家之义,成人者所宜知矣。"

三、中学、西学在国文教科书中的传播与接受

(一)现代"国文"科的成立与国家意识的萌发

"国文"概念的成立,是与近代国家观念的萌发,继而要求通行全国、代表国民精神的文字分不开的。[①] 吕思勉指出:"一国之民所以能结合为一国家者,结合之力尤以语言文字为最大。盖语言文字相同,则国民之感情因之而亲洽,一国之文化缘此而获调和。虽种族、宗族、风俗,或有不同,而其结果,自能泯合于无形也。"[②] 面对西学东渐对中国传统思想文化的冲击,近代学人又往往把"国文"和保种、保国联系起来。如张謇认为:"夫凡成一国必自有文,苟尽不文,其胡能国?"他出于"科举停废,士竞科学,以文字为无用,致废书而不观"的顾虑,于1909年在通州中学附设了国文专修科。[③] 早期的中学国文教科书多标以"国学""国粹"之名,如较早在教科书封面标示"中学教科书"字样的是光绪三十一年(1905)新学会社出版的《国学讲义》,该书为奉化龙津学堂普通科讲义,"以世界学理辅成国粹,凡说申说,无取陈言",书分三编,上编总论国学,中编详述经传,下编列论诸子百家,"由博返约,井井有条,洵保国粹之要"。[④] 同年,文明书局出版了"学堂诸生欲研习国文,莫急于此书"的《桐城吴氏古文读本》,该书的广告中感慨"新学浮兴,标异以为雄",而"老成好为深识者,懔乎惧亡其所守,以自比于保国粹之说";随后文明书局又出版了廉泉编辑的《国粹教科书》前、后两编。光绪三十二年(1906),有正书局出版了王纳善编著的《国文粹化读本》,"专取近今名人著作之论述新学新理者,其文词既足资诵习,焕我国华;其意识又戛戛生新,

---

① 陆胤:《清末"蒙学读本"的文体意识与"国文"学科之建构》,《文学遗产》2013年第3期,第132页。

② 博山(吕思勉):《全国初等小学均宜改用通俗文以统一国语议》,《东方杂志》1911年第8卷第3号,第1页。

③ 张謇:《通州中学附设国文专修科述义》,《教育杂志》1909年第1卷第8期,第51页。

④ 江起鹏:《国学讲义·叙》,新学会社1905年版,第1页。

通乎欧化，故名粹化读本"①。还有上海时中书局出版的《国文新选读本》（吴筠选编，1906），北京茹蕙书室出版的《澡德学堂中学国文课本》（马仿周评，1907）等。

《奏定学堂章程》规定分科设学而未设置"国文"一科，但"国文"教科书率先出现了。1904年2月，商务印书馆出版了《最新初等小学国文教科书》，受到极大欢迎，"第一册已出来，未及五六日已销完四千部"②。随后，其他出版机构也编印了"国文"教科书。③光绪三十三年（1907），清政府学部附设的图书局编写了初等小学《国文教科书》，标志着官方也开始使用"国文"名称；宣统元年（1909）颁布的《学部奏请变通初等小学堂章程》，正式列入"国文"。④

辛亥革命后，随着两千多年的封建帝制被推翻，在现代国家的建构进程中，国人对国文与民族国家关系的认识越来越深刻。有人把"国文"与"国脉"相提并论："一国文字之亡，一国精神之死"，文字的普及可以促使"道德教育的普及"；国文教授法，先民亦有"两千余年之研求"。⑤还有人指出，"夫立国于地球之上者，不徒当谋横的统一，而并当谋纵的统一。有纵的统一，而后其国家之根柢深。以五千年之言语，迄于今日犹能保持其系统而行用于社会之上者，除吾国以外，实亦未之或见。此亦足以证吾国之文化来源之久远，根柢之深厚矣"。⑥这表明，民初的学者意识到，在中国现代化的进程中，古代的语言文字依然具有重要的价值。当然，国家谋求"横的统一"也极其重要，长期以来，中国为通俗文之"普通语"、为古文之"高等语"并存，二者的差异不但导致了日常沟通交流的障碍，还因使用群体不同被贴上了鲜明的"优劣""高下"标签，这些都非常不利于现代国家建设。于是，就出现了"小学生授以普通文、通俗文，高等言语之教授必当以中学任其责"⑦的构想。

① 王纳善：《国文粹化读本·编辑大意》，有正书局1906年版，第1页。
② 汪家熔选注：《蒋维乔日记选》，《出版史料》1992年第2期，第48页。
③ 如文明书局的《高小国文读本》、江楚编译官书局的《高等国文教科书》、中国图书公司的《初小国文课本》《高小国文课本》等。详见李杏保等：《中国现代语文教育史》，四川教育出版社2004年版，第35页。
④ 汪家熔：《民族魂——教科书变迁》，商务印书馆2008年版，第73—75页。
⑤ 茆诲：《与友人论中学校教授国文书》，《进步》1913年第4卷第4期，第4—8页。
⑥ 赵铨年：《中学国文教授刍议》，《教育杂志》1915年第7卷第10号，第197页。
⑦ 赵铨年：《中学国文教授刍议》，《教育杂志》1915年第7卷第10号，第194页。

总之，晚清以降的印刷文化和语言革命并没有以"世界各地无一例外出现"的方言民族主义为方向，而是以国家的书面语（汉语）为中心，将地方性语言纳入"全国性"的轨道之中。① "国文"一词随着各版本中小学国文教科书的畅销而深入人心，对清末民众尤其是青少年学生的现代国家观念、中华民族意识的培育有着极其重要的启蒙作用。

（二）现代中学国文教科书的发展

现代意义上的教科书是要与现代学制相适应的。② 新式学堂的建立，清末"新政"的实施，呼唤着中国现代教科书的产生，以成立于1897年的商务印书馆及成立于1902年的文明书局为代表的民间出版机构开始了现代教科书编排的实践，它们编印了大量教科书，弥补了官方教科书出版的不足。民国成立后，曾在商务印书馆任职的陆费逵于1912年创立了中华书局，以编印新式中小学教科书为主要业务。从此，中华书局和商务印书馆成为20世纪上半叶我国教科书阵地中两座比肩耸立的高峰。

1. 清末中学国文教科书编排概况

清末，现代教科书的编辑出版还处在摸索阶段，相对于小学教科书，中学教科书发展较为缓慢。许多教科书编了两三册甚至一册，就无疾而终了。和《奏定学堂章程》规定的五年制中学堂相配套，出版齐全的中学国文教科书主要有四套（见表1-10）。

表 1-10　清末中学国文教科书一览

教科书名称	初版年	编者	出版社	册数/册	选文总数/篇	古代作品选文 数量/篇	古代作品选文 占比/%
中学文粹	1905	许贵	文明书局	5	338	226	66.9
高等国文读本	1906	潘博	广智书局	5	214	214	100.0
中学堂用国文教科书	1908	吴增祺	商务印书馆	5	700	700	100.0
中学国文读本	1908	林纾	商务印书馆	10	357	357	100.0
合计					1609	1497	93.4

---

① 汪晖：《现代中国思想的兴起》，生活·读书·新知三联书店2008年版，第75页。

② 汪家熔：《民族魂——教科书变迁》，商务印书馆2008年版，第8页。

从表1-10中可以看出，此时教科书名称并不统一，"文粹""读本""教科书"并用，而且选文数量也没有标准，多的700篇，少则214篇。但相比于中国传统的古文选本，清末的中学国文教科书体现了鲜明的现代教育教学理念，如书中已经有了明确的学年、课时等概念，并据此确定选文的篇数乃至字数等。《高等国文读本》在《叙》中明确表示："谨奉《钦定学堂章程》中学五年，分为五编"，"编中著录之文，其篇幅长短不一，而学堂读文，每课大抵不过七百字，其短者，宜合一二篇为一课，其长者，则分一篇为数课也"。《中学堂用国文教科书》"一年读一集，五年可读毕"，《中学国文读本》"分为十册，每半年一学期教授一册，供五年之用"。《中学文粹》的《编辑例言》中提示深奥难懂的课文"以一小时讲一小时读"，并在目录中对一些篇幅较长的选文进行课时标识，如"《画记》（唐韩愈）三课""《荆轲刺秦王》五课"。①

2. 民初中学国文教科书编排概况

民国成立后，"合乎共和民国宗旨"的教科书不是在短时间可以轻易编制出来的，清末的一些教科书经过修订后得以使用，商务印书馆的两套中学国文教科书，经许国英重订后再版发行。同时，面对中华书局在教科书市场上的强劲势头，商务印书馆也不甘落后，迅速编辑出版了"共和国"系列教科书。民初新出版的中学国文教科书主要有四套（见表1-11）。

表1-11　民初新出版的中学国文教科书概况

教科书名称	初版年	编者	出版社	选文总数/篇	古代作品选文	
					数量/篇	占比/%
中华中学国文教科书	1912	刘法曾等	中华书局	532	532	100.0
共和国教科书国文读本	1913	许国英	商务印书馆	239	239	100.0
新制国文教本	1914	谢蒙	中华书局	308	308	100.0
中等学校国文读本	1914	刘宗向	宏文图书社	549	543	98.9
合计				1628	1622	99.6

（三）传播西学的《中学文粹》昙花一现

清末民初编辑完备的八套中学国文教科书，除《中学文粹》外，基本上

---

① 　《中学文粹》虽然是四编，但由五册组成，第四编分为上、下两册。从定价上看，第一、二、三编定价二角，第四编（两册）则为五角。显然，该教科书是与五年制中学相配套的。

全由中国古代作品选文组成（100%、100%、100%、100%、100%、100%、98.9%）。①《中学文粹》中的古代作品选文占66.9%，在其33.1%的非古代作品选文中，有不少是宣传新思想、抨击旧道德与旧传统的"报章文"，如《中国宜振兴实业》《机器何害于人功》《论缠足之害》《论科举之害》《论鸦片之毒》等，还有促使国民意识觉醒的选文，如《西藏去矣》《旅顺又为日本得矣》。不过，数量最多且最令人耳目一新的还是那些介绍"西学"的选文（见表1-12）。

表1-12 《中学文粹》中的"西学文"举例

选文类别	选文名称
科普知识类	食物问答、饮物问答、动物分类问答、植物分类法、水流循环之理、释地层及地中遗迹
西方政艺类	工价、资本、资本消长之理、贸易、通商、货币、国法、银行、钞票、公司、政体、释权利责任、释国民、国民宜知政理、国家与人民之关系、教案、文明之由来、文明无止境说、地方政务、释法、释赋税、释交通法、竞争、机器、分工、机器何害于人工、免分工及用机器之害、大工艺之益、职业多寡有限、国法保护产业、专利、天演论察变篇
外国游记类	观巴黎油画记、出使四国公牍序（节录）、新加坡洪家花园记、单士厘观日本博览会记

从表1-12中可以看出，这些选文有的介绍现代生物、地理常识，有的介绍外国风情，而介绍西方政治、经济的选文最多。显然，在以《中学文粹》编者为代表的一批晚清知识分子看来，保存国粹并不代表排斥西方文明。②于是，传播现代知识、介绍西方文明也成为知识分子的责任。《中学文粹》的编者在教科书选文的编排中还注意中西结合，以便"使理想与事实相辅而行，以博生徒之兴味"，如在选入《资本》《贸易》《通商》《货币》《银行》《钞票》《公司》这类选文时，同时选入了节选自《史记》《汉书》的《史公传货殖》《古代货殖家》《汉代货殖家》等作品，以表明现代经济理论与实践在中国古代实亦有之，所以接受西方现代经济思想并不是背宗忘祖。同样，在宣扬爱国思想

---

① 宏文图书社版《中等学校国文读本》没有达到100%，是因为选文中有6篇佛经——佛说经四章及《净饭王手书召世尊》《释迦摩尼报波罗奈国金色女书》属于外国作品翻译选文。

② 罗志田：《国家与学术：清季民初关于"国学"的思想论争》，生活·读书·新知三联书店2003年版，第85—86页。

时，也把《爱国者岳飞》《爱国》《弦高爱国》《爱国之实》等选文并排，以便于读者明白"忠君"与"爱国"之别，从而树立青少年学生的现代国家意识；再联系到教科书中的《国家与人民之关系》《释国民》《国不能独立之惨》《国民宜知政理》等选文，都表明了教科书编者强化青少年现代国家意识的自觉。

值得一提的是，《中学文粹》编者及其出版机构文明书局，不但在教科书中传播现代新知，自身也在带头实践着西方现代"政艺"思想中的有益成分。该书正文后附有版权页，详细记录了编辑者姓名、发行机构等信息，而"版权所有"四个大字格外醒目（见图1-5）。教科书最后还附有官方出具的保护其版权的咨文。文明书局注重版权的行为，不仅保护了自己的利益，也让国人渐渐熟悉"版权"这一新概念。

图1-5 《中学文粹》版权页局部

然而，这套传播新知的教科书虽然由当时和商务印书馆一样知名的文明书局出版发行，但它并没有受到广泛的欢迎，社会影响极为有限，黎锦熙于1932年写成的《三十年来中等学校国文选本书目提要》中没有提到该书，后来的研究者也少有人提及。晚清时期，在中国现代化转型的过程中，虽然一些开明官绅（如张之洞等人）看到了西学的有用之处，并提出了奖励留学、设商部、兴办实业、修建铁路的主张，但那是因为传统文化赋予他们的经世济民的责任感及"落后就要挨打"的危机意识。① 当西学和中学发生冲突时，他们会义无反顾地选择中学，"今欲强中国，存中学，则不得不讲西学。然不先

---

① 曾平：《文化惯性与中国知识人的新旧嬗变——以钱玄同等五四学人为例》，《中华文化论坛》2010年第2期，第56页。

以中学固有根柢，端其识趣，则强者为乱首，弱者为人奴，其祸更烈于不通西学者矣"①。显然，在重在保持"国粹"的教科书中加入西学不是一件容易接受的事。开明士绅尚且如此，那些保守派就更不用说了。清末的地方士绅阶层（包括其子弟）曾经科举及第并因此享有种种特权，他们对古代经典有着特殊的感情，在废除科举后，他们大多又成为新式学堂建设的重要参与者；再加上新式的教育制度中又尽可能保留了旧东西，如每月的初一和十五，学堂要举行一次祭孔仪式，青少年学生仍然需要把很多学时花在阅读儒家经典著作上。②而对于受中国传统文化深深浸染的晚清时期的普通民众来说，其对西学更是持怀疑态度，往往以漠视的态度对抗现代文明。③

张之洞在《劝学篇》中指出，在西学进入中国的时候，首要任务是像管仲那样保国、像孟子那样保教，"今日时局，惟以激发忠爱、讲求富强，尊朝廷、卫社稷为第一义。……且夫管仲相桓公，匡天下，保国也。孟子守王道，待后学，保教也"。④这不是张之洞一个人的看法，在中国传统受到西学冲击的时候，在"保种、保国、保文化"的呼声下，社会上层人士普遍认为可以兴办新式教育，但首先要传授中国传统的经史之学，因为它们是一切学问的基础。同时，由于近代列强对中国一次次入侵，不仅仅是知识分子，就连普通民众也希望保护传统文化。⑤所以，传播西学的《中学文粹》最终销声匿迹了，以至于在辛亥革命结束了封建统治"走向共和"后，也没有出现这类大量选入西学知识的教科书。与此形成鲜明对比的是，商务印书馆组织编写的《中学堂用国文教科书》于1908年发行初版，笔者所见到的一套教科书的版权页显示，至1911年8月已经发行第7版；同样由商务印书馆出版的《中学国文读本》，虽然至1910年12月才编纂完毕，但率先于1908年4月出版的一、二册，至1911年8月已达7版。在民国成立后，二书经过修订依然畅销，甚至在20世纪30年代还在发行。

---

① 张之洞：《劝学篇》，上海书店出版社2002年版，第22页。

② 费正清等：《剑桥中国晚清史（下卷）》，中国社会科学出版社1985年版，第373—374页。

③ 曹诗弟：《文化县：从山东邹平的乡村学校看二十世纪的中国》，泥安儒译，山东大学出版社2005年版，第62页。

④ 张之洞：《劝学篇》，上海书店出版社2002年版，第5页。

⑤ 杜赞奇：《从民族国家拯救历史：民族主义话语与中国现代史研究》，王宪明等译，江苏人民出版社2009年版，第58页。

第二节　文言选文独大下古代作品选文的特点及教育功能

　　现代语文教育在培养学生阅读、写作能力的同时，也在培育学生的道德品质及分辨是非的能力，所以国文教科书中的选文，除了具有审美观，还带有世界观、价值观，有的还具有强烈的道德震撼力。[①]下文拟对清末民初中学国文教科书中的古代作品选文进行细致的分析，了解它们的特点并探讨它们进入教科书后被赋予的教育功能。清末的四部编辑完备的中学国文教科书中，《中学文粹》出版最早，但其新颖的内容并没有受到当时中学堂的普遍青睐，实际影响相对不大；《高等国文读本》选文数量不是太多（214篇），远远不能满足中学堂学生五年的学习需要，该书没有选入唐宋以后的文章，没有"国朝文"的教科书在清末的影响也很有限；《中学国文读本》共十册，至宣统二年十一月（1910年12月）才编纂完毕，虽然率先出版的一、二册发行量较大，但从整套教科书的角度来说，对清末中学国文教学的实际影响也不是太大。相对而言，吴增祺编辑的《中学堂用国文教科书》可以说是清末最具代表性、影响最大的中学国文教科书。所以，本部分对清末教科书选文的分析以《中学堂用国文教科书》为主，对民初教科书选文的分析则以编辑完备的四个版本的教科书为主。

一、熟读唐宋、桐城古文，精通作文之法

（一）清末教科书对古文的青睐

　　《奏定中学堂章程》指出："入中学堂者年已渐长，文理略已明通，作文自

---

① 陶东风：《作为媒介化公共事件的文学》，《文艺争鸣》2010年第1期，第11页。

不可缓"，"中国文学"科应注重训练学生的作文能力，而学习作文的次第分别为文义、文法、作文，具体来讲就是先要"读经史子集中平易雅驯之文"，以便"用字必有来历（经史子集及近人文集皆可）"，最终"作雅正之文"。[①] 熟读古文、授予作文之法的要求得到了清末中学国文教科书编者的一致赞同。如《高等国文读本·叙》云："今科举已废，学堂肇兴，文章一道，视昔宜加重矣"，"自昔纂录，以桐城姚氏古文辞类纂及湘乡曾氏经史百家杂抄最为有义法，百年以来，承学治古文者，率奉为指归"，"此编纂录之范围不越乎姚氏曾氏而程度则求合乎学者之用也"。林纾在《中学国文读本·序》中提到，要"选辑古今名家之文，使读者稍知其门径"，"古文唯其理之获，与道无悖者，则味之弥臻于无穷"，而"获理适道，尤当深究古人心身性命之学"。

吴增祺也认为，中学堂学生要"多读经书"，"急宜授以作文之法"，最便捷的途径就是熟读古文，因为"古文用法之妙，纵横变化，不可方物。故昔人以行云流水为比"。[②] 而且"自周秦以至今日，阅二千余年，气运既殊，文章亦因之日变"，"一代之隆，必有数作者撑柱其间，其苦心孤诣，实足自存于天壤"。同时，为了让中学堂学生"知古今文章流变"，便于"沿流溯源"，《中学堂用国文教科书》按照历史上的朝代先后并遵循由近及远的原则对选文进行编排：国朝（清）文为第一集，金元明为第二集，五代宋为第三集，自晋及唐为第四集，周秦汉魏为第五集。在朝代全面、作家丰富的同时，还格外突出各朝"苦心孤诣，撑柱其间"的作者，对于名家之文尤为青睐（见表1-13）。

表1-13　清末商务印书馆版《中学堂用国文教科书》各朝选文概况

朝代	选文数/篇	作家数/人	代表作家（及选文数量）
清	143	53	姚鼐（15）；梅曾亮（11）；曾国藩（13）
明	98	40	宋濂（12）；王守仁（10）；归有光（15）
元	20	13	虞集（6）
金	10	4	元好问（6）
宋	132	38	欧阳修（28）；苏轼（24）；陆游（15）
五代	8	7	徐铉（2）
唐	139	42	韩愈（23）；柳宗元（20）
隋	1	1	牛弘（1）
南北朝	13	6	范晔（5）

① 多贺秋五郎：《近代中国教育史资料：清末编》，文海出版社1972年版，第280页。
② 吴增祺：《中学国文教科书·例言》，商务印书馆1908年版，第1页。

朝代	选文数/篇	作家数/人	代表作家（及选文数量）
晋	23	10	陆机（5）；潘岳（5）；王羲之（6）
三国	25	14	曹植（5）；应璩（4）
汉	80	36	《史记》（15）；扬雄（5）；蔡邕（5）
秦	8	1	李斯（8）
合计	700	265	欧阳修（28）；苏轼（24）；韩愈（23）；柳宗元（20）；归有光（15）；姚鼐（15）；《史记》（15）；陆游（15）

从表 1-13 中可以发现，从朝代来看，清代的作家数量和选文数量均是最多的；从作者来看，《史记》、唐宋八大家及以姚鼐、曾国藩为代表的桐城派古文家占据了优势。《奏定学堂章程》对"中国文学"一科还特别强调"义法"，而"义法"之首倡者为归有光，然后由方苞承继，再由桐城派发扬光大。"归熙甫评点《史记》《汉书》，指示义法，而后古文之规律始严；及清代桐城方望溪氏苞承归震川之风，于《左传》、史汉文章义法讲究至精，其至为文，尤极经营惨淡之致"；"其徒姚姬传鼐承之"，"姚氏高足弟子有梅伯言曾亮、管异之同诸人传授不绝"。[1] 以至于"清代桐城一派，以古文名世者，垂三百年，天下靡然从风，称为正宗。然其所祖者，明之归有光而已"。[2]《中学堂用国文教科书》在《初集例言》中还清晰地阐述了清代桐城派古文的发展脉络：

> 方望溪刻意为文，能力去繁芜，体格颇为严洁，而往往拘束乏生趣。望溪故喜震川，以上溯欧曾之作。望溪授之刘海峰，海峰授之姚姬传。姬传氏为一代大宗，而莫敢与之抗者，厥后流传既广，天下翕然尊之桐城派。曾文正公亦盛推桐城，而欲少矫其懦缓之失败，故其持论以光气为主，以音响为辅，其可传之作甚多。中兴之初，文人崎岖于戎马之间，辗转迁徙而述作不辍。盛矣哉，自宋以后，未之或先也。[3]

而归有光"义法"与他"原本六经，而好太史公，得其神理"密切相关，同时他又"文便直接韩欧，以形貌不似，而相同在骨法也"，"学荆公为文，折旋有气"。总而言之，归有光之文是师承《史记》及唐宋古文八大家的结果

① 颜昌峣：《桐城派古文之建立及其流别》，《船山学报》1933年第2册，第67—68页。

② 马厚文：《归有光之生平及其文学》，《光华大学半月刊》1934年第2卷第7期，第35页。

③ 吴增祺：《中学国文教科书·初集例言》，商务印书馆1908年版，第5—6页。

（"有光之文，大概上师史汉，下合八家精长，锻炼而成"①）。在这个意义上来讲，唐宋八家可算是桐城派古文的渊源所在，"考其（桐城）文之体格声色，实出于唐宋八大家及明之归震川而已。故八家文及震川文乃桐城派渊源之所自也"。② 这也就不难理解为何唐宋八大家及《史记》选文也是清末中学国文教科书的重要组成部分。《中学国文教科书·四集例言》中更是对韩愈、柳宗元之文大加赞赏，并介绍了他们的成功之道：韩愈之学在于遍及经史及诸子百家之书；柳宗元在被罢黜后遍历诸山水。即一个熟读经史百家，一个行万里路。教科书编者还在最后强调韩之文"归以道德为主"，柳之文"深得于屈宋之遗，他人虽学之而不能及"。③

所谓古文，"非真复古，摹拟古人之谓也。去六朝之排偶声律，复两汉之淳朴与其奇偶并用之自由而已。若句摹篇，陈陈相因，正古文家之大戒也。自韩柳盛倡古文，至宋而欧阳、王、曾、三苏六家出，而古文之道益尊"④。追根溯源，不仅《中学堂用国文教科书》编者对唐宋古文及《史记》青睐有加，清末其他三个版本教科书的编者也大体如此（见图1-6）。

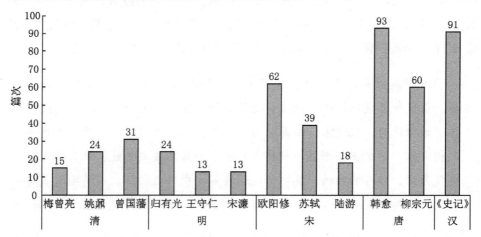

图1-6　清末中学国文教科书总选文中篇次总量靠前的作者

① 冯展鸿：《归有光文评》，《南风》1937年第12卷第4、5期合刊，第129页。
② 陆翔：《桐城派古文之研究》，《震旦大学院杂志》1932年第24期，第12页。
③ 吴增祺：《中学国文教科书·四集例言》，商务印书馆1908年版，第1页。
④ 陈柱：《中国散文史》，东方出版社2012年版，第208页。

从图 1-6 中可以看出，《史记》、唐宋古文家的作品在清末中学国文教科书中占有绝对优势：韩愈共 93 篇次的作品被选入了四套教科书中，《史记》为 91 篇次，欧阳修 62 篇次，柳宗元 60 篇次；在四套教科书的总篇次中，桐城派古文家的作品数量相对不如唐宋古文家，这是因为《高等国文读本》没有选入清代文，《中学文粹》只选入极少的清代文。

如前所述，晚清政府虽然颁布了现代教育制度，但是科举时代的遗绪不可能瞬间涤除，尤其是在新式中学堂依然保留了旧式功名的情形下。况且，清末中学堂大多由旧式私塾、书院改造而成，学员的"小学"阶段也是在学习旧学中度过的。所以，清末中学堂国文教科书不可能是普通的文学读本，在选文时还带有很大的功利性。如有论者指出，归有光及桐城派巨子都工于八股文。① 但也不能忽视，从清末中学堂国文教科书编排体例及选文的来源来看，教科书编者也没有刻意以应付考试为唯一目的。关于清末的中学国文教学用书，《奏定学堂章程》中说"《御选古文渊鉴》最为善本"，选读书目包括《古文雅正》《古文翼》《古文辞类纂》《序类纂》《经史百家杂钞》《经世文编》。②《御选古文渊鉴》的选文内容非常注重政治教化，看重的是文章所体现的伦理道德与政治才干，如选入的唐宋八大家之文以他们为皇帝草拟的诏制类文体为主；再如《古文雅正》，也是"文虽佳，非有关修身经世者不录"。③ 相对而言，清末的教科书编者较多地参照了《古文辞类纂》，更看重文章本身，他们在注重选文"义法"的同时，也不一味看重政治教化，这的确是一种难得的进步。

前面提及，归有光、韩愈之文"原本六经"④，这些名家的成长之路，也能让当时的青少年学生——未来的官绅切身感受到，若想获得成功，不"读经"是万万不能的。《奏定学堂章程》中说，"中小学学堂宜注重读经以存圣教。外国学堂有宗教一门，中国之经书即中国之宗教。若学堂不读经书，则是尧舜禹

---

① 陈柱：《中国散文史》，东方出版社2012年版，第326页。
② 《学部第一次审定中学堂初级师范学堂暂用书目凡例》，《教育杂志》1910年第2卷第9期。
③ 李斌：《清末古文家与中学国文教科书的编写》，《文学遗产》2013年第5期，139—140页。
④ 陈柱：《中国散文史》，东方出版社2012年版，第217页。

汤文武周公孔子之道，所谓三纲五常者尽行废绝，中国必不能立国矣"。[1]晚清政府依然规定学生入学及孔子诞辰日要"祀孔"。[2]在如此背景下，不要说《中学文粹》中的西学知识不被接受，即使那些和儒家不同观点的思想流派也很难进入教科书中，《中学堂用国文教科书·例言》中指出："庄列申韩之文不录，此数子者，其无意为文，故文多变化不测，而无规矩绳尺之可求。"显然，这与"《国策》《国语》其他选本皆有之，今俱一字不及"是不同的，这是提醒青少年学生，在熟读讲求"义法"的唐宋古文、桐城派古文的同时，不但"报章俗文"不能读，那些"变化不测，无规矩绳尺之可求"的古文也不宜读。

（二）民初教科书选文的"微"变

民初的"国文要旨"明确提出要"涵养文学之兴趣"，而诗歌以其既可以言性情，又可以讽谏，被誉为"文学中之最有美感而足以动人者"。[3]本时期的教科书编者也非常注重诗歌的教育功用——可以"涵养性情，宣导血气"[4]，所以民初中学国文教科书中选入了古代诗歌（见表1-14）。

表1-14　民初中学国文教科书选文组成概况

教科书名称	散文		诗歌	
	数量/篇	占比/%	数量/篇	占比/%
中华中学国文教科书	401	75.4	131	24.6
共和国教科书国文读本	218	91.2	21	8.8
中等学校国文读本（宏文版）	353	65.0	190	35.0
新制国文教本	306	99.4	2	0.6
合计	1278	78.8	344	21.2

从表1-14中可以看出，民初新出版的四个版本的中学国文教科书都有诗歌，但比例不是太大，古代散文仍然占据了绝对优势。尤其是在当时最畅销的两套教科书《共和国教科书国文读本》《新制国文教本》中，古代散文的比例高达90%以上。即便是诗歌比例最高的宏文图书社版《中等学校国文读本》，其

① 多贺秋五郎：《近代中国教育史资料：清末编》，文海出版社1972年版，第212页。
② 陈来：《传统与现代：人文主义的视界》，生活·读书·新知三联书店2009年版，第99页。
③ 羼客：《古诗十九首诠释》，《学艺杂志》1921年第2卷第4号，第1页。
④ 刘法曾：《中华中学国文教科书·编辑大意》，中华书局1912年版，第2页。

诗歌选文也大部分被编在"别录"里，而摘自《诗经》的一部分选文被编排在了"古代文"单元里，另一部分则编排在独立设置的"诗经楚辞文"单元，并没有当作诗歌编排，这类把"诗"当作"文"编排的选文有 57 篇之多。可见，古代散文独霸中学国文教科书的局面在民初并没有被打破，而在四个版本的中学国文教科书中，10 篇次及以上的古代散文作者有 27 个（见表 1–15）。

表 1–15　入选民初中学国文教科书选文 10 篇次以上的作者概况

选文作者	总篇次	入选教科书数/套	备注
《左传》	46	4	经部
《礼记》	29	3	
《孟子》	22	4	
《公羊传》	14	3	
《论语》	9	4	
《尚书》	9	3	
《战国策》	36	4	史部
《史记》	30	4	
《资治通鉴》	20	3	
《国语》	19	4	
《庄子》	13	4	子部
《荀子》	9	3	
韩愈	61	4	唐宋古文家
柳宗元	46	4	
苏轼	37	4	
欧阳修	35	4	
王安石	24	4	
苏洵	12	3	
曾巩	10	4	
梅曾亮	16	4	桐城派古文家
姚鼐	14	4	
曾国藩	10	3	
方苞	8	3	
刘大櫆	8	3	
归有光	12	4	
侯方域	14	3	清初古文三大家
魏禧	10	3	

　　注：考虑到国文教科书选文还会受到编者个人喜好的影响，所以，一个作者的作品如果仅仅被一个版本的教科书选入，则即使其有 10 篇次以上，也不在本书的统计范围之内。

从表1-15中可以看出，民初中学国文教科书选文仍然主要来自经、子、史、集，虽然有的编者认为"庄列申韩诸子，自成一家学说，文章亦皆卓然自立"①，并且四个版本的教科书选入了《庄子》13篇次的作品，为之一"新"，但备受中学国文教科书青睐的依然是《史记》、唐宋八大家的古文及桐城派古文。从表1-15中还可发现，虽然民国成立后取消了"读经"，但儒家经典并没有退出教育领域。

同时，有助于提高学生的"作文技法"依然是民初教科书编者选文的重要标准，如"急宜授以古文作文义法"（《中华中学国文教科书》）、"宜授以适当之作文法理，使略知古今文章规范"（《共和国教科书国文读本》）。

值得一提的是，利用国文教科书对青少年学生进行思想品德的陶冶及现代国民意识的培养，逐渐成为民初教科书编者的自觉行为。如1914年出版的《新制国文教本·编辑大意》中提出，"庶符智德兼启之方，以冀文质并茂之效"。宏文图书社出版的《中等学校国文读本》，在《叙例》中详细阐述了国文盛衰与国家、民族盛衰的紧密联系：

> 夫立国赖学，而文为之枢。
> ……
> 明史立文之本也，国人明史，则亡灭之难，虽亡，有复机。
> ……
> 夫文章良楛略与民族盛衰为比例，隆古而还，魏晋以往，文运历久不替，正诸夏之扬厉也。自五胡云扰，渐以不振。及南北末叶，淫靡之辞遂作。唐兴久之，元刘韩柳诸家相踵以起。虽宋法渐开，而先则未坠，赵宋有国，惴惴辽夏，时则欧苏王曾，义局于儒，言辞疏于节制，两汉典型，去之日远。金元入主，斯文几绝。明一兴而不昌，王李返古未遂。迄惟清世朴学，雅文相翼以起，斯为特列。然自谫陋之士，科举之徒，姑便宋文易于成幅，八家不伦之称义法自尊之说，苟有秉笔奉为神明，宿义陈词，千篇一律。汪（中）李（洛兆）之徒，力欲返古，众寡强弱，卒相悬殊。考其风习，知清文之犹未大盛也。夫是二者，消息之原，诚难妄揣，然苟

---

① 刘法曾：《中华中学国文教科书·编辑大意》，中华书局1912年版，第3页。

详观盛世之文，自明衰之不足绍，盛衰既辨，黜伸有则矣。[①]

综上所述，在帝制推翻、"共和"初建的民初，中学没有因为取消了旧式功名而发生本质变化，依然是社会分层的重要依据，是青少年跻身社会上层的阶梯；中学国文教科书也没有因为"国文要旨"提出了"涵养文学兴趣"的口号而发生质的变化，虽然选入了少量古代诗歌，但依然靠熟读唐宋古文、桐城派古文提高作文"技法"。同时，由于取消了"读经"科，在"共保国粹"的响亮口号下，教科书中还选入了大量儒家"经"典、先秦诸子之文。

二、应用文体皆备，以便经世致用

（一）"姚选"标准下的清末教科书选文文体

《奏定学堂章程·学务纲要》中要求重视"各体文辞"：

中国各体文辞，各有所用。古文所以阐理、纪事、树德、达情最为可贵；骈文则遇国家典礼制诰需用之处甚多，亦不可废；古今体诗辞赋，所以涵养性情，发抒怀抱，中国乐学久微，藉此亦可稍存古人乐教遗意。中国各种文体，历代相承，实为五大洲文化之精华，且必能为中国各体文辞然后能通解经史古书、传述圣贤精理。文学既废，则经籍无人能读矣，外国学堂最重保存国粹，此即保存国粹之一大端。假使学堂中人全不能操笔为文，则将来入官以后，所有奏议、公牍、书札、记事，将令何人为之乎？行文既不能通畅，焉能畀以要职重任乎？近代文人往往传习文藻，不讲实学，以致辞章之外，于时势、经济茫无所知。宋儒所谓一为文人，便无足观，诚痛乎其言之也。盖黜华崇实则可，因噎废食则不可。[②]

从中不难看出，清末中学堂课程设置中的"中国文学"一科中的"文学"是国粹而不是注重"文藻"的文人之学。精通此学，能作通畅的奏议公牍，能

---

① 刘宗向：《中等学校国文读本·叙例》，宏文图书社1914年版，第1页。
② 多贺秋五郎：《近代中国教育史资料：清末编》，文海出版社1972年版，第212页。

通解古书传述圣贤精理。

在中国文体分类史上，有过多种标准，如曹丕《典论·论文》中的"四科八体"，陆机《文赋》"分文类为十"，刘勰《文心雕龙》将文体分为 33 类，吕祖谦《宋文鉴》为 58 类，吴讷《文体明辨》为 127 类。《古文辞类纂》撇开形式要素以"为用"为准则划分文体 [①]，此种文体分类方法恰好与《奏定学堂章程》中对国文教学的要求相契合，所以它和《经史百家杂钞》一起，成为清末中学国文教科书编者进行选文分类的最重要参考。如《高等国文读本·例略》云："姚氏类纂分门类为十三，曾氏杂钞则损之为九，而加入叙记、典志二门。此编则又损益于姚曾二书，曰叙记，曰传志，曰杂记，皆纪载之体也；曰诏令，曰奏议，曰书说，曰哀祭，皆告语之体也；曰论辨，曰序述，曰辞赋，皆著述之体也。其一编至三编，各门皆具，四编五编，则互有阙略。至其位置先后，亦与姚曾二书不同。姚曾先录著述之文（论辨、序跋等类）。此编则置之于后。"商务印书馆出版的《中学国文读本》和《中学堂用国文教科书》虽然没有严格按照体例单元的形式编排选文，而是依照朝代顺序，但细究这些选文，基本上可以归属于《古文辞类纂》中的文体。[②] 笔者把这两套教科书中的选文按照姚鼐《古文辞类纂》的文体分类标准进行了分类，结果如表 1–16 所示。

表 1–16　清末中学国文教科书选文"姚选"标准各体选文数量概况

单位：篇

"姚选"标准文体类别	中学国文教科书	中学国文读本
论辨	86	43
序跋	96	36
奏议	54	34
书说	84	47
赠序	57	23
诏令	19	6
传状	57	25
碑志	63	28
杂记	112	84
箴铭	20	8

---

① 高黛英：《〈古文辞类纂〉的文体学贡献》，《文学评论》2005年第5期，第35页。

② 黎锦熙把清末看做中学国文教科书的"姚选"标准时期，还特别提到了二书。黎锦熙：《三十年来中等学校国文选本书目提要》，《师大月刊》1933年第2期。

"姚选"标准文体类别	中学国文教科书	中学国文读本
颂赞	12	2
辞赋	7	11
哀祭	33	10

从表 1-16 中可以看出，两套教科书中的选文覆盖了《古文辞类纂》中的所有 13 类文体，各体选文的数量也不尽平均（见图 1-7）。

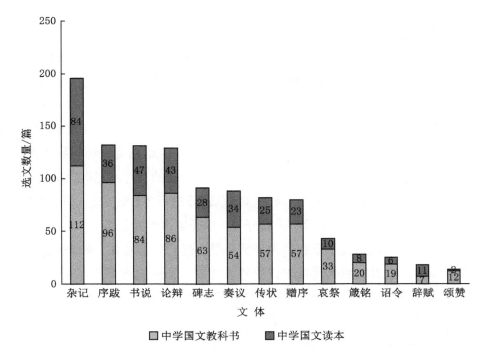

图 1-7　商务印书馆版中学国文教科书各体选文数量概况

从图 1-7 中可以看出，文体的比例迎合了清末中学堂的性质，中学堂"意在使入此学者，通晓四民皆应必知之要端，仕进者有进学之阶梯"①。不论中学堂学员毕业后是否为官，记事能力是必须掌握的，所以杂记数量最多；作为封建时代的"文化人"，作为"有文化"阶层应酬唱和的序跋、书说、赠说、碑志当然也是必不可少；作为封建王朝的"准官员"，论辩、奏议也颇为重要。

---

① 多贺秋五郎：《近代中国教育史资料：清末编》，文海出版社1972年版，第210页。

相对而言，辞赋的数量非常少，张之洞早就指出，"词章读有实事者，一为文人便无足观，然有奏议、书牍、记事之用者不能废也"①。再联系《奏定学堂章程》规定古代诗歌在"遇闲暇放学时"才能吟诵，"学堂内万不宜作诗，以免多占时刻"，所以在清末的中学国文教科书中还很难看到古代诗歌，即便有韵文也大多是箴铭、颂赞类。

在"各体"中，论辩文在清末有着更大的实用空间，因为各类考试都有"中文论说"。为了明确选文的教育功能，教科书编者往往在教科书中的论辩文旁附有若干"批语"。试析如下。

其一，有的批语提示重在利用该文对学生进行文章作法的教授。如《中学堂用国文教科书》中，结合柳宗元的《封建论》介绍并高度肯定了"间架之法"，提醒中学生模仿学习，"自唐以前，其论封建之善者众也。如曹元首之六代、陆士衡之五等皆是也。其从而非之者，实自此篇始。而其理遂一定而不可易，通篇亦并用间架之法，而钤束极严。故脉络相寻，而运掉无不如意"。为了让学生意识到面对不同的对象、基于不同的目的，文章的风格要有差异，还对司马相如的《谕巴蜀檄》《难蜀父老》进行了对比分析："前篇语语森严，檄文之体，宜然。后篇则反复开导，以委婉谆切为主。"

其二，有的批语提示重在利用该文对学生进行思想教育。如《极谏外家封事》一文，作者历数前代帝王任用外戚之弊，劝汉成帝不要让王氏擅权，教科书编者对该文的评语是"情词迫切，虽贾生之痛哭流涕长太息，无以复加"，在文中"大将军秉事用权，五侯骄奢僭盛，并作威福，击断自恣，行污而寄治，身私而托公，依东宫之尊，假甥舅之亲，以为威重。尚书九卿州牧郡守皆出其门，管执枢机，朋党比周。称誉者登进，忤恨者诛伤；游谈者助之说，执政者为之言。排摈宗室，孤弱公族，其有智能者，尤非毁而不进"处，附有批语"此数语足破一时邪说"；行文至"王氏永存，保其爵禄；刘氏长安，不失社稷，所以褒睦外内之姓，子子孙孙无疆之计也"处，又附有批语"抑退王氏，所以上安太后语，意极为周到"。可见，教科书编者不仅仅是对《极谏外家封事》的论说技巧的肯定，更是对刘向人格的推崇及对其周全设想的赞

① 张之洞：《劝学篇》，上海书店出版社2002年版，第28页。

赏，这种观点随着附于正文旁边的评语，深深影响着使用该教科书的中学堂学生。

其三，在封建士大夫的交际场合，说话得体是异常重要的。古代论辩文的学习，能提升学生的口语交际能力。如，在学习了那些优秀的古代奏议文后，可以提醒学生切身感受口语交际能力的重要性，从而进一步思考说话的技巧及效用。有学生读了《谏猎书》后感慨道："善乎，司马相如之谏武帝猎乎。其言温而不猛，故能使武帝乐其言而纳之。……进谏之道，使人君畏吾之言不若使人君信吾之言，使人君信吾之言不若使人君乐吾之言。故谏之道，非直言强谏之所能也，惟顺言正议以导之，然后能使君必纳。"①

清末教科书中还入选了较多的山水游记，它们大多不是单纯的写景休闲之作，而是作者寄情于山水、寻求精神寄托之作。这类作品短小精悍，通俗易懂，颇受青少年学生喜欢，以至于出现了大量的仿作。如"醉翁之意不在酒，在乎山水之间"的《醉翁亭记》，就有不少学生进行了仿作②，虽然这些仿作不乏"游戏文""谐文""滑稽文"，但足以表明青少年对古代游记的喜爱。清末教科书主要由民间出版机构编辑出版，在当时教科书市场自由竞争的情况下，学生（主要消费群体）的喜爱是销量的重要保证，这也是教科书选入一定比例山水游记的原因之一。

（二）"曾选"标准下的民初教科书选文文体

民初的升学考试、求职考试都要考国文，试题形式多为结合历史、现实的中文论说。1912年上海会文堂书局出版的号称"立宪时代之新国文，为青年学子必读之书"的《中等新论说文范》，在《序》中一再强调"立论以发明道德，讨论政治为主义"，"凡有关一身一家一国之大道，皆包含其中"。③如卷一选文目录：

---

① 冯本生：《读司马相如上谏猎书书后》，《妇女杂志》1916年第2卷第10号，第11页。
② 琴孙：《活地狱记（仿醉翁亭记）》，《振华五日大事记》1907年第29期；王象鼎：《遊岳麓山记（仿醉翁亭记）》，《学生杂志》1914年第1卷第4号；志侠：《新婚记（仿欧阳永叔醉翁亭记体）》，《游戏杂志》1914年第7期；蓉城四乳翁：《枉死城记（仿醉翁亭记）》，《余兴》1916年第18期。
③ 蔡郷：《中等新论说文范·序》，会文堂书局1912年版，第1—3页。

记黄帝涿鹿之战、原勇、史阁部论、说谶纬学、招友人求学书、释蛊、禅让论、论洪杨失败之原因、办民国议、伍子胥论、诸葛武侯前后出师表书后、原忠、兼弱攻昧取乱侮亡释义、中西史学不同说、述乡农语、说林政、读孟子、论士人宜注重实业、述日本并吞朝鲜事、浙江观潮记

从目录可以看出，关于"一身"之文很少，绝大多数是社会、国家题材。该书局还出版了"学校必需，考试必备"的《国文新范》，在广告中称其具备四大特色——论文专详吏治、策问综核时政、草拟文牍格局一新、杂著体裁具备，显然，后两大特色是形式方面的，前两大特色是内容方面的，对"时政""吏治"领域的偏重和教科书古代作品选文关注社会领域是异曲同工的。所以，民初的中学国文教科书依然注重应用文体，如1913年中国图书公司出版的《中学新国文》在其《编辑概言》中表达了对"应世之文"的重视："诗词歌赋，美术之文也；函牍传记，应用之文也。对中学而论，程度亦必以应世为先。若公牍，若私函，若序传记述，均为立身处世所必要。非有精熟之名文数十百篇，以为之基本，则应用将虞其穷。"虽然该教科书最终没有出版齐全，但在其已经出版的几册中，选文全由函牍传记、书铭箴颂类应用文组成。再如，《中华中学国文教科书》"统计四册编次之文，亦复诸体略备，意在使读者稍知古人之体裁门径"；《新制国文教本》则是按照"论著之属""序录之属""碑刻之属""铭颂之属""杂记之属"的单元进行选文的编排。

民初的《中学国文教授要目草案》中，虽然使用了记叙、议论、词赋的新文体名称，但从相关的解释说明中来看，依然注重旧文体：

文章分记叙（叙记、典志、传状、碑志、杂记皆属之）、议论（论说、序跋、书牍、奏议皆属之）、词赋（诗、赋、颂、赞、哀、诔、箴、铭皆属之）。

记叙之文当采详实分明者。叙事取之《左传》《通鉴》已足，此外如陶潜《桃花源记》、柳宗元山水小记、曾巩《越州赵公救灾记》《序越州鉴湖图》之类皆可选；如《木假山记》《喜雨亭记》《项脊轩志》等篇或无甚意义，或有似小说，不须诵习也；议论书牍文须取其平实晓畅、合于

论理者，其纯呈虚锋、故作声势、不综情实者不宜入选；词赋诗歌宜选雅而不艳、质而不俚者。寓言游戏之作不必选（如《毛颖传》之类）；谈说玄理之文不可选（如《庄子》之类）；叙记文宜多，议论书牍次之，词赋则第四学年略选数首足矣。

作文使学作记叙议论书牍诸体，切于实用之文。①

从以上规定中可以看出，文体教授的重点依然是杂记、书牍类，而且强调"或有似小说，不须诵习也"，"游戏之作不必选"；词赋诗歌"宜选雅而不艳者"，且"第四学年略选数首足矣"；作文依然要求作"切于实用之文"。

黎锦熙把民初看作中学国文教科书编排的"曾选"标准时期，即在取法《经史百家杂钞》的基础上又加入了少量诗歌。② 民初四个版本的代表性教科书，除了《新制国文教本》完全按照应用文体的单元形式编排外，其他三个版本基本上是"各体略备"（见表 1-17）。

表 1-17　民初中学国文教科书"曾选"标准各体选文数量概览

单位：篇

"曾选"标准 文体	中华中学国文 教科书	共和国教科书 国文读本	中等学校国文读本 （宏文版）	新制国文教本	合计
哀祭	15	3	4	7	29
传志	25	18	27	56	126
词赋	161	35	198	18	412
典志	0	4	13	1	18
论著	60	62	92	55	269
书牍	71	10	23	47	151
序跋	60	30	19	39	148
叙记	38	19	112	8	177
杂记	52	34	25	56	167
赠序	23	4	1	11	39
诏令	18	5	11	7	41
奏议	9	15	18	3	45

---

① 《附录：中学国文教授要目草案》，《教育研究》1915年第24期，第41页；《专件：中学国文教授要目草案》，《教育周报》1915年第95期，第37页。

② 黎锦熙：《三十年来中等学校国文选本书目提要》，《师大月刊》1933年第2期，第4页。

从表 1-17 中可以看出，民初的教科书选文包含了《经史百家杂钞》中的 11 类，而出版最早的《中华中学国文教科书》还带有鲜明的"姚选"标准痕迹，选入了多篇"赠序"。民初教科书中"曾选"标准各体选文的数量也不尽平均（见图 1-8）。

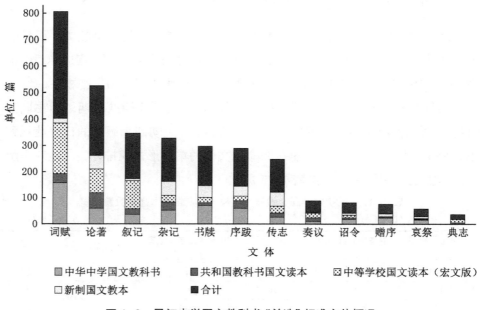

图 1-8　民初中学国文教科书"曾选"标准文体概况

从图 1-8 中可以看出，此时词赋的总量最多，主要是因为宏文图书社版《中等学校国文读本》以"别录"的形式增加了大量诗歌，《中华中学国文教科书》则由于诗歌的篇幅短小，有在一课中选入多篇诗歌的情况，所以从统计数据上看数量是很多的；典志类则最少，因为在"共和"时代，它的现实应用性大大降低了；同样的原因，奏议类选文也很少。

不可否认，相对于清末，民初教科书选文显示出了一些新气象。

第一，抒情散文受到了教科书的青睐。这些文章有表达诚挚友情的，如《山中与裴迪秀才书》进入了民初三个版本的教科书中（清末仅一部教科书选入），该文重在表现作者与裴迪意趣相投、友情深厚；有表达家庭亲情的，如清末教科书中没有出现的刘令娴《祭夫徐敬业文》也被民初三个版本的教科书选入，中华书局版评语为"简澹哀恤，弱女子乃有此瑰制"，商务印书馆版教科书评语为"以同穴收结，文情并至"；还有表达对社会不满的，如被民初三个版本教科书选入的《酒德颂》（清末仅一部教科书选入），以颂酒为名表达了作者蔑视礼法的态度。

第二，论说散文更加注重从写作、演说的角度学习其表达技巧。最有代表性的是被民初四个版本教科书都选入的韩非子《说难》（清末仅一部教科书选入），"人当学说难之文而不可行其术"[1]，即主要学习该文的论说技巧，而不是学习其中的刑名法术思想。这也表明民初的中学国文教科书出现了从"经世文本"向"教学文本"转变的倾向。

第三，民初的中学国文教科书选文出现了从"经典文本"向"文学文本"转变的倾向。此外，《共和国教科书国文读本》在《祭夫徐敬业文》一文的"题解"中写道："女子能文，尤为可贵，本编录祭文仅此。"在"作者简介"中写道："刘令娴，刘孝绰妹，二姊并有文学，令娴为最。"民初的教科书编者对选文的女性作者给予"能文学者"的身份，而不再是"某妹""某妻""某母"的语言表述方式，的确是可贵的进步。

同时，从图1-8中也可以看出，在民初同时期的中学国文教科书中，不论是总选文的数量，还是各体选文的数量，都存在较大的差异。民国成立后，教育行政部门出台了一系列的法规、文件，规范各级学校的课程设置及各学科的教学内容，民初的中学国文教科书在其"编辑说明"中也表达了对相关规定的遵循，如"不背于部定法程，由近世文以进于近古、远古"（《共和国教科书国文读本》），"部定中学国文教旨，以先授近世文，渐及于古文"（《新制国文教本》），"惟查教育部所颁各学校规程，辄谓先读近世文，渐及近古"（《中学校国文读本》），"本书选择古今名人文字，以不背教育部公布之教育宗旨为标准"（中国图书公司版《中学新国文》）。但是，民初的这些文件缺乏可操作性，"国文要旨"的规定还不细致，比如，"近"到哪个年代才算是"近世文"？古代文、近世文要有怎样的比例才是合适的？中学生要阅读哪些书目？等等。这些问题都没有明确的解释，因而教科书编者只能按照自己的理解去编排选文。

---

[1]　啸春：《书韩非子说难篇后》，《亦社》1921年第4卷第4期。

三、展现模范人物，实施道德教育

教科书中的人物形象往往渗透着社会支配阶层所需的价值取向，学生在阅读教科书选文的过程中，首先会对其中的人物形象所呈现的社会角色有一个感性的认识，再通过教科书编者的角色强化（如多次出现这种角色并附带有倾向性的语言描述），最终，学生对社会角色有了理性的把握，他们能够懂得将来自己走上社会扮演某一社会角色时应该怎样做。这一过程有利于未来社会成员的自我发展，使他们将来能够更好地适应社会；同时，也有利于社会秩序的统一。所以，国文教科书中以刻画人物为主的选文并不是随意选取的，这类选文传递给学生的不仅仅是知识信息，文中人物的言行及道德品质往往给青少年学生读者带来"择其善者而从之，择其不善者而改之"的示范作用。掌控国家意识形态的政府及教科书编写者会对教科书中的人物形象进行"调控"，即规定或默许哪类人物可以在教科书中出现乃至多次重复出现，同时减少或禁止某类人物的出现。

（一）清末教科书对"不事二朝"人物的凸显

清末影响最大的商务印书馆版《中学堂用国文教科书》中共有"传状类"选文 57 篇，其中韩愈《毛颖传》、柳宗元《种树郭橐驼传》、柳宗元《梓人传》属于寓言性质的传记类作品，其他以描写人物为主的选文有以下 54 篇：

> 宁南侯传、刘参传、大铁椎传、安邱张夫人家传、梁烈妇传、乙邦才传、申甫传、高节妇传、阎典史传、魏禧传、青门老圃传、朱竹君先生传、书左仲甫事、黄蛟门传、黄烈女传、先姚行略、画网巾先生传、李伯渊奇节传、李节妇传、秦士录、杜环小传、王冕传、南宫生传、谢翱传、陶节妇传、筠溪翁传、魏诚甫行状、崔鉴传、唐珏传、邢布衣传、隐君顾子武传、陶庵先生传、徐文长传、桑怿传、方山子传、巢谷传、姚平仲小传、陈氏老传、圬者王承福传、宋清传、杨烈妇传、赠礼部尚书韩公行状、书何易于、窦烈女传、赵女传、甫里先生传、项羽本纪、伯夷列传、廉颇蔺相如列传、魏公子无忌列传、屈原贾生列传、刺客列传、魏其武安侯列传、游侠列传

这 54 篇选文涉及 58 个主要人物（《廉颇蔺相如列传》《屈原贾生列传》均为两人合传;《魏其武安侯列传》为三人合传），他们的身份是多样的，而且不是均衡出现的（见图 1-9）。

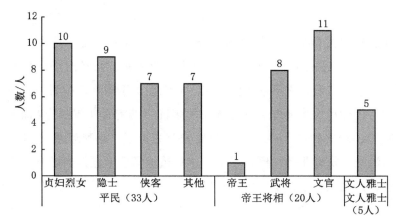

图 1-9　清末中学国文教科书中的主要人物及身份特征

从图 1-9 可以看出，人物形象最多的是文官（11 人）。清末普通中学堂的学生有很多就是未来的官员，而且大多会成为文官，他们当然要和自己"身份相近"的同类人物早早"相遇"，了解、学习先贤的智慧、品德。教科书中的文官人物有一心为民的地方小吏左仲甫（《书左仲甫事》）、何易于（《书何易于》），有赡养老人（非自己亲生母亲）的杜环（《杜环小传》），有智勇双全、礼让同僚的爱国者蔺相如。另外，教科书的隐士形象也丰富多彩，如个性不羁、喜欢读古代圣人书的甫里先生（《甫里先生传》），有情有义的巢谷（《巢谷传》），放弃战功回家做泥瓦匠的王承福（《圬者王承福传》）。尤其是《青门老圃传》中的邵姓隐者，儿时能诵秦汉数千言，十岁补弟子员，"会绌新令，黜其籍"，只好回家种地，以"吾固知富贵有命，百年且暮耳"自慰，虽然放弃了举业，但依然在家中备"经史诸家书数千卷"，"顾好为诗，又好攻古文辞"。教科书中这些爱民爱国的文官与独善其身的隐士，是"达则兼济天下，穷则独善其身""穷不失义，达不离道"等儒家理想人格的形象展现，中学堂生员从他们身上就会明白将来自己走上社会为官或为民时应该怎样做。

教科书中贞妇烈女的形象也非常多（10 人）。除了人物传记外，像碑志、祭文中也有不少女性形象,如《教女遗规序》《祭妹文》《先妣灵表》《先妣行略》《婴砧课诵图序》《常熟县二烈祠记》《郑君妻洪氏墓铭》《泷冈阡表》《列女传目录序》《溧阳濑水贞义女碑铭》《高愍女碑》等。这些选文中的女性有的是慈母贤妻,如《婴砧课诵图序》和《先妣行略》讲述了王拯一岁丧父、七岁丧母,投靠新守寡的姐姐,姐姐靠替人洗衣维持生计并支持王拯读书。吴增祺评论二文道:"凡通人才士,集中多有叙述先德之文,而必出于孤寒困苦者为最可传,盖情之至者,文不求工而自工。而惟相从于患难之中者,其情为尤至也。读此与汪仲甫先生所作,真令人不能多读。"方苞《高节妇传》描写了高节妇(本姓段,随夫姓高)在十七岁时丈夫就去世了,但她性格严毅,拒不改嫁,以孝治家、抚育儿孙,历尽艰辛。这些慈母贤妻形象是封建社会家庭中的模范形象,张之洞《劝学篇》专门有"明纲"一章,其中云"五伦之要,百行之原,相传数千年更无异义,圣人所以为圣人,中国所以为中国实在于此","近日微闻海滨洋界,有公然创废三纲之议者,其意欲举世放恣黩乱而后快,怵心骇耳,无过于斯";他还结合西方之伦理强调中国伦理的合理性,"西人爱敬其妻虽有过当,而于其国家政事未尝以妇人预之,是西国固有夫妻之伦也"。①

除了慈母贤妻,还有烈女形象。教科书中的烈女,不乏在外敌或叛军来犯时,以民族大义为重,置生命于不顾的刚毅女子。如李翱《高愍女碑》《杨烈妇传》记叙的藩镇叛乱中的刚烈妇女、杜牧《窦列女传》中的窦桂娘、李白《溧阳濑水贞义女碑铭》中的浣纱女、唐顺之《常熟县二烈祠记》中的孙翊妻、皮日休《赵女传》中的赵氏,等等。这些烈女大多是"不事二朝"者,在太平军起义刚刚被镇压,西方列强虎视眈眈,晚清政府统治摇摇欲坠的情形下,这种"不事二朝"的品格是符合当时统治阶层意志的。

"不事二朝"品格还集中体现在了清末教科书中的武将人物身上。如晚明将领宁南侯、刘参传、乙邦才、阎典史传;再如姚平仲是抵抗西夏入侵的宋朝将领,廉颇是忠心护卫赵国领土完整的能征善战之士。

伯夷题材选文也颇受清末教科书青睐,如《伯夷列传》被3个版本的教科书同时选入;林纾编辑的《中学国文读本》还选入了王安石的《伯夷》、韩

---

① 张之洞:《劝学篇》,上海书店出版社2002年版,第13页。

愈《伯夷颂》。《伯夷》中提到，孔子、孟子等先贤都对伯夷充满溢美之词，伯夷在历代封建士大夫心目中的地位也非常之高；韩愈在《伯夷颂》中也对伯夷赞赏有加，"微二子，乱臣贼子接踵于后世矣"。这些男性人物再加上前面提到的那些宁死不事二朝的烈女，无疑是当时社会上的"造就国民"方案在教科书中的反映，即"悲莫悲于亡国，惨莫惨于灭种"，故而"大宋遗民、大明遗民之声价升至极高之点"，似乎只有易代之"遗"民才能成为国民之先驱与表率，"足为国民大好之模范"，因为他们具有"乱世"所需要的"气节"与"操守"。[①] 晚清政府于1906年颁布了"忠君、尊孔、尚公、尚武、尚实"的教育宗旨，而"尚武"完全是针对清末内忧外患的格局提出的应时之原则。[②] 在此之后，于1908年编辑出版的《中学堂用国文教科书》中就包含了画网巾先生（《画网巾先生传》）这种宁死不事新朝的晚明"遗民"及为数更多的"易代"武将；同样于1908年出版发行的《中学国文读本》第一、二册，选入了曾国藩纪念湘军亡灵的大量作品，如《湖口县楚军水师昭忠祠记》《金陵军营官绅昭忠祠记》《金陵湘军陆师昭忠祠记》《金陵楚军水师昭忠祠记》《湘乡昭忠祠记》，这些选文中的人物均是为效忠清朝而献出了青春和生命。

武将为了国家的安全要在战场上出生入死，侠客则是古代社会维护公平正义的民间力量。他们虽然一方在"朝"，一方在"田"，但身上都具备共同的品质，即勇武、忠义。一旦遇到不平和急难之事（有的是普通民众有难，有的是侠客的朋友、知己有难），侠客就立即出手为人解纷，如大铁椎（《大铁椎传》）、南宫生（《南宫生传》）。有感于近代中国积弱贫困，屡遭列强欺辱，众多晚清士人认为，国家练兵固然重要，但更重要的是国人须弘扬尚武精神。[③] 早在1905年，高旭在东京创办《醒狮》杂志，其宗旨就是不仅要"输入文明学说"，更要"提倡国民尚武精神"。鸦片战争爆发后，中国屡次遭受西方列强的欺凌，甲午海战又败给日本，国人逐渐反思"右文贱武"的传统之弊，他们希望重新培养国人的尚武精神，除在以晚明为代表的"易代"之际寻

① 秦燕春：《清末民初的晚明想象》，北京大学出版社2008年版，第174页。
② 曹诗弟：《文化县：从山东邹平的乡村学校看二十世纪的中国》，泥安儒译，山东大学出版社2005年版，第48—49页。
③ 陈平原：《中国现代学术之建立》，北京大学出版社1998年版，第284—292页。

找"典范"外，民间侠客豪杰也开始被特意加以强调。①

（二）民初教科书中的公民道德教育模范

民初 4 个版本的中学国文教科书中以描写人物为主的"传志类"选文共有 60 篇:

> 张仪入秦为客卿、伯夷列传、巢父、巢谷传、陈氏老传、刺客列传、大铁椎传、窦烈女传、方山子传、冯唐列传、冯燕传、高阳孙文正逸事、高祖本纪、记任昭才、筠溪翁传、老莱子、李贺小传、李疑传、廖氏传、列女传鲁漆室女传、列女传太任传、六一居士传、泷冈阡表、罗台山逸事、毛遂为平原君定从、孟子荀卿列传、南宫生传、宁南侯传、平原君列传、奇奴传、秦始皇本纪、秦士录、屈原贾生列传、邵山人潜夫传、沈七传、沈云英传、石哈生宋石芝传、书博鸡者事、书何易于、书齐鲁二生、书杨氏婢、书左仲甫事、汤琵琶传、陶节妇传、童区寄传、外戚世家、王冕传、圬者王承福传、五柳先生传、先妣事略、项羽本纪、孝成赵皇后传、信陵君列传、徐作霖张渭传、许孝子传、摇全哥传、一壶先生传、元无人传、郑元传、左忠毅公逸事

这 60 篇选文涉及 65 个主要人物，他们的身份特征如图 1—10 所示。

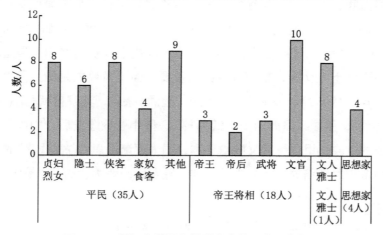

图 1—10　民初中学国文教科书中的人物形象概况

---

① 秦燕春:《清末民初的晚明想象》，北京大学出版社 2008 年版，第 190—191 页。

民初教科书中的人物形象与清末相比，还是有所变化的（见图1-11）。

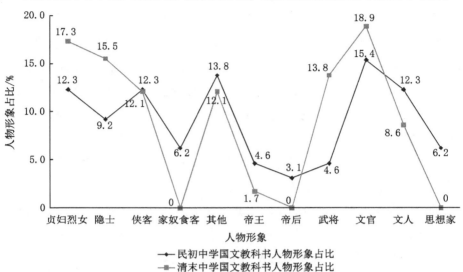

图 1-11　清末、民初中学国文教科书人物形象占比的比较

从图1-10、图1-11中可以看出：不论在清末还是民初，文官、贞妇烈女的比例一直位居前三位；民初隐士、武将的形象占比下降较大，而帝王、文人形象的占比略有增加。

同时，民初教科书中增加了许多新形象，如家奴食客（《奇奴传》《石哈生宋石芝传》）、思想家等。民初教科书中的"思想家"，主要有孟子、荀子、老莱子，由于民初取消了"读经"，儒家代表人物孟子、荀子得以在国文教科书中被介绍；而道家人物老莱子及道家隐士巢父均出现在宏文图书社版《中等学校国文读本》中，该教科书同时还选入了佛经，这表明在走向"共和"的民国时期，部分教科书编者有了打破儒家在教科书中独尊地位的尝试，虽然这不是民初教科书编者的主流思想。描写家奴的选文《石哈生宋石芝传》（彭端淑）、《奇奴传》（冯景）皆出自《新制国文教本》第一册第四编传志之属，与它们并排的选文是《廖氏传》（彭端淑）、《一壶先生传》（戴名世），这组选文中的主人公都是社会最底层的人物，他们"衣破衣""衣短无冠""荆棘丛生弊其宅""食渐不继"，但生活的困苦不能掩盖他们身上重情重义、不食嗟来之食的高洁品质。其他平民形象在《新制国文教本》也很丰富，如《汤琵琶传》

中的音乐天才汤应曾、《记任昭才》中的水手任昭才、《童区寄传》中的机智青少年区寄等，该教科书选入了如此多的平民人物传记，而不是昔日的王侯将相、封建社会的文人雅士，表明了教科书编者由"展现王侯将相"向"展现大众"转变的平民化倾向；同时，也更加凸显了选文的人物描写技法的教授，因为写身边的人、常见的人、易于见到的人，更能激发学生的兴趣、更有助于学生写作技巧的提高，这也是国文教科书中写人为主的选文从"道德文本"到"教学文本"转变的尝试。

　　1912 年，时任教育总长蔡元培提出了实施"公民道德教育"的主张。他指出，公民道德的内容包括自由、平等、亲爱，而且早在孔子、孟子、子贡等人的学说中及大禹、伊尹的实践中就包含了公民道德思想。①但在当时的学校科目中尚无"公民"的名目，而国文教科书在公民道德教育方面有着独特的优势，因为教科书中丰富多彩的人物形象身上无疑就包含了自由、平等、亲爱等思想。国文教科书中以描写人物为主的选文是对青少年进行公民道德教育的重要素材，如有的学生在读了《项羽本纪》后，认为"不可以成败论"，项羽还有亲爱同族的优秀品质，"既得关中，即思东归，盖以乡里者，祖宗丘墓之所在，父母兄弟之所寄，生斯长斯不能忘其本也，夫木本水源，尽人知之，而项羽以盖世之英雄岂有未知者乎"②。再如《秦士录》一文在清末被两部教科书选入，在民初仍广受欢迎，被 3 个版本的教科书选入，引起了广大中学生读者的深思。③更有学生联系到民初内忧外患的时代特点，借以表达中国历代史书偏重记录文官雅士而忽视武者勇士的不满，"夫汉初去周秦间未远，类多慷慨之士，太史公复能张之，固良史也。其后历代右文，士风趋于卑弱而朱家郭解之流无闻焉。间有之，史臣斥而不书。宋录得诸轶闻亦凤毛麟角之奇也"④。在这种情形下，民初教科书中侠客的比例没变，隐士的比例则降低了，这也可以说是对青少年学生"入世"的呼唤。民初的中学国文教科书已经有了"单元主题"设计的尝试，这使教科书中的人物形象被赋予的教育功能更加鲜

① 蔡元培：《新教育意见》，《教育杂志》1912年第3卷第11期，第19—20页。
② 姚效先：《读项羽本纪书后》，《学生杂志》1917年第4卷第6号，第158页。
③ 高凤年：《读宋濂秦士录》，《浙江省立女子师范学校校友会杂志》1919年第1期，第29页。
④ 邱英：《读秦士录书后》，《江西教育杂志》1916年第6期，第2页。

明，如在《共和国国文读本》中，《大铁椎传》《秦士录》与《沈云英传》并列编排，鲜活地呈现了人物身上的正义、勇武、忠诚等优良品质；《孝女曹娥碑》与《为兄上书》（班昭）编排，前者是为父不惜献出年轻生命，后者是为兄上书，文中充满骨肉深情，令读者戚然动容；《先妣事略》《泷冈阡表》《祭十二郎文》三篇祭文并列编排，均表达了作者对亲人的思念。

第二章

看平易古书，欣赏浅近文学作品

（1920—1926）

目的：①使学生有自由发表思想的能力；②使学生能看平易的古书；③引起学生研究中国文学的兴趣。本科要旨在与小学国语课程衔接，由语体文渐进于文体文，并为高级中学国语课程的基础。

作文要求：第一学年，以语体为主，兼习文体文；第二学年，仍以语体为主，兼习文言文；第三学年，语体、文体并重。

——《初级中学国语课程纲要》（1923）

公民的职分——公民教育，应使个人发展那些为良好的邻人、市民、省民、国民所必需的品性，并使之有了解国际间的问题之基本的知识。

——赵廷为《初级中学的意义与职能》（1925）

在最近的将来，担当国家大事者，就是今日的学生；他们担不担得起国家大事，是不是国家一个健全公民，一视他们今日所领受的训练充实不充实而定；教育底最大机能，便是给他们充实的训练。

——孟禄《国家主义与教育（Nationalism and Education）
——在武汉各大学欢迎会讲演》（1925）

清末民初的现代教育体制在很大程度上是师法日本的，伴随着"庚款"留学的早期学生陆续归国，国人开始以美国教育为典范，思考中国教育的改革。[①] 在教育界学制大讨论下，最终促成了"壬戌学制"，并确立了发扬平民精神、使教育易于普及的标准。一个现代民族必须有统一的交流手段——国语，在五四新文化运动中，陈独秀、胡适等人提倡言、文一致建立白话文学，以便建立全民交流的共同语言，而推广国语最有实效的便是教科书。[②] 最终，北洋政府教育部于1920年下令国民学校使用语体文教学；但对于中学校是否采用文言文及如何采用文言文等问题没有明确规定。

第一节　培养健全公民表达交流能力的国文教育理念

一、重视表达交流的课程性质对教科书选文的影响

（一）新学制的酝酿与形成

清末民初的学制是在仿照日本学制的基础上建立起来的，随着时代的发展，中国的教育学者越来越意识到学制的弊端。有人认为中学年限过短、课程规定太机械，"除造成少数升学之学生外，大概为增加社会上之寄生虫"[③]。还有人指出中学教育宗旨不明确，"若言中学的目的在预备升学，国内没有这许多的大学；若言中学的目的在预备职业，中学既无职业的指导也无职业的

① 王伦信：《清末民国时期中学教育研究》，华东师范大学出版社2002年版，第49页。
② 汪家熔：《民族魂——教科书变迁》，商务印书馆2008年版，第147页。
③ 舒新城：《中学学制问题》，《教育杂志》1922年第14卷第1号。

课程"；不能适应青少年的年龄特点，"十二岁以上的儿童尚在高等小学，使已经入青年期的学生还受特为儿童时期而受的教育"；而在此时，欧美由于"民治观念的传播及教育学和心理学的研究之进步"，大都倾向于"六三三"制的学校体系。① 随着辛亥革命期间赴美留学生的陆续归国，美国教育改革的理论与实践被迅速介绍到中国。黄炎培等人编辑出版了《美利坚之中学》一书，介绍美国的"三三"制中学的理论和实践情况。② 《教育汇刊》的《教育书籍介绍与评论》栏目介绍了曾在伊利诺大学任教多年的中等教育教授蒋斯登（Charles Hughes Johnston）与其朋友纽伦（J. H. Newlon）、皮克尔（F. G. Pikell）合作编著的《初级中学和高级中学的行政》（*The Junior and Senior H. S. Administration*），书中包括中等教育各种术语的解释、课程编制、教学的视察和指导、学校内部的组织与管理等内容，还特别详尽地介绍了蒋斯登对教育的根本观念，即"把学校看作一个社会，把教育看作一种试验的科学，把教育的事业看作一种改造社会、指导社会的工具。现代的社会是一个平民主义的社会，所以现代的教育也应该注重平民主义的教育"③。在《教育杂志》的《新刊介绍》专栏中，胡家健④、华格心⑤ 推介了《初级中学教育》等书，为中国来自初、高分段的"三三"制中学教育实践介绍了多方面的知识。而1919—1922年杜威、孟禄的来华，更是推动了中国教育向美国学习的高潮。杜威在中国各地发表了一系列演讲，给中国教育带来了民主主义、平民教育、生活教育等理念⑥；孟禄还参加了第七届全国教育会联合会，会议期间和代表们一起讨论新学制问题，回国前也与来自全国各地的教育界人士举行了座谈会，并在《新教育》发表了《论中国新学制草案》⑦。

---

① 赵廷为：《初级中学的意义与职能》，《教育杂志》1925年第17卷第6号，第5页。

② 王伦信：《清末民国时期中学教育研究》，华东师范大学出版社2002年版，第53页。

③ 胡家俭：《蒋斯登之初级中学和高级中学的行政》，《教育汇刊》1924年第2卷第1期。

④ 胡家健：《介绍两本专论初级中学教育的名著》，《教育杂志》1925年第17卷第6号。

⑤ 华格心：《大卫斯的初级中学教育》，《教育杂志》1926年第18卷第10号。

⑥ 杜威在各地的演讲较多，如：《平民教育之真谛》，郑宗海口述，朱毓魁笔述，《教育潮》1919年第1卷第2期；《现代教育的趋势》，涵庐、天风笔记，《诸暨教育月刊》1921年第1卷第1、2期；《在女子师范学校讲演词》，杜威女公子编译，《福建教育行政月刊》1922年第3期。

⑦ 孟禄：《论中国新学制草案》，徐则陵译，《新教育》1922年第4卷第2期。

廖世承于 1922 年秋在东南大学附属中学正式实行"三三"制[①]；1922 年 10 月，全国教育会联合会召开第八届大会，通过了《学校系统草案》[②]；1922 年 11 月 1 日，北洋政府以大总统令的形式颁布了《学校系统改革案》[③]，其中明确提出了"发挥平民教育精神""谋个性之发展""注意生活教育""使教育易于普及"[④] 的教育宗旨，体现了新学制教育关注平民、关注儿童、联系生活的特点。1922 年是壬戌年，该学制又称"壬戌学制"或"新学制"，它结束了辛亥革命以后教育新、旧交叉的状态，标志着中国现代学制体系建设的基本完成。值得一提的是，从新学制的酝酿到最终颁布，民间教育团体扮演了主角，用他们的言论及实践促成了一次自下而上的教育改革。

（二）新学制课程文件对国文教科书选文的影响

和清末的五年制中学、民初的四年制中学相比，新学制中学分为三年制初级中学、三年制高级中学。关于新、旧中学的衔接问题，当今有研究者指出旧制高等学堂、大学预科具有新制"高级"中学性质。[⑤] 新学制的重要参与者胡适、蔡元培、黎锦熙等人把旧制的大学预科和新制高级中学看作同一级学校。胡适说，"各省的高级中学都可以做大学预科和高专预科的课程"，并建议"高级中学教员之待遇，须与现在大学预科教员的待遇略相等"[⑥]；蔡元培说，"所谓高级中学者，所以抵现在大学之预科"[⑦]；黎锦熙把大学预科的教科书列为"中等学校"用书，"大学预科程度，实相当于高中二、三年级，故今亦列于中等选本中"[⑧]。由于旧制中学和高等学堂、大学预科相衔接，新制初级中学、高级中学相衔接，虽然不是严格意义上的一一对应，但清末民初的旧制中学具有鲜明的新制"初级"中学性质，所以本书把新学制以后的初级中学

---

① 廖世承等：《施行新学制后之东南大学附属中学》，中华书局1924年版，第55—60页。
② 胡适：《记第八届全国教育会联合会讨论新学制的经过》，《努力周报》第25期，1922年10月22日。
③ 《大总统令（中华民国十一年十一月一日）：教令第二十三号：学校系统改革案》，《政府公报》第2393号，1922年11月12日。
④ 全国教育联合会课程标准起草委员会：《新学制课程标准纲要》，商务印书馆1925年版，第131页。
⑤ 详见王伦信：《清末民国时期中学教育研究》，华东师范大学出版社2002年版，第41—48页。
⑥ 胡适：《对于新学制的感想》，《新教育》1922年第4卷第2期，第189—190页。
⑦ 蔡元培：《全国教育会联合会所议决之学制系统草案评》，《新教育》1922年第4卷第2期，第126页。
⑧ 黎锦熙：《三十年来中等学校国文选本书目提要》，《师大月刊》1933年第2期，第11页。

与清末民初的中学作为同一级学校进行论述。

1923年6月，由叶绍钧起草正文，胡适起草附表的《初级中学国语课程纲要》（以下简称《国语纲要》）经新学制课程标准起草委员会核定后，正式刊布。

《国语纲要》的规定较为细致，它首先确定了初中国语科的课程目的及要旨。课程目的：①使学生有自由发表思想的能力；②使学生能看平易的古书；③引起学生研究中国文学的兴趣。课程要旨："与小学国语课程衔接，由语体文渐进于文体文，并为高级中学国语课程的基础。"[①] 随后，还对作业支配（包括精读、作文、习字）、学分支配（精读14学分，略读6学分，作文和笔记4学分，文法讨论3学分，演说辩论3学分，写字2学分）、教材支配（分三学年，从读书、作文、写字三方面）、毕业最低标准进行了详细的说明，最后附有略读书目举例。

《国语纲要》中对"教材支配"中的精读、作文及毕业最低限度标准的规定分别为：

> 精读部分：第一学年，传记、小说、诗歌，兼及杂文，语体约占四分之三，取材偏重近代名著；第二学年，记叙文、议论文、小说、诗歌、杂文，取材不拘时代，语体约占四分之二；第三学年，记叙文、议论文、小说、诗歌、杂文，语体约占四分之一。
>
> 作文部分：第一学年，以语体为主，兼习文体文；第二学年，仍以语体为主，兼习文言文；第三学年，语体文体并重。
>
> 毕业最低限度标准：（子）阅读普通参考书报，能了解大意；（丑）作普通应用文，能清楚达意，于文法上无重大错误；（寅）能欣赏浅近文学作品。[②]

从以上规定中可以看出：初级中学毕业最低限度的标准，其实是对一个普通国民语言文字使用能力的最基本要求，充分体现了教育面向平民、易于

---

① 全国教育联合会新学制课程标准起草委员会：《新学制课程标准纲要》，商务印书馆1925年版，第52页。

② 全国教育联合会新学制课程标准起草委员会：《新学制课程标准纲要》，商务印书馆1925年版，第53—55页。

普及的构想。在教材精读部分要求第一学年"语体约占四分之三"，《国语纲要》中列出的略读书目则包括周作人的《点滴》、胡适的《短篇小说》、鲁迅的《小说集》等，因此，现代语体文在新学制时期的初级中学国文教科书中的"合法"地位得以确立，商务印书馆出版的六册《新学制国语教科书》是文言文、语体文并选，中华书局出版了纯语体文的三册《初级国语读本》。

但是，和小学不同的是，《国语纲要》"教材支配"要求在初中三年的精读中，文言文递增，作文也是从以语体文为主最终过渡到语体文、文言文并重，这说明文言文还是被当作中学生的重要学习内容。再联系到初中国语"为高级中学国语课程的基础"，而高级中学的国语要"培养欣赏中国文学名著的能力、增加使用古书的能力、继续发展语体文的技术、继续练习用文言作文"[1]，这就不难理解初级中学略读书目中的《天方夜谭》明确要求为"有文言的译本"。所以，商务印书馆在出版文言文、语体文并选的《新学制国语教科书》的同时，又编辑出版了纯文言文的六册《现代初中教科书国文》；中华书局在出版纯语体文的《初级国语读本》的同时，还编辑出版了三册纯文言文的《初级古文读本》。以至于像《白话文范》《国语文类选》等以语体文为主的中学国文教科书"但仅认为补充的教材耳"[2]，有些纯语体文教科书甚至自己也明确标明"自修适用"（见图2-1）。

图2-1　世界书局版《中学国语文读本》（教科自修适用）

① 全国教育联合会新学制课程标准起草委员会：《新学制课程标准纲要》，商务印书馆1925年版，第82页。
② 黎锦熙：《三十年来中等学校国文选本书目提要》，《师大月刊》1933年第2期，第8页。

二、新学制初级中学的特点对教科书选文的影响

（一）"初中求普及、高中求提高"的定位对教科书选文的影响

新学制中学的最大变化是有了初级、高级之分，初级中学"施行普通教育"，高级中学实行分科设学，包括普通、农、工、商、师范、家事等科。[①]和高级中学相比，初级中学"是一种满足前青年期的需要而起的学校，为初等教育与中等教育的过渡，其目的在供给更进的共同统一的教育，并渐由共同而进于分化（differentiation）"[②]。"在初中读书的学生，大约可分为两类，一种是预备升学的，一种是不再升学就要到社会上去谋生的。"[③]可见，设立初级中学的目的在于让青少年学生在完成小学阶段的教育后能够继续接受"共同统一的教育"，这表明初级中学教育是面向大众的教育。孟禄也曾说过，"有些地方能办课程划一的初级中学，而不能办高级中学，尽可只办初级中学，这是一种便益"[④]。总之，初级中学含有普通教育的意思，高级中学则有学术的及职业的意思，即"初中功用，在易普及；高中功用，在求提高"[⑤]。初级中学、高级中学性质不同，与之配套的教科书也就有所不同，"初级中学对于各种文体，都应注重；高级中学则因彼底分科的性质，而注重彼所特别需要的。在理科则注重解释文，在文科则注重文艺，在教育科则注重儿童文学等等"[⑥]。于是，中学国文教科书中古代文言选文独大的局面也逐渐被打破，一些昔日不登"学校大雅之堂"的白话文作品开始进入中学教科书中，如小说、语录、家书节选（《西游记》《象山语录》《板桥家书》），摘自当时报纸杂志的文章（《〈每周评论〉发刊词》《〈社会主义史〉序》），时人创作的白话文学作品（沈仲九《自决的儿子》、周作人《两个扫雪的人》），翻译的外国作品（张三眼翻译的托尔斯泰《三问题》、胡适翻译的都德《最后一课》），等等。

既然初级中学是易于普及的、面向大众的教育，而且还要和小学相衔接，

---

① 全国教育联合会新学制课程标准起草委员会：《新学制课程标准纲要》，商务印书馆1925年版，第129页。

② 赵廷为：《初级中学的意义与职能》，《教育杂志》1925年第17卷第6号，第10页。

③ 朱经农：《对于初级中学课程的讨论》，《教育杂志》1923年第15卷第3号，第4页。

④ 孟禄：《论中国新学制草案》，徐则陵译，《新教育》1922年第4卷第2期，第133页。

⑤ 夏承枫：《改制后中等教育政策商榷》，《教育杂志》1925年第17卷第7号，第2页。

⑥ 孙俍工、沈仲九：《初级中学国语文读本·编者的话》，民智书局1922年版，第2页。

在国文教学方面，由于自 1920 年起国民学校就要求使用语体文教学，显然这就要求初级中学尤其初中一年级国文教科书的选文比以前的旧制中学教科书浅显，尤其选入了现代语体文作品。中华书局出版的《初级国语读本》"第一册以期和小学衔接，都是当时人浅显的作品；第二册兼采旧说部，使学者略识国语文演进的历程"①。中华书局还出版了重在帮助学生"养成读书之能力"的《初级古文读本》，该教科书"系为衔接高级小学之用，所选文字务求浅显，且合于近代文法"②。商务印书馆出版的《新学制国语教科书》中，"高深的学术文，以非初中学生能力所胜，概不加入"③。

（二）新学制中学官商子弟居多的实际对教科书选文的影响

"初中功用，在易普及；高中功用，在求提高。"④ 由于在新学制时期县一级行政单位就拥有初级中学的设置权，在有限的经济条件下各省采取了优先发展初级中学的原则，如江苏省立中学悉改高中，各县自立初中者已逾三分之一；浙江已合并中学师范为一校；山东、安徽均以省设初中，而逐渐增设高中为原则。⑤ 但初级中学大众化的实现不是一蹴而就的，《学校系统改革案》中还明文规定"义务教育年限暂以四年为准"，也就是说，不要说初级中学，就读高级小学也是需要缴纳学费的。1922 年 3 月，陆殿扬受中华教育改进社嘱托所作的调查显示，当时一个中学生的花费还是不菲的（见图 2-2）⑥。

陆殿扬解释说，"学生费用有仅为缴纳学膳宿费的，有连书籍费在内的"，如果再加上一些学校没有统一征收的其他花销，实际费用要比图中的数据还多。再如北京女子高等师范学校附属中学，初中学费每年 12 元，寄宿生每月收膳费 7 元，宿费 1 元。⑦ 北师附中 1924 年 8 月增收学费，初级中学每年

① 沈星一：《新中学教科书初级国语读本·编辑大意》，中华书局1924年版，第1页。

② 沈星一：《初级中学用新中学古文读本·编辑大意》，中华书局1923年版，第1页。

③ 吴研因等：《新学制初级中学教科书国语·编辑大意》，商务印书馆1923年版，第1页。

④ 夏承枫：《改制后中等教育政策商榷》，《教育杂志》1925年第17卷第7号，第2页。

⑤ 夏承枫：《改制后中等教育政策商榷》，《教育杂志》1925年第17卷第7号，第1页。

⑥ 陆殿扬：《全国中学校状况调查统计》，《新教育》1922年第5卷第5期，第100页。

⑦ 朱有瓛：《中国近代学制史料（第三辑上册）》，华东师范大学出版社1990年版，第412页。

6元；1926年8月再增收学费，初级中学每年14元。[①] 仅仅过了一年，学费翻了一番还多。所以陆殿扬感慨道："中等教育已经不是平民教育，中等人家难以维持。……就是最省的地方也得要五十元一年，将来中学六年毕业就要三百元；江苏平均九十五元，六年之中每人要花五百七十元才得毕业。一家倘有三四子弟求学，仅就中学毕业而止，也就不容易负担啊！"[②]

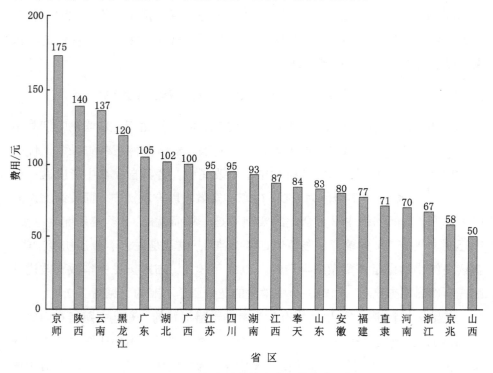

图2-2　1922年全国各地中学生平均费用概况

不难理解，新学制时期中学校学生的家庭背景也应该是在中等水平以上了（见表2-1、表2-2）。

---

① 《国立京师大学附设中学校沿革略》，中国第二历史档案馆：《中华民国史档案资料汇编（第三辑·教育）》，江苏古籍出版社1991年版，第298页。
② 陆殿扬：《全国中学校状况调查统计》，《新教育》1922年第5卷第5期。

表2-1　北京高等师范学校附属中学男女学生家庭职业分布

		政界	学界	商界	工界	农界	医界	不详	合计
人数/人	男	26	11	9	3	2	1	2	54
	女	14	5	6	2	0	1	4	32
人数占比/%	男	48.1	20.4	16.7	5.6	3.7	1.9	3.7	100.0
	女	43.8	15.6	18.8	6.2	0	3.1	12.5	100.0

资料来源：周调阳：《北高附中实行男女同校后一年来经过之概况》，《教育丛刊》1922年第3卷第3集，第3页。

从表2-1中可以看出，不论男生、女生，均以政界子女占最多数，其次则为学界、商界子女。再来看位于南京的东南大学附属中学的学生家长背景。

表2-2　东南大学附属中学在校学生家长职业分布

	高二		高一		初三		初二		初一		合计/人	占比/%
农界	4	6	8	5	4	15	1	6	4	4	57	14.9
商界	11	5	6	11	10	8	14	11	12	13	101	26.4
军警界	1	1	0	0	1	0	1	0	1	2	7	1.8
政法界	2	3	4	3	4	5	5	8	4	4	42	11.0
教育界	9	9	9	10	8	12	9	6	12	5	89	23.2
医界	0	1	0	3	0	0	1	1	2	1	9	2.3
其他	0	1	1	0	1	1	3	1	2	5	15	3.9
闲居或守业	1	4	5	2	6	1	2	2	2	2	27	7.0
未详	3	8	5	5	3	1	3	4	0	0	32	8.4
无父兄叔伯	1	1	0	0	0	0	1	0	0	0	4	1.0
合计/人	32	39	38	39	37	44	40	39	39	36	383	100.0

资料来源：廖世承等：《施行新学制后之东南大学附属中学》，中华书局1924年版，第368页。

从表2-2中可以看出，该校学生家长中，商人最多。北京高等师范学校附属中学地处当时的全国政治中心北京，学生家长以官员最多；东南大学附属中学地处经济发达的南京，学生家长以商人最多。当时就有人担忧，中国教育完全为特殊阶层所设，而平民实不能获得教育实惠，若非根本改造，使贫民子女有根本求学均等机会，则受教育之利益，将永远为特殊阶层所专有。①
虽然有人提出了诸多解决贫士入学，从而消除贫富差距所引起的入学机会不
均等问题的途径，但问题解决的关键在于"一切学费用费，亦有国家担负，将
来收入增加，更应添设"②。而20世纪20年代的北洋政府无法做到，所以教育
普及在当时还只是空中楼阁。

但和清末民初相比，"适应社会进化""谋个性发展""平民教育""教育
普及"毕竟被明确写入国家法令文件。《学校系统改革案》在初等教育部分的
"说明"中提出"对于年长失学者亦设补习学校"；附则中也提到，"对于精神上
或身体上有所缺陷者，应施以相当之特种教育"。③这些规定都表明了政府为
不能进入正规学校学习者创造教育机会的努力。当时的一些学校还承担起了
补习学校的职能。如东南大学附属中学的学生对于社会服务向来热心，对于
南京贫孩无力求学者尤肯设法补救，建筑校舍数间，专门为开办平民学校所
用，并采用"沿门逐户的招生方法"，对于进入平民学校失学儿童"不要各项
费用，并且发书墨纸砚等"。④更为重要的是，一部分具有社会责任感的知识
分子如陶行知、晏阳初、梁漱溟等人，在全国各地尤其在乡村开展了一系列
的平民主义教育实践，为实现教育的普及进行了可贵的探索。

三、中学国文教科书对文言文、白话文的选择与偏重

新学制颁布后，中学改为六年，并分为初级、高级两段，与新学制配套
的"初级"中学国文教科书陆续编辑出版（见表2-3）。

从表2-3中可以看出，此时的教科书出版机构除了中华书局、商务印书
馆外，还增加了世界书局、民智书局等新兴的出版机构。表2-3中还有两点
不能忽视：第一，虽然《国语纲要》中使用了"国语"的学科名号，但教科书名
称不统一，"国文""国语"乃至"古文"并用。第二，表中所列教科书在语体
文、文言文方面非常不统一，民智书局的《初级中学国语文读本》全由现代白

---

① 周调阳：《北高附中实行男女同校后一年来经过之概况》，《教育丛刊》1922年第3卷第3集，第3页。

② 《国内之部：贫富求学机会均等之建议》，《新教育》1922年第5卷第1、2期，第263页。

③ 全国教育联合会新学制课程标准起草委员会：《新学制课程标准纲要》，商务印书馆1925年版，第131页。

④ 《学生界消息：东大南高附中平民学校的招生法》，《学生》1922年第9卷第6号，第103页。

话文组成，世界书局的《初中言文对照国文读本》虽然全部由古代诗文组成，但又以"译俗"的形式把每篇选文都翻译成了现代白话文。中华书局、商务印书馆两大出版机构则于文、白之间呈现举棋不定之势，如中华书局既编辑出版了纯语体文的《初级国语读本》三册，又编辑出版了纯古代文的《初级古文读本》三册；商务印书馆编辑出版了文、白混编的《新学制国语教科书》，随后又出版了以古代选文为主的《现代初中教科书国文》。这种状况既与《国语纲要》中教科书选文规定的模糊性有关（要求教科书中语体文的比例在初中三年依次递减，即四分之三、四分之二、四分之一，但对于编辑出版的教科书是文、白混编还是文、白分别单独成册未予说明），也与当时社会上的文、白论争及整理国故运动密切相关。

表 2-3　新学制时期初级中学国文教科书概况

教科书名称	选文特点	初版年	编者	出版社	册数/册
初级中学国语文读本	全现代白话文	1922	孙俍工等	民智书局	6
初中言文对照国文读本	全古代诗文，并附语体文翻译	1923	秦同培	世界书局	3
新学制国语教科书	文白混编	1923	范祥善等	商务印书馆	6
初级古文读本	全古代文	1923	沈星一	中华书局	3
初级国语读本	全白话文	1924	沈星一	中华书局	3
现代初中教科书国文	绝大多数为古文	1925	庄适	商务印书馆	6

（一）新学制教科书中的文、白论争及调和 [1]

1. 国语运动、新文学运动、整理国故运动对国文教科书的影响

国人逐渐认识到教育的普及关系着国家的富强，而教育的普及又与文字学习的便利、国语的普及密切相关。1916 年 8 月，国语研究会在北京成立；1918 年，设立国语统一筹备会 [2]；1920 年，教育部命令国民学校的一、二年级从该年起都改用国语，并规定按照旧制编辑供第一、第二学年使用的国民学校国文教科书一律作废，第三学年用书准用至 1921 年，第四学年用书准用至 1922 年，胡适说："这道命令把中国教育的革新至少提早了二十年。" [3] 国语

---

① 该部分的相关内容已公开发表。参见赵新华：《20世纪20年代中学国文教育领域的文、白论争》，《新疆社科论坛》2017年第1期。

② 陈子展：《中国近代文学之变迁·最近三十年中国文学史》，上海古籍出版社2013年版，第254页。

③ 胡适：《国语讲习所同学录序》，《胡适教育论著选》，人民教育出版社1994年版，第122页。

运动是近代民族运动的重要内容，在国家教育政策、新文化运动及现代都市
商业的推动下，文学读物、教科书、科学读物逐渐去除文言文的影响，以更
方便在大众中传播的白话文代之。①国语运动影响着教科书的编写，如中华书
局版《初级古文读本》"特用部颁标点符号以别之"，以解决"古文向来之习惯
读法，有未成意义而即读断者"的问题②；再如商务印书馆版《新学制国语教科
书》"第一、二册酌采语、文对译方法，以便语、文过渡"③。

　　在国语运动顺利进行的同时，还有一些有识之士意识到文言文作为文学
创作工具已经不能适应新时代普及新知、启蒙思想的需要。1917年，胡适
提出文学改良须从"不避俗字俗语"等"八事"入手④；同年，陈独秀提出建设
"平易的抒情的国民文学""新鲜的立诚的写实文学""明瞭的通俗的社会文
学"⑤；1918年，胡适又把"八不主义"总括为"是什么时代的人，说什么时代
的话"等四条，并提出了"十个大字的宗旨"——"国语的文学，文学的国
语"⑥。新文学运动促成了文学研究会、创造社等新文学团体的产生，新文学作
品也为已经打破了文言文垄断局面的中学国文教科书提供了丰富的素材。如
中华书局出版的《初级国语读本·编辑大意》中写道："国语文的内容，至最近
十年间始渐渐的改善充实，所以本书所载各文，除从旧说部采用一部分外，
概是今人的作品。"

　　在国语运动、新文学运动顺利开展得"不成问题"的时候，胡适又提出了
"整理国故"的主张。他认为，前人对于古代的学术思想"有种武断的成见，
有种可笑的迷信"，"如骂杨朱、墨翟为禽兽，却尊孔丘德配天地、道观古
今"，应当"用评判的态度、科学的精神作精确的考证，把古人的意义弄得明
白清楚"。⑦对于整理国故虽然有不同的声音，但最终得到了广泛的认可，"整
理国故近来也几乎成为一个时代的共同色彩了，上而名人教授，下而中小学

---

① 　汪晖：《现代中国思想的兴起》，生活·读书·新知三联书店2008年版，第76页。
② 　沈星一：《初级中学用新中学古文读本·编辑大意》，中华书局1923年版，第2页。
③ 　吴研因等：《新学制初级中学教科书国语·编辑大意》，商务印书馆1923年版，第2页。
④ 　胡适：《文学改良刍议》，《新青年》1917年第2卷第5号，第1页。
⑤ 　陈独秀：《文学革命论》，《新青年》1917年第2卷第6号，第1页。
⑥ 　胡适：《建设的文学革命论》，《新青年》1918年第4卷第4号，第291页。
⑦ 　胡适：《新思潮的意义》，《新青年》1919年第7卷第1号，第11页。

生，大都以整理相号召"①。甚至连本来与整理国故相对疏远的文学界新人物，也对此发生了较强的兴趣，如文学研究会所掌握的《小说月报》专门刊发了一组旨在为整理国故正名的文章。② 整理国故也在新学制初级中学国文教科书选文中得到了呈现，如商务印书馆版《新学制国语教科书》选入了《〈国学丛刊〉序》（罗振玉）、《国学季刊宣言》（胡适），中华书局版《初级国语读本》选入了梁启超的《墨学之根本观念——兼爱》《墨子之实利主义及其经济学说》。

国语运动、新文学运动及整理国故运动都影响着新学制时期的国文教学及国文教科书编写，黎锦熙总结道：音读悉遵国音，多表以注音字母；白话入选，为破天荒；既以文艺的眼光选辑模范文，而又以整理国故或批评文学的头脑，选辑古籍中重要篇章为特种读本，纯文艺作品、学术文与论文各得其所。③ 阮真也指出，在国文教学上受提倡语体文、创造新文艺、灌输新思想和研究国学、整理国故各种思潮的影响，国文教科书的形式、内容都不能不改变了。④ 如中华书局出版的《初级国语读本》"第三册兼采译作，并略注重于讨论问题研究学理之文，使学者益了然于国语文在现今实际上的应用"⑤。民智书局出版的《初级中学国语文读本》第一、二册注重记叙文，以文理浅洁、篇幅短长为准；第三、四册注重论说文，而各以文艺为辅，以问题为准；第五、六册则为国外小说名作的翻译，以作家的国别和时代为准。

2. 中学国文教科书文、白选文的论争

1920年教育部颁布的命令中，只要求国民学校（初等小学）改用语体文，至于高等小学及以上学校是否使用语体文并没有明确规定。所以，对于中学国文的教学是使用语体文还是文言文，并没有达成一致，以至于中学国文科教员各持己见。其主张约可分为四派：读书、作文两方面都专教文言文；读书、作文两方面都是国语文、文言文兼教；读书方面国语文、文言文兼教，作文方面专教国语文；读书、作文两方面都专教国语文。⑥

---

① 郭沫若：《整理国故的评价》，《创造周报》1924年第36号，第1页。
② 罗志田：《新旧能否两立：二十年代〈小说月报〉对于整理国故的态度转变》，《历史研究》2001年第3期。
③ 黎锦熙：《三十年来中等学校国文选本书目提要》，《师大月刊》1933年第2期，第12—13页。
④ 阮真：《几种现行初中国文教科书的分析研究》，《岭南学报》1929年第1卷第1期，第102页。
⑤ 沈星一：《新中学教科书初级国语读本·编辑大意》，中华书局1924年版，第1页。
⑥ 沈仲九：《中学国文教授的一个问题》，《教育杂志》1924年第16卷第5号，第2页。

其实，早在新学制颁布前的 1918 年，新文化运动的主要发起者胡适在回答黄觉僧时就曾特别提到，社会上的文学创作和学校的国文教学是两个问题，不能混淆，"不该用文言做文学"，但学校还是要学文言文的，"高等小学除国语读本之外，另加一两点钟的'古文'；中学堂'古文'与'国语'平等"。①1920年，胡适在北京高等师范学校附属中学做演讲时提到了中学国文应具有的四个目的，其中有三个涉及"古文"，"人人能看平易的古文、人人能做文法通顺的古文、人人有懂得一点古文文学的机会"②；1922 年，胡适在中华教育改进社济南年会的演讲中虽然对 1920 年的观点有所修正，但依然认为在校学生有学习古文的必要，"国语文通顺之后可添授古文，使学生渐渐能看古书，能用古书；作古体文但看做实习文法的工具"③。周予同赞成胡适的观点，他认为"主张绝对的即时的实际应用而抛弃国故的概要"是错误的，并提出了自己关于中学国文的两条理想标准：一是"人人能用国语或浅近的文言，自由而敏捷的发表思想情感或纪述事实，绝对没有文法上的错误"；二是"人人能懂得中国文学和学术变迁的大概"。④吕思勉也认为，虽然古文为"上层社会之人借以为用，普通人不能尽解"，但仍不可"以俗语代之"，"夫国于世界，不徒贵横的统一，亦且贵纵的统一"；他还根据与当时社会之远近，把通行之文字分为通俗文、普通文、古文三种，并建议国民学校宜纯授学生以通俗文字，至高等小学则授之以普通文字，至中学乃授之以古文。⑤

沈仲九则竭力反对中学里讲授文言文及读古书。他说，阅读古书只限于研究古代学问的少数人，中等学校不是专门研究古代学问的预备，中等学校学生毕业以后，多数人不必看古书，所以中等学校不必教授古文、养成看古书的能力。⑥新学制颁布后，他依然坚持自己的主张，"所谓古文，尽可让志愿专攻国文的人们去研究，决不能看做是任何人所必具的常识的，中学生不

---

① 《通信：胡适答黄觉僧君〈折衷的文学革新论〉》，《新青年》1918年第5卷第3号，第301—303页。
② 《中学国文的教授（胡适之先生在本校附属中学国文研究部的演讲辞）》，周蘧笔记，《教育丛刊》1920年第2集；胡适：《中学国文的教授》，《新青年》1920年第8卷第1号。
③ 胡适：《中学的国文教学》，《新教育》1922年第5卷第3号；《讲演：中学的国文教学》，《晨报副镌》1922年8月27日第1版、1922年8月28日第1版。
④ 周予同：《对于普通中学国文课程与教材的建议》，《教育杂志》1922年第14卷第1号，第3页。
⑤ 吕思勉：《拟中等学校熟诵文及选读书目》，《吕思勉论学丛稿》，上海古籍出版社2006年版，第505、508页。
⑥ 仲九：《对于中等学校国文教授的意见》，《教育潮》1919年第1卷第5号，第44页。

必养成看古书的能力。所谓养成看古书的能力，仅仅对将来专攻中国文学、中国历史、中国哲学的这一类人有直接的效用；对于研究其他科学的，简直关系很少。而将来专攻中国文学、中国历史的人在中学生中又占极少数，为少数人的需要，而使大多数并不需要看古书的学生把时间精力消耗在将来并不用的古书上面，在教育是不应该的"①。反对中学生学习文言文的还有杨贤江②、孙俍工和朱自清，他们都认为文言文没有价值，朱自清甚至认为高中也没有必要教授文言文③。

1923年6月，小学、初中、高中各科目纲要核定完竣并予以刊布，小学、初级中学、高级中学《国语课程纲要》分别由吴研因、叶绍钧、胡适起草，其中分别规定：小学第六年"可酌加浅易文言的诗、文的诵习"；初中要由语体文渐进于文体文，并为高级中学国语课程的基础；高中则"增加使用古书的能力、继续练习用文言作文"④。国文教学中的文白、新旧论争暂时告一段落，但中学国文教科书选文的编排暂时没有统一起来，所以出现了纯文言文教科书、纯白话文教科书、文白混编教科书并存的情况。

陈子展后来还谈到，不能把新文学运动和国语教育运动混淆：国语运动是"为教育的"，是以国语为"开通民智"的工具，国语文学运动是"为文学的"，是以国语为"创造文学"的工具；国语运动提倡白话，不废古文，国语文学运动提倡白话，攻击古文为死文学。⑤

3. 中学国文教学文、白论争的调和——国语科、国文科的并设

在文、白论争中，亦有主张新旧调和者，如章士钊"提倡白话，反对古典文学，在一定范围内其说无可驳者"，但也有不赞成把古文全部否决的。⑥

而为了调和中学国文教学中的文、白之争，有人提出了国文、国语课程并设，即国语科教授白话文，国文科学习文言文。胡适于1920年提到他理想

---

① 沈仲九：《中学国文教授的一个问题》，《教育杂志》1924年第16卷第5号。

② 贤江：《初中学生学习国文底旨趣》，《学生杂志》1923年第10卷第11号。

③ 朱自清：《中等学校国文教学的几个问题》，《教育杂志》1925年第17卷第7号，第6页。

④ 全国教育联合会新学制课程标准起草委员会：《新学制课程标准纲要》，商务印书馆1925年版，第1、52、82页。

⑤ 陈子展：《中国近代文学之变迁·最近三十年中国文学史》，上海古籍出版社2013年版，第254页。

⑥ 《新时代之青年——章行严君在寰球中国学生会之演说》，《东方杂志》1919年第16卷第11号，第160页。

的"国文暂定课程表"（见表2-4）。

表2-4　1920年胡适设计的中学国文暂定课程

学年	课程
第一学年	国语文（1）；古文（3）；语法与作文（1）
第二学年	国语文（1）；古文（3）；语法与作文（1）
第三学年	古文（3）；语法与作文（1）；演说（1）
第四学年	古文（3）；语法与作文（1）；辩论（1）

注：括号内为课时数。
资料来源：胡适：《中学国文的教授（胡适之先生在本校附属中学国文研究部的演讲辞）》，周蓬笔记，《北京高师教育丛刊》1920年第2集；胡适：《中学国文的教授》，《新青年》1920年第8卷第1号。

从表2-4中可以看出，国语文和古文是按照两门课程进行设计的，前两年国语文、古文同学，后两年则只学习古文。

无独有偶，周予同也曾设计一个"暂定"中学国文课程表，其中把国语文和文言文作为并列的两门课（见表2-5）。

表2-5　1922年周予同设计的中学国文课程

年级	课程
第一年级	国语文（3）；国语法（1）；作文（1）；阅书质疑（1）
第二年级	文言文（2）；国文法（1）；作文（1）；阅书质疑（1）
第三年级	文言文（2）；修辞要略（1）；作文（1）；阅书质疑（1）
第四年级	文言文（1）；日用文格式（1）；作文（1）；阅书质疑（1）；伦理学大意（1）

注：括号内为课时数。

表2-5中，第一年级学习国语文，第二、三、四年级学习文言文，周予同还建议分别使用与这两门课程配套的语体文教科书和文言选本两种教科书。[①]1921年，沈兼士在题为《中学国文之选授方法》的演讲中，也把"国文""国语"作为两个并立的概念提出："国文，即指古体文而言"，"国语在小学校已经有了六七年的训练，应该够用了，可以进而学习国文"。[②] 21世纪初，有研究者发现了一张1930年某地普通中学的课程表，其中的国文课程设置见表2-6。

---

① 周予同：《对于普通中学国文课程与教材的建议》，《教育杂志》1922年第14卷第1号，第5页。
② 沈兼士：《中学国文之选授方法》，《北京大学日刊》1921年9月27日，第851期第3版。

表 2-6　某地普通中学 1930 年国文课程设置及安排概况

课序	星期一	星期二	星期三	星期四	星期五	星期六	星期日
第1节课			大字				
第2节课		国语					
第3节课	国文	作文		国语		国文	
第4节课							国文
第5节课				作文	作文		国语
第6节课				国文			
第7节课		国文		国语			

资料来源：毕苑：《中国近代教科书研究》，北京师范大学博士学位论文，2004 年。

　　从表 2-6 中也可以看出，至少在 1930 年的时候，还有一些中学把国文、国语按照两门课程开展教学。据此也可以推断，新学制时期的纯文言文、纯白话文中学国文教科书分别适用于国文、国语，而文白混编教科书则是同时供两门课程的学习。

　　综上所述，由于新学制刚刚颁布，初级中学、高级中学分设，白话文得以"合法"进入中学国文教科书，但由于当时的北洋政府只是形式上的中央政府，还不具备控制全国局面的实力，虽然政府通过了《国语纲要》，但对课程、教科书的约束力还不是绝对有效，以致国文、国语课程并设，文白混编教科书、纯白话文教科书、纯文言文教科书并行，给当时的国文教学带来了诸多不便。阮真选择当时较为畅销的四套初级中学国文教科书，从诸多方面进行了比较分析，发现它们存在着较大差异。这里从选文分量、内容价值两方面来看阮真的统计分析（见表 2-7、表 2-8）。

表 2-7　新学制时期初中国文教科书选文分量分析

教科书名称	出版社	篇数/篇	字数/个	平均每小时学习分量（字数/个）
新学制国语教科书	商务印书馆	260	243769	508（文言文、语体文并选）
现代初中教科书国文	商务印书馆	274	112537	234（文言文）
初级国语读本	中华书局	118	252829	527（语体文）
初级古文读本	中华书局	245	78283	163（文言文）

注：按每学期实足上课 16 周，每周读文 5 小时计算。

表 2-8　新学制时期初中国文教科书内容价值分析

		文育的	社化的	道德的	预备的	其他的
新学制国语教科书	篇数/篇	81	58	66	10	45
	字数/个	56850	64607	60442	15760	45453
	占比/%	23.2	26.6	24.9	6.5	18.8
现代初中教科书国文	篇数/篇	93	27	93	2	59
	字数/个	55759	8525	43745	1294	23008
	占比/%	31.2	7.7	39.1	1.3	20.7
初级国语读本	篇数/篇	41	28	11	8	30
	字数/个	59797	102237	21389	42753	46203
	占比/%	21.2	37.7	8.1	15.9	17.1
初级古文读本	篇数/篇	121	26	53	3	42
	字数/个	29772	9756	19268	2310	15320
	占比/%	38.9	12.8	25.2	3.0	20.1

资料来源：阮真：《几种现行初中国文教科书的分析研究》，《岭南学报》1929年第1卷第1期，第112页。

　　从表 2-7、表 2-8 中可以看出，各版本教科书选文的分量、内容价值分配等出入甚大。

　　如果按照《现代初中教科书国文》《初级古文读本》是以文言文为主的教材、《新学制国语教科书》《初级国语读本》是以国语文为主的教材的区别，也可以发现选文的类别和其内容价值还是有关联的（见图 2-3）。

　　从图 2-3 中可以看出，文言为主的教材中，文育的、道德的内容较多，而语体文为主的教材中，社化的、预备的内容较多。同时，阮真还对各教科书的文体情况进行了统计，发现序跋、书札类以古文居多，演讲类则全是语体文，诗歌中以文言诗词居多，小说则以语体文居多。[①] 这就表明，在白话文被允许编入初级中学国文教科书后，教科书编者有着让语体文（或国语科）、文言文（或国文科）分别承担不同的教育功能的设想，即利用文言选文对青少年学生进行道德品质的陶冶教化，语体文选文则用来传播新知识、新思想。

---

① 阮真：《几种现行初中国文教科书的分析研究》，《岭南学报》1929年第1卷第1期，第110—111页。

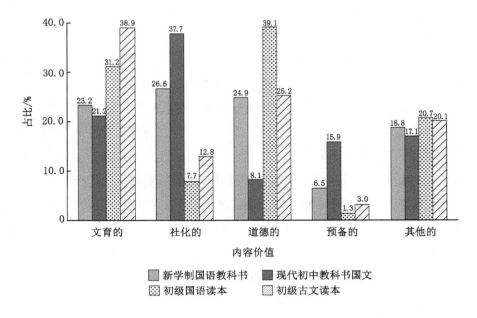

图 2-3　新学制时期初中国文教科书内容价值比例概览

（二）新学制时期文言文、白话文的实际地位

白话文虽然被选入了新学制时期的中学国文教科书中，但文言还是当时社会（尤其上层社会）办公、社交场所通用的书面语言。当时还有不少人抨击新文学运动中完全否定古文的过激行为，"所谓'说话须说现在的话，不说古人的话'，听者不可以辞害意，不说古人的话，现在即无话可说。今试考字书，何字不有几千年或几百年之历史，文字者，祖宗所遗留我辈之宝藏也，我辈失此宝藏，学问知识上，立见穷无立锥"①。实际上，连曾经攻击古文为"死文学"的胡适都没有否认中国古文在传播中华文明、民族融合方面所起的无可替代的作用，"中国民族拿来开化这些民族的材料是中国的古文明，而传播这个古文明的工具，在当时不能不靠古文，可以说，古文不但作了二千年中国民族教育自己子孙的工具，还做了二千年中国民族教育无数亚洲民族

---

① 《新时代之青年——章行严君在寰球中国学生会之演说》，《东方杂志》1919年第16卷第11号，第160页。

的工具"①。这种思想也影响到了人们对待教科书文、白选文的态度,也就是说,虽然教科书中既有文言选文也有白话选文,但二者在实际教学中的地位是不一样的。如阮真认为教科书中的语体文"虽然可以扩展初中学生对于新旧文艺的眼界,而是否适于初中国文教学的需要却是一个问题"②。当时的一些中学老师也认为"古代经典都是用文言文写成的,白话也是从文言中来的"③,依然以指导学生阅读、写作文言文为主,以至于在国文课堂上"语体文教授时毋庸咬文嚼字,且有可令其自读者"④。即使从当时的青少年学生的角度看,他们也没有全然感觉学习古文就是对自己的摧残。如萧蔓若回忆他在小学时⑤,除了读《共和国国文教科书》外,老师还教他们读《古文观止》《幼学琼林》《左传》《读史笔记》《东莱博议》等书,"先生讲得津津有味,学生也听得兴味盎然"⑥,反而跟着有新思想的教员学习白话文时感到迷惑。再说,教科书编者也是有辨别力的,不能仅凭文言文、语体文的形式而评判其优劣,文言文中也有古色古香的诗文,也有短篇的寓言,都是很注重兴趣的。⑦

当时各级学校入学考试中的国文试题,在小学升入初级中学时,一些学校是偏重语体文的;高级中学、大学的入学考试中,文言文试题则占据了绝对优势。不但国文如此,甚至英语试题中的英汉互译还要求使用文言文。⑧所以,当时那些全由语体文组成的中学国文教科书——民智书局沈仲九编的《初中国语文读本》、世界书局的《中学国语文读本》《初中模范文读本》,"各校采用的比较少了"⑨。全由古代作品选文组成的教科书则格外畅销,如中华书局出版的《初级古文读本》(3册),1923年1月发行,以笔者所见的该教科书的版权页信息,同年4月即达3版,1927年3月达15版;商务印书馆出版的纯文言选文组成的《现代初中教科书国文》,1925年初版,至1927年10月已达70版。

---

① 胡适:《白话文学史》,安徽教育出版社2006年版,第10页。
② 阮真:《几种现行初中国文教科书的分析研究》,《岭南学报》1929年第1卷第1期。
③ 赵蒙:《扬州中学早期(1927—1937)国文教育及现实启示》,扬州大学硕士学位论文,2011年,第18页。
④ 黎锦熙:《三十年来中等学校国文选本书目提要》,《师大月刊》1933年第2期,第12页。
⑤ 萧蔓若生于1908年,他说他在"十四岁半"参加了县师范考试,可以推断他小学毕业恰逢新学制时期。
⑥ 萧蔓若:《书卷与我共此生》,《群言》1992年第10期,第22页。
⑦ 阮真:《几种现行初中国文教科书的分析研究》,《岭南学报》1929年第1卷第1期。
⑧ 赵新华:《现代中学国文教育简史(1904—1949年)》,中国社会科学出版社2018年版,第95页。
⑨ 阮真:《几种现行初中国文教科书的分析研究》,《岭南学报》1929年第1卷第1期,第102页。

第二节　文言、白话选文混搭下古代作品选文的特点及教育功能

　　在旧学制向新学制的过渡阶段，面对"初级中学""高级中学"的新概念，各出版机构在摸索中编辑出版了和新学制相适应的教科书，本时期除了商务印书馆、中华书局两大出版机构外，以世界书局为代表的新的出版机构也陆续介入中学教科书领域。新兴出版机构的介入，有利于教科书市场的繁荣和竞争，但对于像世界书局这种 20 世纪 20 年代才进行教科书出版业务的出版者来讲，它们出版的教科书无论在质量还是在销售数量上都无法和中华书局、商务印书馆抗衡。曾在新学制时期参与教育部教科书审定工作的黎锦熙说，"实则只商务、中华两家所出，经部审定，最通行耳"，在他编写的《三十年来中等学校国文选本书目提要》中，"所列皆民国十一年新学制公布后，坊间所编初高中学分年应用之国文选本，余如《初中适用言文对照国文读本》（三册，锡山秦同培编，十二年世界书局出版）之类，不具列"[1]。阮真在 1929 年统计与分析新学制时期的初中国文教科书时说，商务印书馆、中华书局出版的四套教科书在当时是"最通行的初中国文教科书"[2]。所以，本章对于新学制时期初中国文教科书中的古代作品选文的分析，以中华书局和商务印书馆出版的教科书为主，又由于中华书局版《初级国语读本》以语体文为主，古代作品选文仅有《〈文明小史〉楔子》《王冕外传》《景阳冈》《人参果》《刘老老》五篇，所以主要对商务印书馆《新学制国语教科书》《现代初中教科书国文》及中华书局版《初级古文读本》中的古代作品选文进行分析。首先，通过这些教科书中共同选入的古代作品管窥新学制时期选文概况，它们共同选入的古

---

① 黎锦熙：《三十年来中等学校国文选本书目提要》，《师大月刊》1933年第2期，第8页。

② 阮真：《几种现行初中国文教科书的分析研究》，《岭南学报》1929年第1卷第1期，第102页。

代作品选文主要有 38 篇（见表 2-9）。

表 2-9　新学制时期初中国文教科书中共同选入的古代作品选文概况

选文名称	作者	朝代
慈乌夜啼	白居易	唐
伐檀	《诗经》	先秦
归田园居二首	陶潜	晋
鹤叹	苏轼	宋
与苏武诗三首	李陵	汉
王冕的少年时代	吴敬梓	清
送薛存义之任序	柳宗元	唐
病梅馆记	龚自珍	清
触龙说赵太后	《战国策》	先秦
答刘蒙书	司马光	宋
卫鞅变法	《史记》	汉
答毛宪副书	王守仁	明
瘗旅文	王守仁	明
大言	宋濂	明
登泰山记	姚鼐	清
非攻	《墨子》	先秦
费宫人传	陆次云	清
核舟记	魏学洢	明
画记	韩愈	唐
季氏将伐颛臾	《论语》	先秦
祭石曼卿文	欧阳修	宋
李龙眠画罗汉记	黄淳耀	明
李氏山房藏书记	苏轼	宋
原君	黄宗羲	明末清初
与友人荆雪涛书	于成龙	清
游雁荡记	方苞	清
夜渡两关记	程敏政	明
先妣事略	归有光	明
项脊轩志	归有光	明
问说	刘开	清
蚊对	方孝孺	明
王孙圉论楚宝	《国语》	先秦
屠羊说不受赏	《庄子》	先秦
题元祐党碑	倪元璐	明

续表

选文名称	作者	朝代
桃花源记	陶潜	晋
送秦中诸人引	元好问	金
墨子止楚伐宋	《战国策》	先秦
秦士录	宋濂	明

注：中华书局版《初级古文读本》三册全为古代作品，《初级国语读本》三册中的古代作品仅有 5 篇明清小说；商务印书馆版《现代初中教科书国文》仅有非古代作品 17 篇，《新学制国语教科书》中的古代选文、现代选文基本上各占一半。再加上商务印书馆出版的两套教科书的出版日期十分接近，而且还存在不少重复选文，所以，本表中"共同"选文中的诗歌、小说为商务印书馆、中华书局版教科书共同选入的作品；其他体裁的"共同"选文则是《初级古文读本》和《现代初中教科书国文》共同选入的作品。

　　为了便于对比分析，笔者还对民初四个代表性版本的中学国文教科书[①]共同选文进行了梳理，主要有 37 篇作品（见表 2-10）。

表 2-10　民初中学国文教科书共同选入的古代作品选文概览

选文名称	入选教科书数/套	作者	朝代
泷冈阡表	4	欧阳修	宋
报孙会宗书	4	杨恽	汉
谕巴蜀檄	4	司马相如	汉
与陈伯之书	4	丘迟	南北朝
过秦论	4	贾谊	汉
说难	4	韩非子	先秦
钵山余霞阁记	3	梅曾亮	清
游小盘谷记	3	梅曾亮	清
方山子传	3	苏轼	宋
贾谊论	3	苏轼	宋
秦士录	3	宋濂	明
登泰山记	3	姚鼐	清
左仲郛浮渡诗序	3	姚鼐	清
集古录自序	3	欧阳修	宋
毛颖传	3	韩愈	唐
钴鉧潭西小丘记	3	柳宗元	唐
天说	3	柳宗元	唐

---

① 　《中华中学国文教科书》（1912，中华书局）、《共和国教科书国文读本》（1913，商务印书馆）、《新制国文教本》（1914，中华书局）、《中等学校国文读本》（1914，宏文图书社）。

续表

选文名称	入选教科书数/套	作者	朝代
种树郭橐驼传	3	柳宗元	唐
始得西山宴游记	3	柳宗元	唐
送秦中诸人引	3	元好问	金
项脊轩志	3	归有光	明
答韶州张殿丞书	3	王安石	宋
山中与裴迪秀才书	3	王维	唐
与苏武诗三首	3	李陵	汉
古诗十九首（组诗）	3	佚名	汉
出师表	3	诸葛亮	三国
赤壁之战	3	司马光	宋
原君	3	黄宗羲	明末清初
祭夫徐敬业文	3	刘令娴	南北朝
酒德颂	3	刘伶	晋
九歌国殇篇	3	屈原	先秦
郑子家与赵宣子书	3	《左传》	先秦
季氏将伐颛臾	3	《论语》	先秦
正月	3	《诗经》	先秦
虞师晋师灭夏阳	3	《谷梁传》	先秦
钱烈女墓志铭	3	王猷定	明末清初
苏武诗四首	3	苏武	汉

注：由于民初教科书选文的数量差异较大，所以表中所列的"共同"选文是被四个版本的教科书中的三个及以上版本选入的作品；同时，虽然四套教科书中，中华书局占据了两套，但《新制国文教本》是根据新的时代需求编辑出版的，和1912年出版的《中华中学国文教科书》编者不同，并且在编排理念、体例、选文等方面都有很大不同，所以，中华书局版有两套教科书，商务印书馆、宏文图书社各有一套教科书，并不影响统计分析的客观性。

对比表 2-9、表 2-10 可以发现，新学制前后的两个时段里，教科书中的共同选文有着较大差异（见表 2-11）。

从选文作者来看，古文家减少。民初的 37 篇共同选文来自 30 个作者，个人入选最多的是柳宗元（4 篇），入选 2 篇的有梅曾亮、欧阳修、苏轼、姚鼐 4 人，他们是唐宋古文家及桐城派古文家的代表。新学制时期的 38 篇共同选文共涉及 32 个作者，其中白居易、陶渊明等人以文学成就著称；32 个作者中只有归有光、宋濂、苏轼、陶潜、王守仁、《战国策》有 2 篇作品成为共同选文，涉及的 12 篇选文分别为《先妣事略》《项脊轩志》（归有光）、《大言》《秦士录》（宋濂）、《鹤叹》《李氏山房藏书记》（苏轼）、《归田园居二首》《桃花源记》（陶潜）、《答毛宪副书》《瘗旅文》（王守仁）、《触龙说赵太后》《墨子止楚伐宋》（《战国策》），大多是描写个人的生活、经历、感受的作品，在内容主题上属于同类。这表明新学制时期中学国文教科书中的古代作品选文正逐渐摆脱"因人选文"的标准，朝着"因文选文"的方向转变，即因文章自身的特点适合教学需要而入选，而不是凭借作者的声望、流派（如"文以载道"的古文家）或官职（如清末中学国文教科书首篇为"睿亲王"之文）而入选。

表 2-11　民初、新学制时期中学国文教科书共同选文对比

类别	选文名称
共同选文	登泰山记（姚鼐）、季氏将伐颛臾、秦士录、送秦中诸人引、项脊轩志、李陵与苏武诗三首、原君
民初选文	报孙会宗书、钵山余霞阁记、赤壁之战、出师表、答韶州张殿丞书、方山子传、古诗十九首、钴鉧潭西小丘记、过秦论、集古录自序、祭夫徐敬业文、贾谊论、九歌国殇篇、酒德颂、泷冈阡表、毛颖传、钱烈女墓志铭、山中与裴迪秀才书、苏武诗四首、始得西山宴游记、说难、天说、游小盘谷记、虞师晋师灭夏阳、与陈伯之书、谕巴蜀檄、正月（《诗经小雅》）、郑子家与赵宣子书、种树郭橐驼传、左仲郛浮渡诗序
新学制时期选文	病梅馆记、触龙说赵太后、慈乌夜啼、答刘蒙书、答毛宪副书、大言、伐檀、非攻、费宫人传、归田园居、核舟记、鹤叹、画记、祭石曼卿文、李龙眠画罗汉记、李氏山房藏书记、墨子止楚伐宋、送薛存义之任序、桃花源记、题元祐党碑、屠羊说不受赏、王冕的少年时代、王孙圉论楚宝、卫鞅变法、蚊对、问说、先妣事略、夜渡两关记、瘗旅文、游雁荡记、与友人荆雪涛书

在选文的文体方面，新学制时期的共同选文新出现了小说，如白话文小说《王冕的少年时代》、文言文小说《费宫人传》；减少了碑铭类、奏议类，如《钱烈女墓志铭》《谕巴蜀檄》没有出现在新学制教科书中；文学色彩鲜明的杂记小品文的数量增加较多，如《核舟记》《画记》《李龙眠画罗汉记》《李氏山房藏书记》《夜渡两关记》《游雁荡记》等。一方面，这种变化体现了教科书选文适应了新的时代要求，像碑铭、奏议类文章不再是日常应用文体；另一方面，表明在新学制时期的课程设置进一步细化后，以前"大而全"的国文科逐渐朝着侧重语言、文学学科的定位转变，如《国语纲要》就明确规定初中国文科的教学目标之一是"引起学生研究中国文学的兴趣"。

新学制时期选文的题材更为丰富。如在先秦诸子方面，除了传统的儒家

作品外，增加了描写墨家人物（《非攻》《墨子止楚伐宋》）、法家人物（《卫鞅变法》）的选文；在选文的表现领域方面，增加了表现下层民众生活的作品，如《伐檀》。这显然受到了当时的教育平民化、生活化思潮的影响。青少年学生要了解的"现实的人生"，不能仅是帝王将相、文人雅士的现实人生，更要包括数量最多的普通民众的现实人生。

和清末民初相比，我们还不能忽视的是，新学制时期的中学国文教科书增加了现代语体文，包括中国现代作品及外国翻译作品。本时期商务印书馆和中华书局出版的教科书中也有共同选入的现代语体文（见表 2-12）。

表 2-12　新学制时期初中国文教科书共同选入的现代语体文

选文名称	体裁	作者
《欧游心影录》楔子	小说	梁启超
故乡	小说	鲁迅
黄昏	小说	什朗斯奇；周作人译
日本的新村	散文	周作人
山居杂诗	新诗	周作人
文化运动不要忘了美育	散文	蔡元培
笑	散文	冰心
一件美术品	小说	契诃夫；胡适译

分析表 2-12，有如下发现。

在体裁方面，小说占据了现代语体文的很大比重。关于白话选文，何仲英早在 1920 年就撰文指出："就现在教材底分量说，小说实在是比较的多，比较的好；就教材底课外适宜说，小说实在是比较的有兴趣，比较的能持久。"[①]

在作家方面，周作人的作品（包括译作）最多。当时适于选入教科书作为中学生学习素材的现代语体文作品还是十分有限的，有论者指出："就事实上讲，周作人的作品，生机勃勃，使读者百读不厌，是用'完密的文法组织'的白话文。"[②] 所以，循着"冲和平淡"风格践行着"人的文学"的周作人，其作品从内容到形式都非常适合当时语体文教学的需要，因而被大量选入教科书中。

---

① 何仲英：《国语文底教材与小说》，《教育杂志》1920年第12卷第11号。
② 吴其祥：《第二次建设的文学革命论》，《民国日报·平民》1922年第113期。

在内容方面，出现了外国文学译作。白话文在文学、教育领域都获得合法地位后，在文学革命中"权时救急"的"古代白话有许多的缺点，不能够供应现今的需求"，需要造就一种新的白话文即"完密的文法组织"的白话文代替旧的白话文。外国文学作品有许多有价值的养分可供借用，因为"外国文学作品是有'完密的文法组织'完成的，它们能够把作者底情绪更明显地亲切地涌现于读者之前，能够使人易于理解文学的精奥，能够增加文章的美质"，而且"现在中国的文学断不能不与外国发生联系，在这种情形底下，介绍外国文学为现今文学界需要的任务，这无论谁都不能否认的"。[①]《新学制国语教科书》的编者之一叶圣陶，也在 1924 年撰文说明了该教科书选入外国作品的原因：其一，"外国文学抒写表达的质料和技能往往有与我国异致的，兼收并蓄，意在使学者扩充欣赏的范围；并非以为自国文学的遗传已淘汰到再没有可选的地步了"；其二，"初中作文，包有译文一项，教材中采取翻译文，可为这一项练习的模式"。[②] 可见，外国文学翻译选文的出现，也充分体现了中学国文科由清末民初注重"雅驯之文"到注重文学作品选文的转变。

通过以上所述的新学制时期初中国文教科书共同选文，可以非常清晰地看出，新学制时期教科书中的选文更加多元，尤其注重选文的文学艺术性，具有鲜明的审美倾向。当然，在这一时代思潮的大变动期、教育学制的更新过渡期，我们不能忽视的是，本时期最为畅销且影响最大的中华书局、商务印书馆版四套教科书共 897 篇选文。其中，古代选文 655 篇，占 73%；中国现代选文 190 篇，占 21.2%；外国翻译选文 52 篇，占 5.8%。也就是说，现代语体文入选的比例还不是太高。《国语纲要》"教材支配"部分要求在三年的精读中语体文逐年递减，三年的作文训练中则是文言文写作逐步提高，即便语体文的写作训练还包括"文体译作语体的译文"；前文提及的升学考试中的文言文翻译（包括把古白话翻译成文言文的试题、把英文译成文言文的英语试题）、作文（不是所有学校都允许"文、白皆可"）等试题；当时的信函公告、报纸杂志大部分仍在使用文言文，乃至当时的文、白论争双方的论辩文章亦

① 吴其祥：《第二次建设的文学革命论》，《民国日报·平民》1922年第113期。

② 叶圣陶：《关于〈初中国语教科书〉的陈述》，《叶圣陶教育文集（第四卷）》，人民教育出版社1994年版，第17页。

是以文言文为主。梁启超指出，"近人白话文"至少有三个缺点，"第一，叙事文太少，有价值的殆绝无。第二，议论文或解释文虽不少佳作，但题目太窄，太专门，不甚适于中学生的头脑。第三，大抵刺激性太剧，不是中学校布帛菽粟的荣养资料"；他希望"十年以后白话作品可以充中学教材者渐多，今日还恐不到成熟时期"。① 这就给广大师生一种印象：学好文言文总比只学好语体文保险，即便只学文言文也是只有优势没有风险。这就不难理解黎锦熙所说的"语体文教授时毋庸咬文嚼字，且有可令其自读者"② 了。

总之，虽然现代语体选文合法地且大量地进入新学制时期的中学国文教科书，但它们和古代作品选文的实际地位是不对等的，古代作品选文基本上保持了教科书选文"全权"代表的地位。接下来，本节将进一步分析新学制教科书中古代作品选文的特点及其被赋予的教育功能。

一、读浅易古代作品，了解平民社会

（一）了解下层人民生活，肩负改善社会的责任

1922 年颁布的《学校系统改革案》提出教育要"适应社会进化之需要""发挥平民教育精神"。③ 新学制时期的中学国文教科书在"编辑说明"中也纷纷表示选材要与时代相适应，如"内容真实、不违背时代精神"（《初级中学国语文读本》）、"不违反现代精神"（《新学制国语教科书》）等，即使以文言为主的《初级古文读本》也表示"内容务求适切于现实的人生"。而在发挥平民精神方面，教科书则大大增加了表现平民生活的选文，这些选文成为青少年学生了解现实社会的重要途径。

不论中华书局版还是商务印书馆版教科书，反映现实社会、描述下层民众生产生活的不仅有现代作品选文，也有许多古代作品选文。这些作品既有文人创作的诗文、小说，也有下层民众自己的"呼声"——民歌（见表 2–13）。

---

① 梁启超：《中学国文教材不宜采用小说》，《现代中国（第三辑）》，湖北教育出版社2003年版，第2页。
② 黎锦熙：《三十年来中等学校国文选本书目提要》，《师大月刊》1933年第2期，第12页。
③ 全国教育联合会新学制课程标准起草委员会：《新学制课程标准纲要》，商务印书馆1925年版，第131页。

表2-13　新学制时期初中国文教科书下层民众题材古代作品选文概览

类别	中华书局版	商务印书馆版
民歌	木瓜、风雨、沧浪歌、淮南民歌（一尺布，一斗米）、匈奴歌、李波小妹歌、敕勒歌、慷慨歌、无衣、伐檀、山有枢、与苏武诗三首	木兰诗、敕勒歌、陇头歌、伐檀、与苏武诗三首、古诗为焦仲卿妻作、汉高祖还乡、蓼莪篇、十五从军征
文人作品	苦旱行（张纲孙）、白居易诗作（3首）、刘老老（《红楼梦》）、口技（林嗣环）、柳敬亭传（黄宗羲）	农诗（范仲淹）、卖鱼妇（江剡）、插秧女（陈文述）、茅屋为秋风所破歌（杜甫）、石壕吏（杜甫）、无家别（杜甫）、夜闻邻家治稻（陆游）、田家乐（杨万里）、渔翁（陆游）、白居易诗作（8首）

　　从表2-13中可以看出，教科书中表现下层民众的选文以诗歌居多，中华书局版教科书（即《初级古文读本》）中有16首，占全部诗歌（74首）的22%；商务印书馆出版的两套教科书中有26首，占全部诗歌（92首）的28%。

　　新学制时期中学国文教科书的"主题单元"意识已经非常明确和自觉，如中华书局版《初级古文读本》把"内容性质相近者或相发明者，比属排列，俾学者藉有濬发思想，比较判断之便利"[①]，它们往往把表现相同或相近主题的选文并行编排，从而强化其主题。通过同样是表现下层民众生活的不同选文，我们可以发现本时期初中国文教科书中描述的下层民众来自不同的领域，包括农民、渔民、说书艺人等。如《初级古文读本》第一册中把不同地区的民歌作品《沧浪歌》《淮南民歌》《匈奴歌》《李小波歌》《敕勒歌》并排，把《口技》（林嗣环）、《柳敬亭传》（黄宗羲）两篇描写古代口技、说书艺人的作品并排；在第二册中把《观刈麦》（白居易）与《苦旱行》（张纲孙）两篇描写农民辛苦生活的作品并排。再如商务印书馆版《新学制国语教科书》第一册把《卖鱼妇》与现代语体文《奉化人的海间生活》并排，展现了古今渔民生活的艰辛，在第二册则把《插秧女》与外国翻译选文《卖火柴的女儿》并排，描写了中外下层女性的境遇；《现代初中教科书国文》第一册把《夜闻邻家治稻》（陆游）、《田家乐》（杨万里）并排，均是表达了作者对恬静、快乐农家生活的向往。

---

① 沈星一：《初级中学用新中学古文读本·编辑大意》，中华书局1923年版，第1页。

从表 2-13 中还可以发现，和清末民初相比，展现边疆地区人民生活的作品受到了本时期教科书编者的重视，如《木兰诗》《敕勒歌》《陇头歌》《匈奴歌》《白雪歌送武判官归京》等，其中，中华书局版、商务印书馆版都选入了《敕勒歌》。而在清末民初八个版本的代表性教科书中，仅仅出现过《敕勒歌》（中华书局版，1912）、《木兰诗》（宏文图书社版，1914）。近代以来，面对内忧外患，国人在反思中国历史上的"华夏""外夷"之说的过程中，从现代国家、民族的角度阐发"中华民族"的内涵和外延。中华民国成立以后，革命派同意"五族共和"并决定以"中华民族"作为民族的指称[1]；李大钊提出，要在中国诸族融合的基础上形成"新中华民族"[2]；孙中山后来指出"五族共和"的口号有缺陷，认为中华民族不止五族，应该包括更多的民族[3]；胡适在《白话文学史》中专门有一章介绍"南北新民族的文学"，他认为这些少数民族文学作品让中国文学更加绚丽多姿，"鲜卑民族的《敕勒歌》本是鲜卑语译成汉文的，'风吹草低见牛羊'七个字，真是神来之笔，何等朴素，何等真实，我们读这个故事可以想见这篇歌在当日真可代表鲜卑民族的生活；《陇头歌》是北方新民族写痛苦的心境，只有悲壮，没有愁苦；从《木兰》中容易看出北方的平民文学的特别色彩，是英雄，是慷慨洒落的英雄"[4]。这些边疆题材作品，包括边疆人民自己创作的作品（如《敕勒歌》），以及有边疆生活经历的中原人士创作的作品（如《白雪歌送武判官归京》），它们被选入"国语"教科书中并被给予很高的评价，对青少年学生健全国民品性的塑造有着积极的意义：有利于新时期的青少年学生深刻认识到中华民族为中国诸族之总称的含义，从而意识到中国不但要有政治的统一，也要有文化上的统一；这是一个健全的现代中国公民所必须具备的关于国家、民族的知识。

从表 2-13 中还能够发现，在文人创作的诗文中，反映平民生活的作品以白居易的作品最多。除此之外，教科书还选入了他反对权贵、表达济世情怀

---

[1] 杜赞奇：《历史意识与国族认同》，林盼盼等译，上海人民出版社2013年版，第88页。

[2] 冯天瑜：《"中国""中华民族"语义的历史生成》，《河南大学学报（社会科学版）》2012年第6期，第5页。

[3] 孙中山：《在上海中国国民党本部会议的演说（1920年11月4日）》，《孙中山全集（第五卷）》，中华书局1985年版，第394页。

[4] 胡适：《白话文学史》，安徽教育出版社2006年版，第77—83页。

的作品，如《新制布裘》就表达了对下层民众的怜悯（"丈夫贵兼济，岂独善一身。安得万里裘，盖裹周四垠。稳暖皆如我，天下无寒人"），《有木诗》则用形象的比喻刻画了那些依附权势、攀附高位而最终又自取灭亡的小人（"朝为拂云花，暮为委地樵；寄言立身者，勿学柔弱苗"）。显然，白居易诗作中流露着浓郁的平民情怀，胡适说"白居易是有意做白话诗的，他是一个平民诗人，少年、中年时代的诗很多，是讨论社会问题的"[①]。也正因此，白居易备受新学制时期国文教科书编者的青睐，在新学制时期最有代表性的三个版本的初级中学国文教科书中（不包括纯语体文的《初级国语读本》），入选总频次最多的作者就是白居易，作品共有 26 篇次（其中诗歌 25 篇次，散文 1 篇次）。教科书中选入的白居易诗歌比"李杜诗篇万口传"的李白（10 篇次）、杜甫（9篇次）二人的总和（19 篇次）还要多。教科书中的白居易诗歌主要篇目如表2-14 所示。

表 2-14　新学制时期初中国文教科书中的白居易诗歌概览

题材	选文名称
下层民众题材	观刈麦、缭绫、杜陵叟（2）、卖炭翁、新丰折臂翁、羸骏、村居苦寒、放鱼
家庭亲友题材	燕诗、慈乌夜啼（2）、望月有感寄大兄七兄十五兄兼示弟妹、赠能七伦、对酒示行简
抒发感想类	归田、客中月、放旅雁、耳顺吟、新制布裘、访陶公旧宅、有木诗、凶宅
其他题材	忆江南二首、画竹歌

注：括号内为入选篇次。

从表 2-14 中可以看出，教科书中的白居易诗作，除了表现下层民众生活的题材，还有许多家庭亲友题材，这些作品中也流露着深厚的平民情怀，与清末民初教科书中大量选入的封建士大夫之间的赠序、唱和类作品有所不同。本时期教科书中家庭题材的古代作品选文还有《报母书》（宇文护）、《齐义继母》（列女传）、《诫兄子严敦书》（马援）、《为兄超求代疏》（班昭）、《万里寻兄记》（黄宗羲）、《祭妹文》（袁枚）、《与弟季书》（董以宁）、《项脊轩志》（归有光）、《先妣事略》（归有光）、《祭外姑文》（归有光）等等。注重主题单元设计的《初级古文读本》，其第二册第 38—42 课分别为《与弟季书》《夜渡

[①]　胡适：《国语文学史》，安徽教育出版社2006年版，第39—40页。

两关记》《诫兄子严敦书》《触龙说赵太后》《鸣机夜课图记》，直接组成了一个"家庭亲情"单元。被中华书局、商务印书馆两个版本的教科书同时选入的《祭妹文》，在《初级古文读本》中与《到家六首》（蒋士铨）并排，在《新学制国语教科书》中与《〈金石录〉后序》《训俭示康》并排，表明两个版本的教科书都把它当作家庭亲情类选文，这和注重应用文体的清末民初教科书把它当作"祭文"入选有很大不同；同类选文《祭十二郎文》在《新学制国语教科书》中和表现母子情深的外国翻译选文《决斗》（泰来夏甫；胡适译）并排，在《现代初中教科书国文》中与《泷冈阡表》《班昭为兄上书》并排。这些都充分表明了本时期国文教科书中凸显家庭亲情的自觉。

在新学制时期，社会各界对初级中学的教育目的（职能）进行了探讨，虽然"论者众说纷纭，莫衷一是"，但最终认为"美国全国教育联合会中等教育改造委员组（Commission on the Reorganization of Secondary Education of the National Education Association）所制定的教育目的，最足代表现今时代思想的精神"，该教育目的主要有七项：①健康；②基本能力；③家庭中之善良分子；④职业；⑤公民职分；⑥利用闲暇；⑦道德。"此种教育目的的陈述，对于我国也未尝不适于用，一则因其所根据的理想正与我国教育的理想相同，二则因其制定的历程似为人生活动的分析。"其中，"'良好的家庭分子'之目的，要求发展那些所以使人成为良好的家庭分子的品格。文学一科应解释并理想化那些组成家庭的人的要素（human element）"。① 具体来讲，良好的家庭分子的教育内容包括担负家庭的责任、父母地位的重要之理想、为同家之人谋利益、家庭职分的理想、对于家庭有兴趣、对于家庭态度的价值等。同时被中华书局、商务印书馆两个版本的教科书选入的《慈乌夜啼》，在《初级古文读本》中与《婴砗课诵图序》《先妣事略》并排，在《现代初中教科书国文》中与《陈情表》《触龙说赵太后》并排，该文歌颂了乌鸦反哺、母慈子孝的美德，"慈乌复慈乌，鸟中之曾参"；再如《先妣事略》，在《新学制国语教科书》中与蔡元培的《祭亡妻黄仲玉》并排，在《现代初中教科书国文》中与《训俭示康》并排，在《初级古文读本》中与《婴砗课诵图序》《慈乌夜啼》并排，该文描述了母亲

---

① 赵廷为：《初级中学的意义与职能》，《教育杂志》1925年第17卷第6号，第12页。

的勤俭、厚道及儿子对母亲的深深追悼之情；还有同时被两个版本的教科书选入的《项脊轩志》，借日常生活和家庭琐事表现了母子、夫妻、兄弟之间的深情。显然，这类选文都有利于学生形象地感受到良好家庭成员的职分，并从中受到熏陶。即使是从我国古代讽刺文学典范《儒林外史》中节选作品，也是精心取舍——《王冕的少年时代》，该文用平实的语言记叙了王冕母子情深："母亲替王冕理理衣，说道：'你在此须要小心，休惹人说不是；早出晚归，免我悬望。'王冕应诺，母亲含着两眼眼泪去了。""王冕在秦家放牛，或遇秦家煮些腌鱼、腊肉给他吃，他便拿块荷叶包了，回家孝敬母亲。"

综上所述，在新学制时期的初级中学国文教科书中，古代作品选文虽"古"但不"老"，在培养青少年学生的现代国民意识、健全人格方面依然具有新价值。这些古代作品选文尤其有助于青少年学生养成"公民的职分"。"公民的职分"强调使个人发展那些为良好的邻人、市民、省民、国民所必需的品性；养成这些品性的训练包括：服从公民道德的理想，对于促进社会的方法和手段有良好的判断，对于社会的机关和制度有实用的知识；有谐和合作的习惯，等等。[①]青少年学生学习那些反映下层人民艰辛生活的古代作品选文（《伐檀》《观刈麦》《苦旱行》等），有利于加深对下层人民的了解；而选文作者所表达的"丈夫贵兼济，岂独善一身。安得万里裘，盖裹周四垠。稳暖皆如我，天下无寒人"的济世情怀，也能促使他们坚固改造社会、造福人民的责任心。

（二）亲近平民、表现和平的作者大受欢迎

在五四新文学运动后，有学者指出，所谓新文学的"新"，是"重新估定价值的新，不是新旧的新"，"在空间上说，它是为大多数人所能享受的作品，不只是供贵族特殊阶层者的享受；在纵的方面，要搜求研究中国固有的文学书籍，重新整理、分析、考证、标点而估定它的价值"。[②]这说明文学作品的新与旧不在于年代的近与远，古代的作品如果有"新"价值也可以成为"新"文学。所以，除了白居易，其他亲近平民的古代作者如墨子、陶渊明等人，同样受到新学制初级中学国文教科书编者的欢迎，他们的作品被选入教科书的

---

① 赵廷为：《初级中学的意义与职能》，《教育杂志》1925年第17卷第6号，第13页。

② 王哲甫：《中国新文学运动史》，杰成印书局1933年版，第13—14页。

频次超过了在清末民初备受青睐的桐城派古文家的作品（见图2-4）。

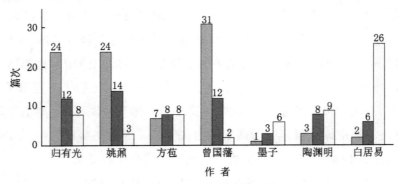

图2-4　墨子等人与桐城派古文家的作品入选初中国文教科书的篇次对比

从图2-4中可以看出，清末以后，墨子、陶渊明、白居易的作品进入教科书的篇次呈持续增长之势，桐城派古文家的作品则与之相反，至新学制时期，墨子等人的入选作品数量超过了桐城派古文家。

白居易的作品受到新学制时期中学国文教科书的青睐，这与白居易的平民情怀有密切关系，前文已有论述。本时期，墨子的作品在中学国文教科书中的入选篇次也尤为引人注目，新学制时期选入古代作品的三个版本的初级中学国文教科书，共选入了6篇次的墨子作品，在先秦诸子中超过了《论语》（4篇次）、庄子（4篇次）、荀子（2篇次）、韩非子（1篇次）、老子（0篇次）。不仅如此，还有墨子题材的其他古代作品选文，如《墨子止楚伐宋》（节选自《战国策》），同时被中华书局、商务印书馆两个版本的教科书选入，在中华书局版中与《桃花源记》《非攻》并排，在商务印书馆版中与《唐雎说秦王》并排，显然，中华书局版教科书意在展现墨子的和平思想，商务印书馆版则是凸显墨子的"外交家"风采；还有介绍墨子学术思想的现代学术选文，如梁启超的《墨学之根本观念——兼爱》及《墨子之实利主义及其经济学说》，从这两篇选文中不难看出，墨子经过"分析""考证""重新估定"后是有价值的：一是关于现代社会人与人之间关系的基本原则的——兼爱（良好公民的品性）；二是关于推动现代社会进步发展的基本要素的——经济。总之，国文教科书中的"墨子热"与墨子身上所呈现的并被现代学人所深入挖掘的平民精神、实用主义主张及新学制时期的时代特点息息相关。"墨子志切救世而有其术也"[1]，他主张"废弃儒家所主张的阶级制度，把尊君卑臣、崇上抑下的礼教一扫而空之"，他主张"上下同等、君臣并耕，不劳动者不得食"。[2] 墨子的《非攻》更是被评价为"确具平等博爱之思想，合天下之人民而谋其乐利，不沾沾为国君之荣辱计"[3]，所以入选《初级古文读本》（《墨子止楚伐宋》《桃花源记》并排）、《新学制国语教科书》（与《兼爱》《公输篇》并排，且列为第六册的前三课）、《现代初中教科书国文》（与《祭公谏征犬戎》并排）。20 世纪 20 年代前后，在国际上，第一次世界大战刚刚结束，战争遗留的创伤还未愈合；在国内，军阀割据战乱不止，1916—1922 年，数得出的内战至少十次[4]，人民生活困苦不堪。要改变当时的变局获得安宁，教育及作为国家未来的青少年学生被委以重任，孟禄在武汉各大学欢迎会上的演讲中就坚定地说："中国近几年来，变乱相承，迄无宁日。吾人诚欲出中国于危亡之域，以鄙人观察，舍教育其道无由。因为在最近的将来，担当国家大事者，就是今日的学生；他们担不担得起国家大事，是不是国家一个健全公民，一视他们今日所领受的训练充实不充实而定；教育底最大机能，便是给他们充实的训练，使他们将来绰有余裕地担当国家大事。"[5]

墨子的教育思想在当时也被提升到很高的地位，他的教育学说被总结为"注重个人能力""实用的""平民的""刻苦的"四大特点。具体来说：①注重个人能力。墨子认为，学习者要学什么，当估量他的能力怎样，就怎样去学，从而实现因材施教。②实用的。"使言行之合，犹合符节也"，所以墨子在教育上主张学了就要行，学而不行算不上真正的学。③平民的。墨子是不会讲

---

① 胡韫玉：《墨子学说：总论》，《国学汇编》1923年第1B期，第59页。

② 吴虞：《墨子的劳农主义》，《国文学会丛刊》1922年第1卷第1期，第1页。

③ 胡朴安：《墨子学说（二）：非攻说》，《国学周刊》1923年第10期，第1页。

④ 郭廷以：《近代中国史纲》，上海人民出版社2013年版，第347页。该书中列举出了反帝制之战、复辟之战、川滇之战、南北之战、直皖之战、两次粤桂之战、湘鄂川鄂之战、直奉之战。

⑤ 孟禄：《国家主义与教育（Nationalism and Education）——在武汉各大学欢迎会讲演》，陈逯涛记，《晨报副刊》1925年6月4日。

究"礼闻来学，不闻往教"，大摆老师架子的，主张"行说人"，即"他不来求教于我，我可要走去教他了"。可见墨子不曾有智识阶层自视高贵的姿态，也可见他是一位实行"社会教育"的教育家。④刻苦的。墨子是个实行家，主张"节用""废乐"，他教人要吃苦修行，他的弟子大概都受过一种刻苦的训练。所以，"墨子的人格是怎样的伟大，他的感化力怎样的强而普遍，在以往的教育史上可找不出第二个这样的人了"。① 从这些论述中不难发现，在新学制时期，墨子在教科书中的地位甚至有超过作为"万世师表"的孔子的趋势。从当时公开发表的中学生作文中也可以发现，教科书中墨子作品选文的教育价值的确得到了实现，如初中三年级学生黄德芳写道："余读墨子之《非攻》篇，而不禁重有感焉。当春秋之世，群雄日事干戈，岁无宁日，墨子目击其惨心焉，怜之不忍同胞之死于非命也，遂著《非攻》之篇，以亏人自利为不义之理而推言攻战之不义，其旨深矣，其用心亦良苦矣。今日世界之纷争，不亚于春秋之世，而推彼野心勃勃之武夫，安知战祸之不发生于后日？然则先觉之士，宜如何谋警醒军阀之梦，以绝后患也哉！"②

以描写恬然自适的田园生活著称的陶渊明，同样受到了新学制时期初级中学国文教科书的青睐，三个版本的教科书共选入了包括《归去来辞》《归田园居》《五柳先生传》在内的 9 篇次作品，超过了桐城派古文大家归有光（8 篇次）、方苞（8 篇次）、姚鼐（3 篇次）、曾国藩（2 篇次）。其中表达陶渊明向往和平生活理想的《桃花源记》更是被三个版本的教科书同时选入：在《初级古文读本》中与《墨子止楚伐宋》《非攻》并排，在《新学制国语教科书》中与《桃花源记》的现代语体译文及《桃源行》（王维）、《桃花山》（刘鹗）并排，在《现代初中教科书国文》中与《桃源行》（王安石）并排。我们从当时中学生的作文中可以发现，《桃花源记》也被"重新估定"了新价值，如天津南开学校的赵惠元写道："古人的理想文章，最合现代潮流的，要数陶渊明的《桃花源记》了，但是一般人总说他是出世的消极的空想，其实大大的错误了。陶渊明作这篇文不是消极的，也并不是教人去求神仙的，的确是写他社会改造的理想的。

---

① 陈炳琨：《墨子的教育学说》，《新时代》1923年第1卷第4号，第1—8页。
② 黄德芳：《读墨子非攻篇》，《江苏省立第二女子师范学校校友会汇刊》2014年第17期，第27页。

陶渊明是抱改造社会的主义的，桃花源是人世的桃花源，想要去找桃花源是要人在世去找的，是要我们人类以及万物，都去享那桃花源的幸福才好。"①

二、文学文、实用文共选，应用能力、欣赏能力并重

（一）应用文培养交流能力，文学文培养欣赏能力

《小学国语课程纲要》中规定的高级小学毕业国语要达到的最低限度为：

语言：能听国语的通俗演讲，能用国语演讲。

读文：识字累计三千五百个左右。读儿童文学等书累计至十二册以上。能用字典看与《儿童世界》或《小朋友》程度相当，生字不过百分之十的语体文；及与日报普通记事程度相当，生字不过百分之十的文体文。标点及答问大意，准确数在百分之六十以上。

作文：能作语体的实用文（包含书信、日记等）、记叙文、说明文，而令人了解大意。

写字：能写通俗的行书字体。②

从以上规定中可以看出，小学国语教育的目标其实就是要求学生掌握一个现代国民最基本的语言文字能力，尤其注重交流——不但能说，而且能听；不但能写，而且能让别人了解大意。与之衔接的初中国语则提出了"使学生有自由发表思想的能力，使学生能看平易的古书，引起学生研究中国文学的兴趣"的课程目标；而初中国语毕业的最低限度则是"阅读普通书报，能了解大意；作普通应用文，能清楚达意；能欣赏浅近文学作品"③。从这些规定中可以看出，其中的"发表思想、清楚达意"和了解普通书报的大意的要求，是希望初中学生在小学国语学习的基础上继续提高日常生活中的语言文字应用能力；其中的"研究中国文学的兴趣"和欣赏浅近文学的要求，则是希望初中学生在对祖国语言文字了解、应用的基础上，培养文学艺术审美能力。也就

① 赵惠元：《读桃花源记的感想》，《学生文艺丛刊汇编·文（乙）》1920年第1卷第2期，第43页。
② 全国教育联合会新学制课程标准起草委员会：《新学制课程标准纲要》，商务印书馆1925年版，第4页。
③ 全国教育联合会新学制课程标准起草委员会：《新学制课程标准纲要》，商务印书馆1925年版，第55页。

是说，新学制时期的初中国语课程包含了应用、审美两方面的课程目标，而且此时的"应用"偏重日常生活中的表达交流，和清末民初偏重文人士大夫及官方公文的应用有着本质的区别；此时的"文学"，是以通俗易懂的白话小说、诗歌为代表的语言艺术作品，和清末作为国粹代表、包含"各体之辞"的中国文学也是不同的。所以，清末民初中学国文教科书选文的"曾选"标准、"姚选"标准显然已经不再适应新时代的需要。

《小学国语课程纲要》中要求小学生读儿童文学，写书信、日记等实用文，这就表明，从小学阶段就有了文学文本、应用文本的分类倾向。其实早在《新学制课程标准纲要》颁布以前，就已经有学者提出把国文分为文学文、应用文的设想。如孙本文指出，中学国文应"授以写实主义、理想主义普通文、文学文"；他进一步解释，"各类文字之词意平实者为普通之文，各类文字之词意优美者为文学之文；叙述事物情态之文字率真而无讳饰者为写实之文，陈说事理物理之文字畅达而非荒诞者为理想之文"，并据此把教科书选文分为写实主义之普通文、写实主义之文学文、理想主义之普通文、理想主义之文学文四类。[①] 种因也建议，中学一年级授以"实用文"，特别注重字句段落；二年级授以"历代文"，顾及历代文家文体及文学趋势，为研究文学常识的门径；三年级授以"文学文"，注重文学文的作法、研究法等。[②] 而此时，文学研究者、语言学研究者都提出了区分应用文、文学文的国文分类原则。新文学史研究者王哲甫对于"新"文学的体裁提出了把文学文、应用文交融的分类标准，"在体裁上说，新文学大别之可分诗歌（poetry）、小说（novel）、戏曲（drama）、散文（prose）等数种，若再进而分别之……至于散文，包括尤广，大别之可分为叙述文（narrative）、描写文（description）、论说文（exposition）、辩论文（argument）数种"[③]。在这个分类中，诗歌、小说、戏曲、散文四大类的分法，是文学体裁的分类；再把散文分作叙述文等数种显然是以应用为依据的。语言学家沈兼士则提出：

① 孙本文：《中学校之读文教授》，《教育杂志》1919年第11卷第7号，第5页。
② 种因：《对于现在中学国文教授的批评及建议》，《教育杂志》1920年第12卷第5号，第18页。
③ 王哲甫：《中国新文学运动史》，杰成印书局1933年版，第14页。

拿文字来代表语言，应用文法的各种原则、连词成句、缀句成篇就叫做"文"，因为所代表的语言性质不同，所以文的性质和体裁也不一样，大约分起来，可以分为三类：（一）描写情感的，诗词戏曲等及一部分的骈散文等；（二）记叙事物的，传记典志等；（三）表示思想的，论著平议等。（一）类的文，属于文学的（于客观的事物之中，加以主观的情感，用有艺术组织的文字表示出来，使阅者自然发生一种同情，凡合于这个条件的文章，可以谓之"文学"的文）。（二）类、（三）类的文，属于实用的。凡姚鼐所分十三类、曾国藩所分十一类，都可以归纳在里面。①

在沈兼士的上述议论中，他既提出当时的中学国文应分"文学"的文与"实用"的文，同时又表示这种分类方法和清末民初的分类并不矛盾，因为"凡姚鼐所分十三类、曾国藩所分十一类，都可以归纳在里面"，这就为新、旧文体的衔接与过渡提供了具有可操作性的理论依据。

《国语纲要》在"教材支配"中的"读书·精读"部分，虽然没有明确提出文学文、实用文的概念，但基本上也是文学文、应用文交融的分类标准："第一学年：传记，小说，诗歌，兼及杂文。第二学年：记叙文，议论文，小说，诗歌。第三学年：记叙文，议论文，小说，诗歌。"从中可以看到，小说、诗歌与记叙文、议论文是并列的概念，前二者显然是"文学"的文，后二者为"实用"的文。再联系到毕业最低限度的标准包括能"作普通应用文""欣赏浅近文学作品"，也是"应用""文学"并重。同样，在课程纲要规定的"略读书目"中，也把书目分为小说、戏剧、散文三大类，散文又分议论文选本、传记文选本、描写文选本。《国语纲要》对学生在初中三年的作文要求分别为：①第一学年：命题的或不命题的作文，文体译作语体的译文，以及笔记、演说、辩论等；并随时用比较和归纳的方法，作文法的研究。②第二学年：作文、译文、笔记、演说、辩论和归纳的文法研究。③第三学年：作文、译文、笔记、演说、辩论和系统的文法研究，兼及修辞学大意。在其中提到的作文种类中，笔记、演说、辩论是日常应用的文体；还要学习作文方法，如比较、

---

① 沈兼士：《中学国文之选授方法》，《北京大学日刊》1921年9月27日，第851期第3版。

归纳、系统的文法及修辞，显然这又离不开文学文阅读和写作，比如修辞法的学习掌握。总之，这些都充分表明，新学制时期的中学国文科在课程目标设计上已经摆脱了清末民初面向未来官绅经世致用之学的目标，立足于健全的现代国民之语言文字表达交流能力及欣赏审美能力的培养。此时的教科书选文也都遵循了应用文、文学文兼具的原则，即使古代作品选文也不例外，如中华书局版《初级古文读本》中"第一册记录文较多，二、三册议论文较多"，该教科书第一册把《记先夫人不残鸟雀》（苏轼）、《剑客》（贾岛）、《口技》（林嗣环）、《童区寄传》（柳宗元）这类古代作品当作"记录文"选入教科书；商务印书馆版《新学制国语教科书》则把选文"约分记叙的、写景的、抒情的、说理的、议论的五种，且以记叙文、写景文、抒情文为主，说理文、议论文居少数"[①]。该教科书第一册把《王冕传》《大铁椎传》《林肯的少年时代》《勇敢的讷尔逊》并排，显然是把《王冕传》《大铁椎传》归入"记叙文"，把《赫贞江写景诗两首》（胡适）与《黄河上打冰》（刘鹗）并排，显然是把《黄河上打冰》归入"写景文"。

（二）选文作者文学家身份的出现，引导学生进行文学欣赏

《国语纲要》在初级中学国文教学的目的、最低限度标准、略读书目等规定中，都提出了对"文学"的要求，如"引起研究文学的兴趣""欣赏文学作品"，"略读小说如《西游记》《三国志演义》，戏剧如《汉宫秋》《牧羊记》"等。沈兼士指出，中学国文分为实用文体、文学文体是就"横"面从性质异同上区别的体裁，同时还要就"纵"面从文章的气体流变上划分时期，周秦至现代于各时期中均应选数家以代表当时的文潮。[②]《初级古文读本》第三册即把选文"从古至今，顺次排列，俾使学者略明文学之源流及变迁"[③]。《新学制国语教科书》虽然没有明确标明要展现文学流变史，但其中的古代作品选文从总体上看也基本遵循了该原则（见表2–15）。

---

① 吴研因等：《新学制初级中学教科书国语·编辑大意》，商务印书馆1923年版，第1页。

② 沈兼士：《中学国文之选授方法》，《北京大学日刊》1921年9月27日，第851期第3版。

③ 沈星一：《初级中学用新中学古文读本·编辑大意》，中华书局1923年版，第1页。

表 2-15 《新学制国语教科书》古代作品选文概况

朝代	选文数量（体裁、数量）	代表作家（体裁、数量）
先秦	33（散文30；诗歌3）	孟子（散文11）；墨子（散文3）；战国策（散文3）；左传（散文3）
汉	31（散文20；诗歌11）	《史记》（散文8）；王充（散文6）
魏晋南北朝	10（散文7；诗歌3）	
唐	21（散文4；诗歌17）	李白（诗歌4课7篇）；白居易（诗歌4课5篇）；杜甫（诗歌3课4篇）
宋	32（散文5；诗歌22，其中2课为组诗，共20首；词5）	
元	4（散文1；戏曲3）	
明	15（散文11；诗歌3；戏曲1）	
清	37（散文26；诗歌3；词1；小说7）	袁枚（散文5，小说1）；崔述（散文3，小说1）；龚自珍（散文3）；吴敬梓（小说2）；刘鹗（小说2）

注：表中的选文数量统计以篇为单位，如《四时田园杂兴（六十首之八）》虽是一课，但按照8篇计算，同类还有《词四首》《绝句四首》等。

从表 2-15 中可以看出，7 篇小说全部为清代作品，4 篇戏曲中有 3 篇为元代作品，4 篇佚名的民歌作品汉代、南北朝各 2 篇，6 首词有 5 首来自宋代；明代选文（15 篇）中散文（11 篇）占 73%，唐代选文（21 篇）中诗歌（17 篇）占 81%，先秦选文（33 篇）以诸子散文（17 篇，占 52%）、历史散文（11 篇，占 33%）为主（诸子散文、历史散文合计 28 篇，占 85%）。再从教科书中选文较多的作者来看，李白、白居易、杜甫以诗歌为主，袁枚等人以散文为主，吴敬梓、刘鹗则以小说为主。[①] 从中不难看出，《新学制国语教科书》中"唐诗、宋词、元曲、明清小说"的中国文学史特征已经有了鲜明的呈现。不但《新学制国语教科书》如此，这类选文特征在当时的中学国文教育领域已经被普遍认可，如在当时影响最大的中华书局、商务印书馆出版的初中国文教科书中，共有 17 篇次的古代小说入选，清代小说 16 篇次，明代 1 篇次；而入选较多的古代诗歌、散文，也有迹可循（见表 2-16）。

---

① 宋代的杨万里虽有12首诗歌入选，实际是组诗《寒食雨中游天竺（十六首之十二）》，同类的还有范成大《四时田园杂兴（六十首之八）》。

表 2-16 新学制时期初中国文教科书中古代作品选文概况

朝代	诗歌		散文	
	总篇次	代表作者（篇次）	总篇次	代表作者（篇次）
先秦	13	《诗经》（8）	88	《战国策》（16）；《孟子》（11）
汉	11	民歌（8）	58	《史记》（22）
三国	0		2	
晋	6	陶潜（4）	10	陶潜（5）
南北朝	9	民歌（6）	14	
唐	63	白居易（25）；李白（10）；杜甫（9）	36	韩愈（16）；柳宗元（14）
五代	2	李煜（2）	0	
宋	40	苏轼（12）；陆游（9）	52	欧阳修（11）；苏轼（9）司马光（5）；王安石（5）
元	2		5	
明	9		71	宋濂（10）；归有光（8）；方孝孺（8）
清	15		129	袁枚（10）；方苞（8）；龚自珍（7）；薛福成（7）

从表 2-16 中能够发现，青少年学生通过阅读与学习教科书中的古代作品选文，可以"明文学之源流及变迁"：先秦文学的代表是《诗经》、史传散文和诸子散文；汉代文学的代表是民歌、《史记》；两晋文学的代表人物是陶渊明；南北朝文学的代表是民歌；唐代文学的代表是诗歌及古文，其中诗人代表是白居易、李白、杜甫，古文家代表是韩愈、柳宗元；宋代文学的代表是古文和诗歌，古文家代表是欧阳修等，诗人代表是陆游等；五代文学的代表是擅长作词的李煜；明清文学的代表除了小说外，也包括古文，代表作家是归有光、方苞等桐城派古文家。具体到某一文学样式，它们也有自己的兴衰过程（见图 2-5）。

从图 2-5 中更能清晰地看出，通过对教科书古代作品选文的整体学习，青少年学生能认识到先秦是诸子散文、史传散文的兴盛期，唐代是诗歌的黄金期，唐宋、清代是古文兴盛期。通过教科书中古代作品选文的朝代，青少年学生还可以认识到每个朝代都有自己的文学史特质（见图 2-6）。

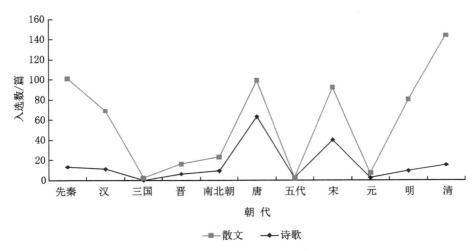

图 2-5　新学制时期初中国文教科书中各朝代作品选文的文学样式概况

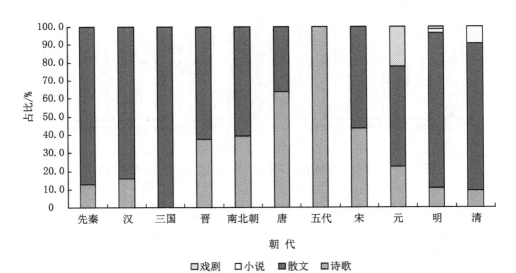

图 2-6　新学制时期初中国文教科书中各朝代不同体裁作品比例概况

　　从图 2-6 中可以看出每个朝代独特的文学特征：先秦时期，以史传散文及先秦诸子选文为主，同时又有以《诗经》为代表的诗歌；明朝时期的文学样式繁多，既有散文，又有诗歌，还有戏剧及小说。此外，通过考察教科书中古代作品选文的作者，还可以发现其不再仅仅是肩负"文以载道"责任的文官或士大夫，许多作者被赋予了鲜明的文学家身份。在新学制时期同时被 3 个及以上版本的教科书选入，并且入选总篇次位居前列的主要作家，如图 2-7 所示。

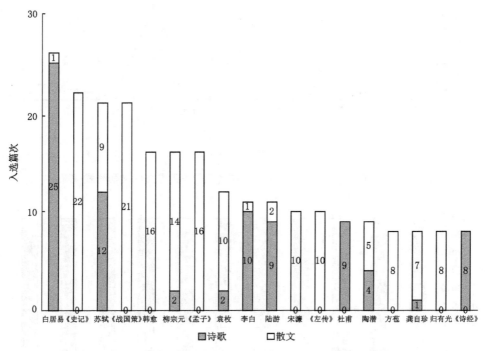

图 2-7　新学制教科书中入选篇次位于前列的古代作家及选文概况

从图 2-7 中可以看出，入选篇次最多的作者是白居易，达 26 篇次，而教科书中白居易的作品主要是诗歌（占 96.2%），非诗歌仅 1 篇。和他一样，主要是因诗歌作品入选的还有杜甫（100.0%）、《诗经》（100.0%）、李白（90.9%）、陆游（81.8%）。主要因散文入选的则有《史记》（100.0%）、《战国策》（100.0%）、韩愈（100.0%）、《孟子》（100.0%）、宋濂（100.0%）、《左传》（100.0%）、方苞（100.0%）、归有光（100.0%）、柳宗元（87.5%）、袁枚（83.3%）。诗、文均有入选且二者比例相当的是苏轼（诗 57.0%，文 43.0%）、陶潜（诗 44.0%，文 56.0%）。显然，在新学制时期的中学国文教科书中，白居易、杜甫、李白是"诗人"，而韩愈等人是"散文家"，苏轼、陶渊明则是能文能诗。随着教科书中古代作品选文文学色彩的凸显，曾在清末民初中学国文教科书中占据重要地位的桐城派古文在本时期受到了挑战。在新学制时期的学者看来，"就桐城派之文章言，通顺平正则有之，应用则未也。应用者，上之则言必有物，非徒有序而已；下之亦必须能说普通之事理而达，不至有何阏塞。然桐城文人，空疏无学，物于何有？应用更难言矣"①。显然，如前所述，桐城之"应用"非平民教育精神下的"应用"也。清末备受推崇的桐城"义法"，在新学制时期则成为学界批判的对象，"就桐城派义法论之，则不足取者固多，多无若意义，无聊之禁忌，稍一涉笔，便易触犯，束缚文字，莫此为甚！实则彼辈之义法，虽派中大师，犹不能毫无抵触，况其下焉者乎？无怪乎习之者终身弗得，更无暇作其他学术上之研究矣"②；同样，彼"义法"亦非此"义法"也。

值得一提的是，即便在新学制时期教科书中出现的桐城派古文家选文，也是那些富有生活气息、审美价值的作品，它们尤以山水游记和家庭题材为主（见表2-17）。

表2-17　新学制时期初中国文教科书中的桐城派古文家作品概况

作者	总篇次	选文名称（入选教科书版本数）
归有光	8	先妣事略（3）、项脊轩志（2）、祭外姑文（2）、世有堂记（1）
姚鼐	3	登泰山记（3）
方苞	8	左忠毅公逸事（3）、游雁荡记（2）、狱中杂记（1）、原过（1）、与陈沧州（1）
曾国藩	2	原才（1）、复彭丽生书（1）

注：括号内为入选篇次。

综上所述，新学制时期初中国文教科书中的古代作品选文，和清末民初相比，具有鲜明的文学审美倾向，已经不再是训练学生经世应用文体的范本。正如一些论者指出的，从此以后，学生在国文教育中除了学会表达交流（包括口头的、书面的）的语言文字技能外，还接受了文学教育，即他们通过阅读教科书中的选文及教师的讲授，接受了何为文学、文学的功用如何等相关理念，也许他们在国文教科书中所接触的文学作品与作家数量是有限的，但

① 姜书阁：《桐城文派述评》，商务印书馆1933年版，第94页。
② 姜书阁：《桐城文派述评》，商务印书馆1933年版，第96页。

他们日后会很自然地以教科书中的这些作家（作品）为指标阅读与其相似的作家（作品）。①

（三）国文研究类选文受到重视

受整理国故运动的影响，在新学制时期初级中学国文教科书中的现代语体文中，还出现了一些有关语言文学研究、国故研究的学术文。如以现代语体文为主的中华书局版《初级国语读本》，第一册开篇即为《国文之将来》（蔡元培），随后还选入了《学者的态度与精神》（白华）、《为学与做人》（梁启超）；第二册前四篇为《国语的文学——文学的国语》（胡适）、《古典》（玄同）、《通信教授古典》（玄同）、《中国文字的源流》（章太炎）；第三册则选入了《墨学之根本观念——兼爱》（梁启超）、《墨子之实利主义及其经济学说》（梁启超）、《诗的泉源》（叶绍钧）、《一个补救中国文字的方法》（吴稚晖）、《中国短篇小说的略史》（胡适）、《老子哲学——作用论》（梁启超）、《南宋的白话词》（胡适）、《文学和人的关系及中国古来对文学者身分的误认》（沈雁冰）。再如，文白混编的商务印书馆版《新学制国语教科书》选入了《上下古今谈序》（吴敬恒）、《文学的方法》（胡适）、《什么叫做短篇小说》（胡适）、《〈国学丛刊〉序》（罗振玉）、《国学季刊宣言》（胡适）、《科学与国粹》（吴敬恒）。这类作品的大量入选，表明在当时文、白论争的大背景下，中学国文教育领域依然肯定了中国古代作品（包括历代文学作品及以先秦诸子作品为代表的中国古代思想文化典籍）的价值，尤其被"重新估定"后的"新"价值。

再联系到新学制高级中学国语课程四个目标中有三个和中国古代作品有关，即"培养欣赏中国文学名著的能力""增加使用古书的能力""继续练习用文言作文"②，也就不难理解，《新学制国语教科书》在第一、二册即使"酌采语、文对译方法以便语、文对译"的方法，还是把《许行章》《桃花源记》《战国策冯谖》《祭外姑文》《荆轲刺秦王》《原泉章》《水经注巫峡》《先妣事略》选入了教科书中。胡适还说中国的古文"做了二千年教育无数亚洲民族的工

---

① 徐雁平：《从中学国文教科书看近世文学观念的转变》，陈平原主编：《现代中国（第三辑）》，湖北教育出版社2003年版，第73—74页。

② 全国教育联合会新学制课程标准起草委员会：《新学制课程标准纲要》，商务印书馆1925年版，第82页。

具"，与"希腊罗马的古文化靠着拉丁文做教育的工具开化北欧的无数野蛮民族"同等的伟大，是"世界史上两件无比的大事"。[①] 也正因此，教科书编者把上述学术类选文和外国翻译选文并列编排，借以表明中国的"旧学"并不是中国现代化进程中的绊脚石，如和《一个补救中国文字的方法》（吴稚晖）并列编排的是《世界语与其文学》（爱罗先珂；胡适译），和《什么是文化》（梁启超）并列编排的是《知识阶级的使命》（爱罗先珂；李小峰、宗甄甫译）。

当然，通过中学国文教科书对"国故"进行介绍，还需要考虑中学教育的对象是青少年学生的实际。如，在新学制时期初中国文教科书中，白居易的篇次比李白、杜甫二人的总和还要多，这是因为李白的高傲、狂放、飘逸的想象以及他的游山玩水、隐居修道、迷信符箓等，处处都表现出他出世的态度，"此种态度与人间生活相距太远，与我们不发生交涉，终觉得他歌唱的不是我们的歌唱"[②]。杜甫代表中华民族积极入世的精神，是"我们"的诗人，但"老杜没有什么文学主张。白居易有意要作文学改革，他说的'文章合为时而著，歌诗合为事而作'便是他的文学主张，意思是说，文学是为人生作的，不是无所为的，是为救人救世作的。白居易说过的'救济人病，裨补时阙'便是他们认为文学的宗旨"[③]。李白是伟大的浪漫主义诗人，诗歌的艺术成就也得到了普遍的认可和高度的评价，但讨论社会问题、有独立文学主张、自觉作白话诗的平民诗人白居易的诗歌更适于新学制时期的中学生阅读学习。再如，本时期初中国文教科书选文中词作的数量非常少，《新学制国语教科书》中仅有两课 6 篇（第四册的《西湖词二首》、第六册的《词四首》），这大概和宋代词作要么淫亵要么掉书袋有关[④]。黎锦熙也提到，他在教学中曾经删去了孙光宪的《浣溪沙》一首、张泌的《江城子》一首，因为"其中有过露的艳句，用在讲堂上有时不大相宜，若给那些所谓'教育家'看见了，尤其觉得碍眼"[⑤]。所以，虽然唐诗、宋词、元曲各领一代文学之风骚，形成了中国文学史上的

[①] 胡适：《白话文学史》，安徽教育出版社2006年版，第10页。

[②] 胡适：《白话文学史》，安徽教育出版社2006年版，第206页。

[③] 胡适：《白话文学史》，安徽教育出版社2006年版，第312—313页。

[④] 胡适：《国语文学史》，安徽教育出版社2006年版，第129页。

[⑤] 黎锦熙：《国语文学史》，安徽教育出版社2006年版，第9页（代序）。

三座丰碑，但新学制时期的初中国文教科书中选入的宋词仅有十余首，且以豪放词人苏轼（《水调歌头》《念奴娇·赤壁怀古》）、辛弃疾（《满江红·江行简杨济翁周显先》《沁园春·将戒酒止酒杯使勿近》）为主，而柳永、李清照没有一篇词作入选，李清照的名字出现在教科书中则是因她的《〈金石录〉后序》，而柳永就没有在初级中学国文教科书中出现过。这又表明，新学制时期的《国语纲要》提出了"欣赏文学"的目标，教科书编者也基本遵循了这项规定，但他们也清醒地意识到，中小学国文教育中的"文学"和大学专门科及其他学术研究领域中的"文学"还是有所区别的。

三、展现多元人物，亲近普通民众

新学制时期中华书局版、商务印书馆版初中国文教科书中以刻画人物为主的古代作品选文主要有 108 篇：

贾人渡河、中射士论不死之药、工之侨献琴、苏秦止孟尝君入秦、苏代说赵惠王、田单以火牛破燕军、记先夫人不残鸟雀、越巫、西门豹改革恶风、费宫人传、阿留传、口技、柳敬亭传、屠羊说不受赏、尹氏治产、周亚夫军细柳、李愬雪夜入蔡州、童区寄传、婴砳课诵图序、先妣事略、墨子止楚伐宋、卫鞅变法、马伶传、庄辛说楚襄王、陆白斋传略、赵威后问齐使、触龙说赵太后、鸣机夜课图记、优孟、秦士录、左忠毅公逸事、李龙眠画罗汉记、子路曾皙冉有公西华侍坐、陈仲子、郑伯克段于鄢、宋人及楚人平、虞师晋师灭夏阳、王孙围论楚宝、孔子过泰山侧、赵武灵王胡服骑射、慎子仕楚、南郡庞士元、褚公于章安令、苏峻乱、越州赵公救灾记、景阳冈、刘老老、王冕的少年时代、大铁椎传、冯谖、荆轲刺秦王、荆元、木兰诗、卖炭翁、淳于髡、直辞女童、漳南侠士传、书叶机、鲁仲连义不帝秦、廉颇蔺相如列传、邴原别传、谢玄肥水破秦之战、贾高、项羽本纪、徐霞客传、苏武传、蔡琰传、吃糠、古诗为焦仲卿妻作、高祖本纪（节录）、赵盾弑君、范滂传、伤仲永、子高游赵、齐人有一妻一妾章、齐相御妻、五柳先生传、马氏女雷五葬志、愚公移山、齐义继母、祭外姑文、卖鱼妇、唐雎说秦王、厮养卒说燕、田赞衣儒衣而见荆王、书过善人事、闾丘邛求仕、陈氏老传、髯参军传、芋老人传、书左仲甫事、魏绛戮扬干、沈云英传、楚归知窑、陶朱公长男、记王隐君、杜陵叟、齐宣王出猎于社山、聂政刺韩傀、五人传、信陵君传、泷冈阡表、祭十二郎文、殽之战、桑怿传、祭妹文、祭石曼卿文、祭欧阳文忠公文

108 篇选文主要涉及 112 个人物，这些人物主要呈现的身份特征如图 2-8 所示。

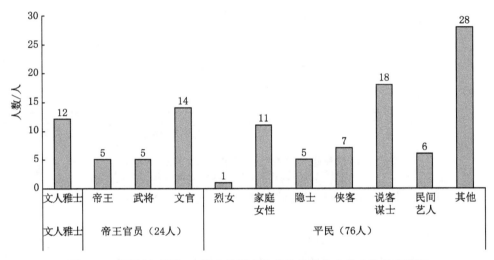

图 2-8　新学制时期初中国文教科书古代作品选文中的人物特征概况

从图 2-8 中可以看出，本时期教科书中的平民人物数量很大，是官员人物的三倍多。不但如此，封建时代特权人物的尊贵形象，有坍塌之势。以五个"帝王"人物之一的汉高祖刘邦为例，在教科书中与《高祖本纪（节录）》并排的选文是《汉高祖还乡》（睢景臣），"《高祖还乡》，确是奇作，他能够把流氓皇帝刘邦的无赖相，用旁敲侧击的方法曲曲传出，他使刘邦的荣归故乡的故事，从一个村庄人眼里和心底说出，村庄人心直嘴快，直把这个故使威风的大皇帝，弄得啼笑皆非"[1]。

① 郑振铎：《中国俗文学史》，商务印书馆2005年版，第456页。

　　如果把本时期教科书中的人物形象和民初相比，更能看出新学制时期人物形象的变化（见图 2-9）。

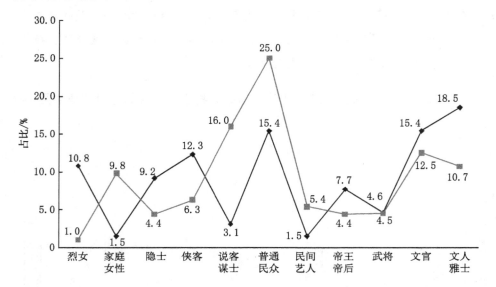

图 2-9　民初、新学制时期初中国文教科书古代作品选文中的人物形象对比

　　分析图 2-9，有如下发现。

　　第一，新学制时期初中国文教科书古代作品选文中的帝王帝后、武将文官、文人雅士形象减少了，而民间艺人、普通民众形象的比例显著增加。这显然是平民主义教育思潮影响的结果。当时，社会对初级中学教育的期盼之一是培养"公民的职分"，具体来讲就是培养学生具备那些使个人发展为良好的国民所必需的品性。[①] 既然如此，青少年学生就不能仅仅关注或向往位居社会上层的人物，更要了解群体最大的、各色各样的、现实中的平民人物，如生活艰辛的卖炭翁、卖鱼妇，乐于助人的芋老人（《芋老人传》）、过善人（《书过善人事》），不畏困难、坚持不懈的愚公（《愚公移山》），聪明机智的少年区寄（《童区寄传》），天赋虽高但由于后天不努力最终一事无成的仲永（《伤

---

①　赵廷为：《初级中学的意义与职能》，《教育杂志》1925年第17卷第6号，第13页。

仲永》），等等。本时期古代作品选文中的平民人物的身份特点也充分契合了时代需要，从图 2-9 中可以看出，隐士、侠客形象大大减少了，而民间艺人形象增幅较大。在清末民初的中学国文教科书中，以描写民间艺人为主的选文仅有《李龙眠画罗汉记》（《中学国文读本》，1908）、《汤琵琶传》（《中华中学国文教科书》，1912；《新制国文教本》，1914）两篇，二文分别记叙了画家李龙眠和琵琶演奏家汤应曾，而新学制时期除了《李龙眠画罗汉记》被 3 个版本的教科书同时选入外，还有《工之侨献琴》《口技》《柳敬亭传》《马伶传》《优孟》。而且中华书局版《初级古文读本》把《工之侨献琴》与《盲者说》（戴名世）并排，二文分别描述了一个制琴工匠和一个善于弹琴的盲人少年；《口技》《柳敬亭传》两篇并排，分别描述了两个口头语言表达技能精湛的艺人；《优孟》和《慷慨歌》（优孟）并排，前者描写的是演艺者，后者是演艺者的作品。商务印书馆版《新学制国语教科书》把《李龙眠画罗汉记》与《建筑》《雕刻》（蔡元培）并排，分别展现了古人、今人眼中的艺术；还把《核舟记》（魏学洢）、《核工记》（宋起凤）并排，显然也是为了让学生领略中国民间艺人的风采。

第二，新学制时期初中国文教科书古代作品选文中的说客谋士形象增加，武将及武性色彩鲜明的"侠客""烈女"形象则大幅度降低。像《秦士录》中的邓弼，虽然"开合闪闪如电，能以力雄人"，但也能够做到"七经数十义，历举传疏，不遗一言；历代史，上下三千年，纚纚如贯珠"，可谓能文能武；《漳南侠士传》中的勇武侠士李越寻，秀才出身，"少读书，为魏诸生；及壮，苦家贫，弃举子业，以侠闻州里间"。教育调查会于 1919 年 4 月关于教育宗旨的建议案说"现在欧战之后，军国民教育不合民主本义"，并主张废弃民初制定的教育宗旨，最终"军国民教育的呼声却经此一来而数年不闻"。1921 年从欧洲回国的蔡元培鉴于欧美学生精神活泼、体魄健强的实情，劝告学生注重体育，显然体育还是大异于军国民教育的。[1] 教科书中武性人物的减少与此种教育思想有关。此外，随着新学制时期课程设置的科学化、细致化，古代英武人物的事迹完全可以放到历史、修身、体育等其他科目的教科书中去介绍。

---

[1] 舒新城：《近代中国教育思想史》，福建教育出版社2007年版，第92—93页。

第三，新学制时期初中国文教科书古代作品选文中的烈女形象急剧减少，日常生活中的家庭女性形象则大量增加。本时期仅存的一个烈女形象是费宫人（《费宫人传》），她和清末民初的高节妇、孝女曹娥还是有很大不同的。与此同时，《先妣事略》（归有光）、《记先夫人不残鸟雀》（苏轼）、《祭妹文》（袁枚）这类以刻画家庭中的母亲、妹妹等形象的选文，情感真挚、感人至深，足以使学生感受到"良好的家庭职分"，因而数量众多。

总之，随着时代的变化，新学制时期古代作品选文中的人物形象发生了较大变化，他们被赋予的教育功能也相应迎合了新的时代需要。

（一）不同身份人物共同的爱国为民情怀

新学制时期初中国文教科书古代作品选文中的人物形象更加多元，既有家庭慈母（《先妣事略》），也有帮助楚王复国却不受赏的屠羊说（《屠羊说不受赏》）；既有反对战争、保护弱小的墨子（《墨子止楚伐宋》），也有敢于破除旧制、勇于改革时弊的卫鞅（《卫鞅变法》）；等等。但不论平民还是官员，在他们身上都充分体现了良好的"公民的职分"：他们要么锄强扶弱，保护平民利益；要么高瞻远瞩，为了国家利益挺身而出。他们的人品和生平事例都是对青少年学生进行公民教育不可或缺的正面素材。

本时期选文中数量众多的说客谋士，有相当一部分不是严格意义上的社会上层人士，如冯谖（《冯谖》）这类战国时期的"食客"，就是散布在社会下层的知识分子。但在国家危难之际，他们并没有抱着"肉食者谋之"的观念，而是义无反顾地献策出力；当成功退敌之后，他们又从不去邀功请赏，而是选择退隐山林（或"隐居"闹市）。选文中说客谋士的数量（18 人）是武将（5 人）的 3 倍之多，这也迎合了 20 世纪 20 年代军阀混战的时代背景，寄寓着国人希望靠"三寸不烂之舌"而不是威猛大将解决国内争端，从而减少人民疾苦的理想。

选文中的文官人物也大多展现了他们爱国、为民的优秀品质，改革恶风的西门豹、变法图强的卫鞅、不畏强秦的蔺相如自不必说，即使一些"小官"，其言行也值得称道。如：忠君爱国、对敌国不卑不亢的"外交官"（使者）知罃（《左传·楚归晋知罃》），以国家利益为重又巧妙利用谏言技巧获得成功的触龙（《触龙说赵太后》），"少厉清节"、检举贪官、正直不屈的范滂（《后汉书·范滂传》），在旱灾瘟疫爆发之际"事细巨必躬亲，给病者药食多出私钱"的赵抃（《越州赵公救灾记》），诚朴敦厚、一心为民的霍邱知县左仲甫（《书左仲甫事》），组织乡勇消灭海盗的县令叶机（龚自珍《书叶机》），等等。

本时期古代作品选文中隐士人物的比例和民初相比下降了一半，而本时期出现的隐士人物虽然也大都身在"乡间"，可他们并没有真正与世隔绝以求自保，而是尽自己所能地为国解难、为民解忧。如《屠羊说不受赏》中的屠羊说，本是市井中一个卖羊肉的屠夫，当楚昭王逃亡的时候他也跟随逃亡，在流浪途中，昭王的许多事情包括生活上的衣食住行都是他负责打理的。但当楚昭王归国后，屠羊说却拒绝赏赐，并提醒楚昭王，"知足以存国，勇足以死寇"者才能位居"三旌之位"、接受"万钟之禄"，否则就是"废法毁约"。同样地，《齐宣王出猎于社山》中的闾丘先生，借机建议齐宣王"选良富家子，有修行者以为吏，平其法度；春秋冬夏，振之以时，无烦扰百姓；令少者敬长，长者敬老"，从而实现百姓的安居乐业。再如《陆白斋传略》中的陆绍曾，也是淡泊名利、隐居市井，靠卖字糊口，但依然"广蓄古书名迹，有好之者辄举以相赠"。与此相对的是陈仲子，在《孟子·陈仲子》一文中，孟子尽管也承认陈仲子是"巨擘"，但认为"若仲子者，蚓而后充其操者也"。可见，孟子鲜明地反对隐士不为民、不闻事的真隐。

总之，新学制时期初中国文教科书古代作品选文中的这些人物形象都在潜移默化中对青少年学生的人生观、价值观产生影响，他们切实感受到：不论在"朝"在"野"，都要承担起改良社会的责任，而不是一味地抱怨或逃避。这也正是各个版本教科书在"编辑说明"中一再强调的"不违背现代精神"。

和清末民初相比，本时期的古代作品选文中还出现了三个反面人物形象：《贾人渡河》（刘基）中的"贾人"、《越巫》（方孝孺）中的越巫及《伤仲永》（王安石）中的方仲永。贾人的下场告诫学生要讲信用，否则会受到惩罚；越巫的故事给人的启示则是自欺欺人者最后往往自受其祸；而方仲永的悲剧提醒青少年学生后天努力的重要性。正所谓不但要"择其善者而从之"，也要能做到"择其不善者而改之"，古代作品选文中出现的反面人物的遭遇能够给青少年读者带来反思，因而同样具有教育价值。与上述三个反面人物形成鲜明对比的是《尹氏治产》中的尹氏，一开始，他"下趣役者，侵晨昏而弗息"，结果"役夫筋力竭，昼则呻呼夜则昏惫"，尹氏本人也"心形俱疲"，但经过朋友的劝说后，他"宽其役夫之程，减己思虑之事"，最终"疾并少闲"。再如《童区寄传》中的区寄，不仅凭着勇敢机智保全了自己，在杀死两个强盗后，他还报告了官府，可谓"知法懂法"，这表明中国传统的侠义故事也有着可贵的"现代"教育价值。从中我们也可以发现，新学制时期初级中学国文教科书中以描写人物为主的古代作品选文，已经出现了"面向青少年"的倾向，而且注重"生活教育"，因为以上提及的选文中的人物身上，体现的都是现实生活中非常朴实的道理，不仅是官宦子弟，更是一个普普通通的健全国民都应知道的行为准则。

（二）教科书中呈现的新思想下的女子问题探讨

新学制时期初中国文教科书中以描写女性人物为主的古代作品选文有20余篇，其中的人物形象丰富多彩，既有传统家庭中的母亲（《先妣事略》《记先夫人不残鸟雀》），也有位尊权重的太后（《赵威后问齐使》）；既有真实的历史人物（《后汉书·蔡琰传》中的蔡琰），也有文学作品中的虚构人物（如《琵琶记·吃糠》中的赵五娘）。由于本时期的教科书已经具备了鲜明的主题单元意识，往往把同类题材的选文并列编排，我们可以通过与这些女性题材古代作品选文并列编排的其他选文推知它们被赋予的多元教育功能。

第一，描写社会底层女子，提醒关注社会现实。《买鱼妇》并排者是《奉化人的海间生活》（吴载盛），描写渔民生活；《插秧女》与《卖火柴的女儿》并排，表现下层人民的艰辛；《缭绫》与《铁圈》（梭罗古勃；周作人译）并排，主要人物都是女工人；《古诗为焦仲卿妻作》与《黄昏》（什朗斯奇；周作人译）并排，都是描写家庭中的已婚妇女，《黄昏》中的"伊"（跋来克）连名字都没有，终日劳苦，和男人干一样的体力活，还时常遭丈夫打骂。

第二，记述家庭生活，展现浓郁亲情。《先妣事略》与《祭亡妻黄仲玉》（蔡元培）、《祭姑文》与《黄克强先生哀辞》（胡适）、《祭妹文》与《〈金石录〉后序》并排，都是怀念逝去的家人和朋友；《吃糠》与《蔡琰传》并排，都是和蔡邕（蔡伯喈）有关的女性，一个是其妻子，一个是其女儿。

　　第三，表现巾帼不让须眉，展现女性的英勇与智慧。《木兰诗》与《最后一课》并排，都展现了外敌入侵下的不屈精神；《费宫人刺虎歌》《费宫人传》《直辞女童》《漳南侠士传》四文并排，《沈云英传》与《书叶机》并排，其中的人物皆英勇无畏；《齐人有一妻一妾章》与《齐相御妻》并排，展现了两个通情达理的平凡妻子形象，与她们的两个胸无大志的丈夫构成鲜明的对比。

　　1917 年，《新青年》开辟了《女子问题》专栏，给女子问题讨论提供了平台。从该栏目发表的相关文章来看，多数论者主张女子与男子有同等的人格，对于社会国家当与男子负有同样的责任，"今时代女子当平权，即法律所许国民平等自由之权"[1]。1918 年 9 月，胡适在北京女子师范作了题为《美国的妇人》的演讲，希望中国的女子"自立"。[2] 在这种思潮的影响下，新学制初级中学国文教科书古代作品选文中的烈女形象消失了，取而代之的是饱读诗书、精通音律的蔡琰（《蔡琰传》），义正词严、敢于讥讽皇帝的直辞女童（《直辞女童》），英勇果敢、不甘受命运摆布的费宫人（《费宫人传》），拒绝家长和官吏操纵自己的婚姻、以死抗争的刘兰芝（《古诗为焦仲卿妻作》），等等。

---

① 　吴曾兰：《女权平议》，《新青年》1917年第3卷第4号。

② 　胡适：《美国的妇人——在北京女子师范学校讲演》，《新青年》1918年第5卷第3号。

第三章

了解固有文化，谨记国学常识

（1927—1936）

目标：(壹) 使学生从本国语言文字上，了解固有的文化，以培养其民族精神。(贰) 养成用语体文及语言叙事说理表情达意之技能。(叁) 养成了解平易的文言文之能力。(肆) 养成阅读书籍之习惯与欣赏文艺之兴趣。

——《初级中学国文课程标准》(1932)

目标：(壹) 使学生从本国语言文字上，了解固有文化。(贰) 使学生从代表民族人物之传记及其作品中，唤起民族意识并发扬民族精神。

——《初级中学国文课程标准（修正本）》(1936)

国语的问题是语言的问题，而国文的问题则是文学的问题。文学富有民族性，我国之民族固有的文化和固有的精神都含蓄在文学上面。日本帝国主义者侵吞台湾，欲使被压迫人民忘其祖国文化及民族精神永受命于日寇。所以，在中国处于国难期间，中学教师应尽量选择关于激发民族精神的文学。

——戴景曦《初中国文科新课程标准之实施的研究》(1934)

1927年，南京国民政府成立；1928年底，东北易帜，南京政府在形式上统一中国，1928年全国统一到1937年这段时间被称为"黄金十年"。[1] 在这十年中，教育事业确实取得了相当大的成绩，学龄儿童入小学者1929年为17%，1936年增至43%，中学生达到60%，师资均符合规定；1932年起，教育经费有了较为稳定的保障。[2] 时人对国文教育与现代国家的关系也有了进一步的认识："国文教育是国家组织、国家存在的需要，国与民之连锁即全赖乎语文。立国之精神即由语文而继续传衍，亡人之国必灭其文字；反之，国虽亡而语言文字不灭，则古国之生命仍可永远存在。保持国文之教育，正为国家生命与民族精神寄托所在。"[3]

南京国民政府分别于1929年、1932年颁布了课程标准以指导中学国文教育，由于政局相对稳定，随着中小学数量的增加及规模的扩大，越来越多的出版机构介入教科书领域，教科书市场非常活跃。最终，商务印书馆、中华书局、世界书局、正中书局、大东书局、开明书店在竞争中占据了优势。多个出版机构的竞争，有利于提高教科书质量；而教科书出版的相对集中又避免了无序性、盲目性，促进了教科书的有序发展。[4]

---

① 萧功秦：《中国百年现代化的六次政治选择（二）》，《历史教学（中学版）》2007年第7期，第11页。

② 郭廷以：《近代中国史纲》，上海人民出版社2013年版，第448页。

③ 王森然：《中学国文教学概要》，商务印书馆1929年版，第5—6页。

④ 王建辉：《出版与近代文明》，河南大学出版社2006年版，第70页。

第一节　培养青少年叙事说理能力的国文教育理念

一、重实用兼审美的课程特点对教科书选文的影响

（一）三民主义教育宗旨对教科书选文的影响

1928 年 5 月，在蔡元培的主持下，全国教育会议召开，会议中收到 400 多件议案，把同样性质的合并后重要的有七项，其中包括"确定了三民主义为教育宗旨""教育机会平等，不但是义务教育，并且更要在推广民众教育，以奖励贫苦学生之外，去救济失学的青年"两项。[①]"三民主义教育宗旨"是在军阀混战结束、国家统一后总的教育指导思想；"教育机会平等"是新学制时期教育平民精神的承继，但与新学制时期不同的是，此时的中央政府有了推动教育普及工作的力量和权威。1929 年 3 月召开的国民党代表大会通过了确定教育宗旨及其实施方针案，提出了"教育为立国之本"口号，并强调"国民精神生活与实际生活能否臻于健全与畅达，全视教育方针能否适应民族与时代之需要"。[②] 教育的功用在于"养成身心健全之份子，使在国家社会之集合体中发挥健全份子之功用，以扶植社会之生存"，要"为大多数不能升学之青年着想"，教学内容不能"高玄无实"，应该能够"裕国民之生计"。[③] 这充分表明了刚刚成立的南京国民政府"教育大众化"的政策倾向。同时，该案还明确指出"本党在政治上之地位与责任，不同于往日"，这显然是要把国民党的指导思想用于国家治理，当然包括教育工作，"中华民国今后之教育，应为三民

---

① 《中华民国史事纪要》编辑委员会：《中华民国史事纪要·中华民国十七年一至六月份》（1929年3月25日），台湾文物供应社1978年版，第945页。

② 中国第二历史档案馆：《中华民国史档案资料（第五辑第一编·教育）》，江苏古籍出版社1994年版，第3页。

③ 中国第二历史档案馆：《中华民国史档案资料（第五辑第一编·教育）》，江苏古籍出版社1994年版，第3页。

主义之国民教育，已无疑义"。① 随后颁布的《初级中学国文暂行课程标准》，规定选用教材的首要标准为"包含党的主义及策略，或不违背党义的"②。该时期出版的国文教科书均在其"编辑说明"中标明"完全根据三民主义教育精神""灌输中国国民党党义"等内容，并选入了《何谓中国国民党》（戴传贤）、《三民主义之认识》（胡汉民）、《说党》（吴敬恒）、《民生主义之哲学的应用》（俞愉）、《中国国民革命与日本》（蒋中正）、《孙中山先生的革命生活》（黄昌谷）、《总理与南京》（刘纪文）等介绍国民党及三民主义的作品。

值得一提的是，虽然南京国民政府在 1929 年才公布新的课程标准取代新学制时期课程纲要，并把三民主义教育思想写入其中，成为各科教学、教科书编写的重要指导思想，但早在 1928 年 1 月，由商务印书馆编辑出版的《新时代初中国语教科书》，在"编辑说明"中就明确表示"本书的编辑完全根据三民主义教育的精神"，选材的首要标准为"灌输中国国民党党义的"。③ 在民国教科书市场竞争激烈的情况下，一些出版机构凭借敏锐的洞察力提前出版适应"新时代"的教科书以抢占先机，也成为常态。如辛亥革命后，中华民国宣布成立，在其他出版机构观望犹豫之际，中华书局率先出版了"中华教科书"，抢占了市场，并迅速成为教科书出版领域的巨头。再如，1920 年国民学校改用语体文时，尽管官方对于中学是使用语体文还是文言文没有明确规定，但商务印书馆于 1920 年出版了供中等学校用的《白话文范》（四册）、中华书局同年出版了《国语文类选》（四册），刚刚介入教科书领域的世界书局于 1922 年推出了《中学国语文读本》（四册）。后来的事实证明出版机构的这次"提前"没有"争先"：白话文虽然进入了中学教科书，但由于新学制的颁布，中学改为初、高分级的六年制，三家出版机构推出的供四年旧制中学使用的教科书显然就不适应"新"学制了。在南京国民政府宣布成立后，又值新、旧交接之际，这次是商务印书馆率先行动，实践证明该教科书的出版是成功的。以笔者所见，1928 年 1 月初版的《新时代初中国语教科书》在 1929 年 3 月已经达到了 25 版。此次起步稍晚的中华书局也不甘示弱，于 1928 年 8 月编辑

---

① 中国第二历史档案馆：《中华民国史档案资料（第五辑第一编·教育）》，江苏古籍出版社1994年版，第3页。

② 教育部课程标准起草委员会：《中小学课程暂行标准·初级中学之部》，卿云图书公司1929年版，第2页。

③ 胡怀琛等：《新时代初中国语教科书·编辑大意》，商务印书馆1928年版，第1页。

出版了《新中华教科书国语与国文》^①第一册，并以"新国民图书社"的名义出版，该书《编辑大意》中标明的选材标准的首条也是"合于中国国民党党义"，其他五册于1929年9月之前全部编辑出版完毕。

其实，商务印书馆的"新时代"、中华书局的"新中华"不仅是在"合于党义"方面走在了其他书局前列，两个版本的教科书也都遵循了在初中三年中语体文递减、文言文递增的原则，只是具体比例有所不同。"新时代"教科书"一年级国语占四分之三，二年级国语占四分之二，三年级国语占四分之一"^②；"新国民""新中华"教科书"第一学年语三文一，第二学年语文各半，第三学年语一文三"^③。两个出版社对教科书的把握和预测与即将颁布的新课程标准如此之吻合，这是因为它们和国民党都有着千丝万缕的联系：商务印书馆总经理王云五曾与宋庆龄的父亲宋曜如共事，是中国新公学当时仅有的两位英语教师，辛亥革命后，王云五一度担任临时大总统孙中山的秘书；1917年，中华书局董事会改组，新的董事会包括于右任、孔祥熙、宋曜如等人。^④后来，世界书局聘任于右任担任其教科书审订人，国民党官方书局正中书局也介入教科书出版领域。所以，尽管国民党在政治上只是"形式"上统一了全国，但在教科书出版领域，其的确做到了"内在"的真正统一。也正因此，南京国民政府前期的教科书不论在指导思想上还是在编排体例上都是自清末现代教科书诞生以来最统一、最规范的。

（二）1929年课标对教科书选文的影响

1.偏重语言技能，兼顾艺术审美

1929年8月，国民政府教育部颁行了《中小学课程暂行标准》（以下称1929年课标），其中确定的初级中学国文课程的目标为："（一）养成运用语体文及语言充畅地叙说事理及表情达意的技能。（二）养成了解平易的文言文

---

① 该教科书版权页显示出版者为"新国民图书社"，发行者、销售者均为中华书局，而中华书局也以"新国民图书社"之名出版了其他一些图书，且该教科书为"新中华"教科书，所以笔者将之视为中华书局版。
② 胡怀琛等：《新时代初中国语教科书·编辑大意》，商务印书馆1928年版，第1页。
③ 朱文叔：《新中华教科书国语与国文·编辑大意》，新国民图书社1928年版，第2页。
④ 王建明等：《中国近代出版史稿》，南开大学出版社2011年版，第311、174页。

书报的能力。（三）养成阅读书报的习惯和欣赏文艺的兴趣。"① 这就要求国文教科书选文既有利于学生"叙说事理、表情达意"（实用），又能使学生"养成欣赏文艺的兴趣"（审美）。世界书局印行的《初中国文》，"包括文艺文、实用文两大类：实用文以记叙、摹状为主，说明、发抒、论辩各体居其少数；文艺文以新旧诗歌为主，佐以富有艺术精神的现代短篇小说"②。青光书局出版的《初中混合国语》，"所选文字注重于兴趣与修养，务使无枯燥及有害身心之文；同时又于该教科书第一、二册附文法，第三、四册附作文法，第五、六册附高等文法、作文法及应用文作法"③。世界书局版《创造国文读本》之所以名之"创造"，就是因为该教科书所选"文艺作品尤注重于深入浅出而又耐人寻味"④，同时每册中选辑有关作文法的文章五六篇，如《文章底原素与作文的态度》（陈望道）、《小品文在文章练习上的价值》（夏丏尊）等，"此种文章的本身仍须不失为精读教材，乃得收作文法和范文两者真正混合之效"。⑤

2. 文言选文、白话选文合编

针对新学制时期教科书文言选文、白话选文不统一的情况，1929年课标对各年级的文、白比例及文体教学都做了详细规定："语体文与文言文并选，语体文渐减，文言文渐增，各学年分量的比例递次为七与三、六与四、五与五。"⑥ 中华书局率先出版的初中国文教科书"语体文与文言文并采，其分配之比例以期下与小学、上与高中均有适当之衔接"⑦；世界书局版也是"今语""旧语"并采："今语以现代文学家创作品为主体，兼采元代一些著称的小说文字；古语除采近人著作外，更自明、清，上溯至周、秦间，精选名家所著，足为各时代代表的作品。韵文以新旧诗歌为主，间采一二词曲并骚体、赋体的作品，以便读者了解古今韵语的变迁"⑧。

1929年课标还明确要求精读的教学"选文二篇以上为一单位，须性质互

① 教育部中小学课程标准起草委员会：《中小学课程暂行标准·初级中学之部》，卿云图书公司1929年版，第1页。
② 朱剑芒：《初中国文（第一册）·本册提要》，世界书局1929年版，第1页。
③ 赵景深编：《初中混合国语·编辑大意》，青光书局1930年版，第1页。
④ 徐蔚南：《关于初中国文创造读本》，《创造国文读本（第一册）》，世界书局1932年版，第1页。
⑤ 徐蔚南：《关于初中国文创造读本》，《创造国文读本（第一册）》，世界书局1932年版，第3页。
⑥ 教育部中小学课程标准起草委员会：《中小学课程暂行标准·初级中学之部》，卿云图书公司1929年版，第3页。
⑦ 朱文叔：《新中华教科书国语与国文·编辑大意》，新国民图书社1928年版，第2页。
⑧ 朱剑芒：《新主义教科书初中国文·编辑提要》，世界书局1929年版，第1页。

相联络，或可互相比较的"①。本时期的初中国文教科书均注意把内容主题或体裁相近的作品编排在一起。如南京书店版《初中国文》把每一册教科书分成若干组，第一册第二组共三篇文章，分别为《背影》（朱自清）、《弟弟的女先生》（亚米契斯；夏丏尊译）、《万里寻兄记》（黄宗羲），是古今中外表达家庭亲情主题的；第四组三篇课文为《扁豆》（苏梅）、《荔枝图序》（白居易）、《落花生》（许地山），是古今描写自然景物的。通过教科书中的这些单元主题设计，还可以发现，教科书编者并没有刻意区分文白、古今的形式，而是更加注重内容，这不仅凸显了宋文翰所提出的学习古代作品选文主要是为了"学习古人运用文字的技巧及发表的方式，借以增进学生阅读与发表的能力"②，也体现了古代作品的现代价值，文言文也就没有"打倒"的必要了。

（三）1932 年课标对教科书选文的影响

1931 年，日本关东军制造了"九一八"事变，日本帝国主义随后侵占了整个东北三省，并扶植成立了伪满洲国政权；南京国民政府虽然名义上统一了全国，但其中十四省为半自主状态，面对外敌入侵，南京国民政府力劝各省"即息内争，共赴国难"。③南京国民政府教育部于 1932 年 11 月颁行了《初级中学国文课程标准》（以下简称 1932 年课标），呈现出了紧紧跟随时代节奏的变化：1932 年课标在课程目标中增加了"了解固有的文化，以培养其民族精神"④，并把它列为第一条；选用精读教材的标准中增加了"含有振起民族精神者"⑤的规定。1936 年教育部修正颁行了该课标，课程目标中又增加了"使学生从代表民族人物之传记及其作品中，唤起民族意识并发扬民族精神"⑥。

国文学科更是与培养民族精神有着密不可分的关系。宗白华以唐代诗歌与唐代社会的关系为例，指出"民族自信力——民族精神的发扬，却端赖于文学的熏陶，因为文学是民族的表征，是一切社会活动留在纸上的影子"⑦。

---

① 教育部中小学课程标准起草委员会：《中小学课程暂行标准·初级中学之部》，卿云图书公司1929年版，第5页。

② 宋文翰：《一个改良中学国文教科书的意见》，《中华教育界》1931年第19卷第4期，第187页。

③ 郭廷以：《近代中国史纲》，上海人民出版社2013年版，第419—446页。

④ 教育部中小学课程标准编订委员会：《初级中学国文课程标准》，商务印书馆1933年版，第1页。

⑤ 教育部中小学课程标准编订委员会：《初级中学国文课程标准》，商务印书馆1933年版，第3页。

⑥ 教育部：《初高级中学课程标准（修正本）》，商务印书馆1936年版，第23页。

⑦ 白华：《唐人诗歌中所表现的民族精神》，《建国月刊》1935年第12卷第6期。

所以，1932年以后编辑出版的初级中学国文教科书均把"足以培养民族精神"作为选文的核心标准。如："本书编选主旨，更注重民族精神之陶冶。多采积极发扬的作品，感情沉郁足以沮丧青年精神者不用"[①]；"本书选材，其内容标准……合于唤起民族意识，陶冶学生情意者……"[②]；"本书选材更注意于民族复兴之训练，以完成国文教学之新使命"[③]；"本书各册中，均选列发扬民族精神的文字三数篇，以期青年学子，在此国难期间有所警惕；对于振兴民族，常抱有积极的思想"[④]。初级中学国文教科书中选入的能够发扬民族精神的作品，既有描写中国古代爱国人物的，如《苏武传》，也有记叙当前抗日英雄的，如《书十九路军御日本事》。有些教科书还把该类选文组成一个专门的单元，如中华书局版《初中国文读本》第二册第五组、第三册第八组为"民族精神的发挥"，该书的教学内容提示还分别对各篇选文做了简要的说明：《马援传》《左忠毅公逸事》《文天祥》《桂公塘》《任公画像赞并序》叙述先民勇武强毅的事迹，《出塞二首》（杜甫）表现中华民族一方酷爱和平、一方不弃武事的精神，《从军》写现代青年同仇敌忾的行动，《赴敌》《词三首（诉衷情、沁园春、满江红）》为述怀及咏史之壮烈诗词——皆以唤起民族精神为中心。再如，正中书局版《初中国文》第二册设有"民族意识"单元，包括《岳飞之少年时代》《林尹民传》《孟子对滕文公问》等文；第四册设有"民族德性"单元，包括《人皆有不忍人之心章》《自燕京寄弟书》《哑孝子传》《祭妹文》《木兰辞》《祭田横墓文》《伯夷颂》等文。

国文教育与我国的固有文化有着极其紧密的联系，"试翻看文学史，我国之民族固有的文化和固有的精神，都含蓄在文学上面"[⑤]。不少论者纷纷指出国文学科尤其是古代文言在传承发扬固有文化、振奋民族精神方面的独特价值："国文乃本国民族文化之所寄"[⑥]；"文言教材是我国固有文化的代表，我们依据自己的文化力择选适合自己要需的文化，方能帮助自己的社会进步，若

① 朱文叔：《初中国文读本·编例》，中华书局1933年版，第1页。
② 叶楚伧：《初级中学教科书国文·编辑大意》，正中书局1934年版，第1页。
③ 沈荣龄等：《实验初中国文读本·编辑大纲》，大华书局1934年版，第1页。
④ 朱剑芒：《朱氏初中国文·编辑大意》，世界书局1934年版，第4页。
⑤ 戴景曦：《初中国文科新课程标准之实施的研究》，《厦大周刊》1934年第13卷第15期，第4页。
⑥ 姚毅成：《中学国文教学之检讨》，《大夏》1934年第1卷第9号，第143页。

不注意及此，而成为异种文化之奴隶，凡足以肇灭亡之祸根"①；"全国上下方集中一切力量于抗战建国之秋，为国家之命脉的教育，更应尽其全力协助抗战，以促最后胜利的早日实现，况国文一科，对于学生思想之启迪，情绪之激发，勇气之鼓励，均具有莫大的功能"②；"国文教学乃是训练学生正确认识最重要的科目，所谓正确的认识，包含民族意识、政治思想、救亡理论、斗争知识技术等的提高。换句话说，国文教学应与一般救亡工作相配合，因为这影响到抗战胜利的前途"③。为此，1932年课标时期的各版本初中国文教科书中都选入了许多介绍中国固有文化的选文，有的是古代典籍中的作品，如朱熹的《读书法》《作文讲话》；有的是时人的作品，如《孔子学说与时代精神》《论孝》《东西文化的界限》。有的教科书中还设有专门的介绍中国固有文化的单元，如中华书局版《初中国文读本》第四册第八组为"艺术各部门的记载与说明"：《宋九贤遗像记》系记画像之作，且借以介绍宋代理学家；《记大同武周石窟寺》记我国历史上之著名雕刻，且可使学者明了佛教对于我国美术之影响；《戏剧》《说诗》分别说明戏剧与诗之为物。再如世界书局版《朱氏初中国文》第五册第二十组为"申述宋元戏曲的价值与近代文学的派别"，包括《宋元戏曲考序》《震川文钞序》《论文》；第六册第十七组为"描写歌唱与象声的技巧"，包括《明湖居听书》《口技》。

二、初级中学的平民化对教科书选文的影响

（一）初级中学的规范化、规模化发展

1. 南京国民政府成立初期社会各界普及初中教育的努力

南京国民政府成立后，对学校系统的规定相对于新学制时期略有文字上的修改，但大体如旧，即"纵横活动，初中施行普通教育，但得设各种职业科，高中以分科为原则"④。国民政府在形式上统一全国后，着手进行国家建

① 施章：《中学国文选材之研究》，《云南教育行政周刊》1932年第2卷第14期，第10页。
② 戚维翰：《战时中学国文补充教材》，《青年月刊》1938年第6卷第4期，第15页。
③ 温建之：《战时国文教师工作上应有的努力》，《广西教育通讯》1939年第1卷第7期，第11页。
④ 抱一：《吾国中学制度之历史观》，《教育与职业》1931年第120期，第55页。

设，对教育颇为重视，中学教育也获得了较大发展（见表 3-1）。

表 3-1　1928—1930 年全国中学概况

年份	校数/所	岁出经费数/元	教员数/人	中学生数/人	毕业生数/人
1928	954	18916814	16009	188700	——
1929	1225	24572376	20002	248668	34646
1930	1874	35331921	30025	396948	63551

资料来源：根据中华民国教育部中国教育年鉴编审委员会编《第一次中国教育年鉴》"丙编：教育概况·中等教育之部"数据整理。

从表 3-1 中可以看出，在三年的时间里，中学在学校数量、岁出经费、师生数量等方面都增加了约一倍。由于"初中以县立为原则，县立中学之数量大增，而多为初级中学性质；私立中学多为初中"①，所以，初级中学的发展速度更快。以安徽省为例，"自（1928 年）教育改造实施方案以来，县立中学恢复的恢复，筹备的筹备，最近的将来，或可达到各县都能设立初中的目标"②。

从表 3-2 中可以发现，安徽省的地方政府及社会各界都非常支持初级中学的建设，努力为县立初级中学提供较为稳定、充裕的经费保障。

在有了经费保障后，初级中学在组织管理等诸多方面都逐步走向规范。如表 3-2 中的寿县县立初级中学，校内设立校董会，取分区代表制，由各区推举校董一人共同组织之；凡一切筹划经费、审核预算及其他重要事件的职权，均在校董掌握中。③ 怀远县立初级中学，校内办理一切事务，由各种会议议决施行之。这些会议主要包括：由校长、训育主任、教务主任、庶务、会计、书记六人组成的行政会议；由校长、教务主任、各科教员共同组成的教务会议；由全体教职员组成的教职员会议。④ 同时，该时期初级中学的师资力量也在逐步加强（如福建省福安县立初级中学，英文教员陈毓麒、潘善镕系国立武昌师范大学英文系毕业，地理教员季永缓系国立武昌师范大学史地学系毕业，国文教员黄葵系上海文治大学中国文学系毕业，数理化教员郑芳达系

① 中华民国教育部中国教育年鉴编审委员会编：《第一次中国教育年鉴》"丙编：教育概况"，开明书店1934年版，第190页。
② 徐先登：《安徽县立初级中学之概况》，《安徽教育行政周刊》1928年第1卷第14期，第20页。
③ 徐先登：《安徽县立初级中学之概况》，《安徽教育行政周刊》1928年第1卷第14期，第20页。
④ 徐先登：《安徽县立初级中学之概况（续）》，《安徽教育行政周刊》1928年第1卷第18期，第18页。

表 3-2　1928 年安徽省部分县立初级中学概况

学校名称	学校规模及日常经费来源
怀宁县立初级中学	学生共81名。省款补助2100元，县拨给2500元，计4600元（后增至5600元）
桐城县立初级中学	学生有73名。固定经费，每岁田租约5100元，州租约1800元，牛捐约200元，共7100元左右。学费，每年缴纳6元；流动经费，附加项下，酌量拨给，以资弥补。省府年给补助费2000元
庐江县立初级中学	学生共80名，分甲、乙两班。经常费约5000元
寿县县立初级中学	学生共50名。开办费，3800余元；经常费，县有学产额租加收二成每年2600元，罗陂塘田租每年1500元，邱故知事赔款5000元
无为县立初级中学	学生56名。经常费，存款生息900元，学杂费约1900元，教育局津贴1800元，捐款400元，计5000元左右
六安县立初级中学	学生98名。开办费，2800元；契税登记费项下附征百分之二，逐年获5000元以上
霍山县立初级中学	学生41人。霍山四镇旧自治公所拨管淮斗田课869石，茶捐及黄本幹捐款息金若干
阜阳县立初级中学	学生87人。经常费，旧府中学款产收入5000元左右；地方士绅捐助5000元作为建筑费，省与义务教育经费内支取2500元
青阳县立初级中学	学生55名。经常费，以契税登记费及屠宰附加两项收入之5500元及旅学津贴600元充之
怀远县立初级中学	学生72名。常年经费，于怀远关正税之外，带征教育费附加百分之五，益以大通煤矿特捐，年约收洋5000元
和县县立初级中学	学生一班。经费，蛋捐项下年收1200元，竹木厘项下年收1000元，外捐款2300元，砖瓦捐弥补
婺源县立初级中学	学生62名。地方士绅捐助以充基金，基金息洋2000元，财政局补助费1000元，教育会、商会等每年捐助2000元
当涂县立初级中学（筹）	地方田赋项下附征一分，每年可得6000余元
贵池县立初级中学（筹）	初中各项收入计达5500元
巢县县立初级中学（筹）	田亩附加三四万元，拨作初中基金，存入殷实钱庄，按月生息

注：根据徐先登《安徽县立初级中学之概况》整理，文载《安徽教育行政周刊》1928年第1卷第14期、16期、18期、19期。由于笔者没有找到《安徽教育行政周刊》第1卷第15期、17期，所以，1928年安徽县立初级中学的实际数量应比表中所列要多。

上海大夏大学乙部毕业，体育教员张培廷系黄埔军官学校毕业，艺术教员邱碧珍系上海美术专门学校毕业），并且具有完善的教学组织机构（见图3-1）[①]。

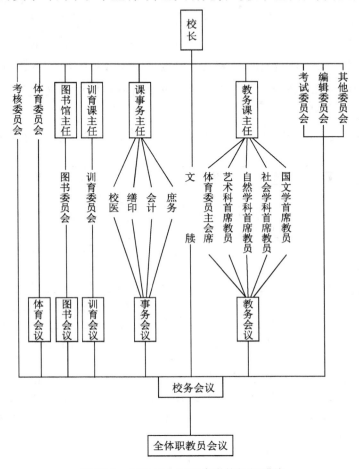

图 3-1　福安县立初级中学校组织系统

　　资料来源：潘善镕：《福安县立初级中学校改组后概况报告》，《福建教育厅教育周刊》1928 年第 11 期，第 40 页。

　　初级中学的大量建立，加快了中学教育大众化的进程。当然，由于牵涉诸多的历史、社会因素，中学大众化的进程不是一蹴而就的，虽然政府的拨款及地方士绅的捐款让县立初级中学的经费有了保障，但各学校依然要征收

① 潘善镕：《福安县立初级中学校改组后概况报告》，《福建教育厅教育周刊》1928年第11期，第40页。

数额不等的学费、杂费等。如表 3-2 中的无为县立初级中学，"初中学生每学期需纳学费洋十四元，杂费两元，图书费一元"，霍山县立初级中学则是"学生每期纳学费八元，杂费一元，体育费一元"，阜阳县立初级中学"学生每期纳学费八元，杂费一元，寄宿费两元"。[①] 所以，南京国民政府成立之初的中学生依然较多来自富裕家庭，平民子弟接受中学教育的机会还是不多，20 世纪 30 年代前后部分地区中等学校家长的职业分布更能说明这一点（见表 3-3、表 3-4、表 3-5）。

表 3-3　苏州萃英中学 1929 年春季初中、高中全体学生家长职业情况

单位：人

职业	高三	高二	高一	初三	初二	初一	合计
学界	4	7	17	6	3	3	40
商界	12	6	14	12	14	12	70
农界	0	0	2	0	3	1	6
医界	5	1	0	0	2	2	10
邮政界	1	0	0	1	0	2	4
政界	0	5	5	2	4	1	17
矿业界	0	0	0	0	1	0	1
海关	1	0	0	0	1	1	3
铁路	0	0	0	0	0	1	1
传道	2	2	1	1	0	3	9
守产	1	0	1	2	3	4	11
总计	26	21	40	24	31	30	172

资料来源：《高初中部全体学生家长职业一览表（民国十八年春季）》,《萃英》1929 年第 2 期，第 347 页。

表 3-4　广州市市立中学 1929 年上学期学生家长职业情况

职业	人数/人	占比/%
学界	72	21.0
政界	41	12.0
军警界	9	2.6
商界	170	49.6
工界	4	1.2
农界	12	3.5

---

① 徐先登：《安徽县立初级中学之概况（续）》，《安徽教育行政周刊》1928 年第 1 卷第 16 期，第 21—22 页。

续 表

职业	人数/人	占比/%
自由职业	12	3.5
其他	5	1.4
无职业	11	3.2
不详	7	2.0

资料来源：《广州市市立中小学校统计（十八年度上学期）》，《统计周刊》1930年第1卷第28期，第3页。

表3-5　上海部分中等学校1932年学生家长职业情况

职业	人数/人	占比/%
商界	573	49.1
教育界	196	16.8
农界	113	9.7
法政界	95	8.2
工业界	48	4.1
医界	24	2.1
交通界	20	1.7
军警界	8	0.7
其他	89	7.6

资料来源：王伦信：《清末民国时期中学教育研究》，华东师范大学出版社2002年版，第224页。

从表3-3、表3-4、表3-5中不难看出，本时期中学生家长仍然以官商人士为主。但正因此，社会各界在国家获得统一的情况下，始终没有放松促进中学教育平民化的努力，大家普遍认为"有钱的人要受教育，没有钱的人更要受教育；都市的人要受教育，乡村的人更要受教育"[1]。于是，社会各界"有力的出力，有钱的出钱"，纷纷建言献策，以期让更多的青少年能够接受中学教育。如：有人建议政府鼓励私人开办中学，并让私立中学学生在升学、报考公职人员考试等方面与公立中学生享有同等待遇；有人主张灵活办学，可以把中学移向乡村，农忙时在田间工作，农闲时在学校读书，无所谓放假，教法注重自修，参以讲演，无所谓呆板上课。[2]1931年，国联教育考察团建议"中

---

[1]　江问渔：《我国中学教育的前途》，《教育与职业》1931年第120期，第6页。

[2]　唐毅：《我国今日所需要的中学校》，《教育杂志》1925年第17卷第6号。

学大学之学费及宿费应分别等级。依学生经济状况为等差，学生得免费或减费，不感困难之学生，则纳全费"①。在社会各界的普遍呼吁下，政府确实加大了对清贫学生的扶助力度，许多地方实行了奖学金、贷款、助学金制度：云南省规定，自1932年2月起"所有省立中等学校新招学生，不论高初，不分性别，凡有成绩优异者，均得享受奖学金之给予；其属清寒而成绩在及格以上者，且可加以深造者，则得助学金之待遇"②；安徽省中山文化教育馆于1933年暑假起设立奖学金及助学金，以资助"清寒忠实有志深造之青年求学"③；浙江省也在1933年令全省初级中学"为奖励清寒青年向学起见，特在本中学本学期教职员公捐余款内提拨国币五十元，又在招生费余款内提拨国币五十元，共计国币一百元，作为本届初中毕业会考成绩优良清寒学生自愿升学者之助学金"④。

2.《中学法》颁布后初级中学的规模化发展

南京国民政府成立后，虽然各项事业都有了较大发展，但国家依然面临着严峻的内忧外患，社会矛盾尖锐，越来越多的人意识到"现在中国弄到这样的地步，大半原因是由于教育不普及，教育是国家最重要的一件事情，普及教育是平民的幸福，也是国家的幸福"⑤。于是，众多有识之士希望政府"本救亡国家的天责"，发展平民教育，因为"'民为邦本'，无民则无国，民众无知识就是政府无力量"，平民教育具有挽回民族覆亡的大力量，还有利于谋求中国国际地位的平等。总之，平民教育能够发扬民族精神、增进国际地位、保存固有国粹、促进国内政治的统一及平等、维系社会秩序的安宁。⑥1932年12月24日，国民政府公布了《中学法》，对中学的宗旨、设立、教育科目、校长及职员的任用等都以法律条文的形式进行了明确规定，中学"继续小学之基础训练，以发展青年身心，培养健全国民，并为研究高深学术及从事各

① 国联教育考察团：《中国教育之改进》，国立编译馆1932年版，第64页。
② 龚自如：《教育厅拟呈省政府省立中等学校学生奖学学助学金规程（民国二十一年三月）》，《云南教育行政周刊》1932年第2卷第3、4期，第44页。
③ 《中山文化教育馆举办奖学助学金》，《安徽教育行政旬刊》1933年第1卷第19期，第11页。
④ 《政令：中等教育项：训令第一六三号（八、十一）：令全省各初级中学：据省立杭州高中呈送助学金仰查照办理由》，《浙江教育行政周刊》1933年第5卷第1期，第7页。
⑤ 彬：《谈平民教育》，《大中期刊》1933年第2期，第31页。
⑥ 张洪仁：《提倡平民教育之我见》，《一中学生》1932年第3期，第117—120页。

种职业之预备"①。有了明确的国家法律作保障，各级政府更加努力地进一步发展教育事业，不仅学校的数量大大增加，而且学校的校舍、师资、教辅工具、组织管理制度等软硬件都得以规范化发展。

（1）公办初级中学的发展

本时期地方政府加大了公办学校的建设，在许多县一级甚至乡村都有设施齐全、师资完备的中学。如金山县立初级中学，1933年三年级、二年级、一年级在校学生数分别为23人、33人、91人，表明入学人数在逐年快速增长；该年有8444元的收入，而学生纳费仅294元（占3.5%），表明学校有了充足的资金来源，日常运转不再靠学生缴纳的学杂费维持；学校硬件建设齐全，配有书籍、图表、报纸杂志等教辅图书及理化仪器、化学药品、标本等教学用具；学校的"软件"也很不错，在17名教职员中，有8名为大学或专门学校毕业者，4名为专修学校毕业者，1名为受党师训育主任审查合格者。②

再如奉贤县立初级中学，设于该县三官塘镇，"校址僻处乡村，确系安心求学之所，校风良好，秩序安静"。③该校每年有经常费4000元，每生岁占经费58.82元，至1934年该校已经拥有二层楼房18幢计36间、平房5所计20间的教室，还配有厕所2处、浴室1间、女生盥洗室1间，运动场、农场30亩，器具1500余件，中文图书1700余册、外国文图书800余册；师资力量也较为优良，校长系大夏大学理学士，10名教职员中9名系国内大学或专门学校毕业；该校有着完备的教学组织系统（见图3-2）。④

再如当时成立一年多的河北乡村县立初级中学，学风淳良，成绩卓著，教师视学生如子女，学生敬教师若父母，教听训从，一团和气，个个朝气蓬勃；该校非常注重教师的专业修养，"校长教员，以专任为条件，以住校为原则"，英语教员钱主任自购留声机正音或听名人演讲，国语教员陈先生亦随时练习国音，校长陈先生又能为学不倦、以身作则。该校各科教学也日渐规范，

---

① 《国民政府公布中学法》，《中华民国史档案资料汇编（第五辑第一编·教育）》，江苏古籍出版社1994年版，第414页。
② 《各区概况：金山县立初级中学校二十二年度第二学期概况》，《教育季刊》1934年第2卷第3期。
③ 《附录：奉贤县立初级中学二十三年度概况》，《奉贤教育》1935年第4期，第5—7页。
④ 《附录：奉贤县立初级中学二十三年度概况》，《奉贤教育》1935年第4期，第5—7页。

如国语课教学国音，每周除指定之作文课外，又令学生作周记，示阅作文及周记原本，批改者尤注重讹字、别字，以养成学生明辨审慎习惯；体育注重童子军精神训练，凡社会上各种服务，不辞劳瘁，靡不参加；劳作课则租良田数亩，实地操作，分区耕种，养成劳动习惯，练习操作技能。[①] 从其既学习文化课，又学习耕种来看，升学不再是初级中学的唯一目标，初级中学重在培养健全的国民包括读书识字的农民。

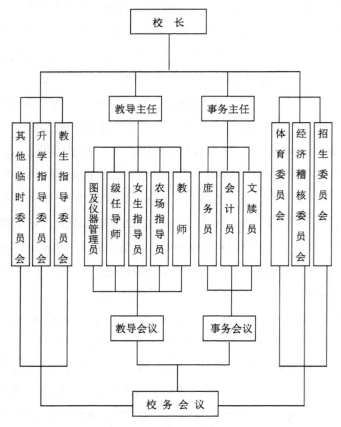

图 3-2　奉贤县立初级中学组织系统

图片来源：《附录：奉贤县立初级中学二十三年度概况》，《奉贤教育》1935年第4期，第5—7页。

---

① 冯飞云：《参观乡村县立初级中学记》，《青年生活》1936年第1卷第8期，第15—18页。

（2）私立初级中学的发展

在公办学校发展的同时，各地还建起了不少私立中学，政府在鼓励办学的同时，还加大了监管力度，从而促使私立学校规范化发展。如私立扬州中学，略具规模，初中、高中各3间教室，图书仪器等逐年略有增加；在籍学生283人，全校教职员36人，专任者20人，职员12人；学校常费赖学费、住宿费、杂费维持，教育局补助每年600元。教育局局长视察该学校后的意见为：①各事均在计划进展中；②宿舍教室，均尚清洁、整齐；③校务会、教务会、训育会及各科会议，均能按期举行，有记录；④全校职员数嫌多，兼职教员亦需设法归并。最有代表性的是私立扬州平民初级中学校，该校在1933年时才成立两年，校舍租用庙宇；有学生60人，教职员13人，专任教员6人；图书有2000册，化学仪器已购置千元，物理仪器尚缺；行政组织，除校长外，还有教导主任1人，各级设导师1人；常费每月需200元，以收入学杂费作抵，尚感不敷。教育局局长亲自视察该校，并提出了减少兼职教员、减轻学校日常费等意见。[1] 同时，教育局还派督学到该校听课，在听了"植物·叶的构造""音乐·学生军""工艺·果实""物理·力学"等课后，写出了详细的意见反馈给学校，对其存在的问题要求改正弥补，优点则"拟请传令嘉奖，以资激励"。[2] 在政府的监督、鼓励及支持下，经过该校教职员的通力合作，该校快速发展，至1937年，已经有教职员24人，在籍学生336人，经费17147元；校舍一部分租用，一部分自建，配有运动场、图书馆，理化仪器等设备勉可敷用；教职员大多勤恳努力、富有合作精神，教员讲解透彻、讲法亦佳，学生风纪良好、礼貌习惯亦佳。[3]

综上所述，不论公办中学还是私立中学，都非常注重学校的软硬件建设，学校大都建立健全了组织管理系统，对教员的学历有了严格要求，还购置了理化实验仪器，并配有运动场、图书馆，甚至还辟有用于学生劳动实践

---

① 《江都县教育局长视察中等学校报告（二十二年度第二学期）》，《江都教育》1935年第1卷第5期，第1—3页。

② 《泰县县督学陈德洪视察江都县教育机关报告（廿四年度第一学期）》，《江都教育》1936年第2卷第5、6期合刊，第2页。

③ 唐道海、董嘉谋：《视察江都县教育报告（视察时期二十六年三月）》，《江都教育》1937年第3卷第4期，第5—6页。

的农田等；教育局局长、督学等则定期考察学校建设，并组织人员深入课堂听课。这些都促进了中学教育的规范化，尤其是那些设在偏远地区的初级中学，也要体制完备、师资合理、硬件设施齐全，这就保证了教学质量。所以，在《中学法》颁布实施几年后，初级中学尤其是乡村中学、平民中学的数量大幅度增加，让更多家庭的子女尤其是农民、工人家庭的子女有了接受中等学校教育的机会。以当时的人口大省河南为例，来自平民家庭的中学生就占据了较大的比例（见表 3-6）。

表 3-6　1935 年河南省中等学校学生家长职业统计

单位：人

	总计	农界	矿界	工业界	商界	交通界	公务界	自由职业	服务界	无业
总计	38089	20685	176	1943	5848	478	4278	2862	1319	500
郑县	761	359	3	87	126	36	92	45	13	0
开封	8965	2980	37	560	1580	130	1805	1230	450	193
禹县	250	175	5	15	40	0	6	0	0	9
尉氏	131	115	0	0	11	0	2	3	0	0
通许	137	104	0	4	15	0	8	4	2	0
中牟	149	132	0	1	8	1	1	6	0	0
洧川	139	110	0	6	9	0	3	0	11	0
长葛	138	101	0	1	18	1	2	7	8	0
新郑	245	168	0	12	31	5	18	5	0	6
密县	304	233	4	13	27	0	18	6	3	0
荥阳	424	276	8	17	42	4	23	16	3	35
广武	81	76	0	0	3	0	0	2	0	0
汜水	104	38	0	4	32	0	3	14	13	0
商丘	713	392	12	34	87	12	29	104	43	0
杞县	508	235	0	12	143	9	48	57	4	0
永城	275	152	0	34	51	0	38	0	0	0
睢县	220	137	0	0	19	0	34	10	7	13
陈留	91	62	0	4	15	1	7	1	1	0
兰封	72	52	3	14	0	0	3	0	0	0
考城	92	78	0	0	9	0	5	0	0	0
民权	121	80	0	0	15	0	26	0	0	0
宁陵	75	68	0	0	4	0	2	1	0	0
柘城	40	34	0	0	3	0	0	3	0	0

续表

	总计	农界	矿界	工业界	商界	交通界	公务界	自由职业	服务界	无业
夏邑	107	92	0	0	3	0	4	8	0	0

注：《二十三年度河南教育统计：中等教育：表6. 中等学校学生家长职业》，《河南统计月报》1936年第2卷第9期，第48页。原表共有4页，笔者仅见到第1页，所以原表中的"总计"数量和表中所列出的各县总和有不符之处。

从表3-6中可以看出，不论是全省的总数量，还是各县的具体情况，农工子弟中学生的比例大大增加了，甚至超过了官商子弟。在当时，河南省不是特例，其他省份来自乡村的中学生也很多（见表3-7）。

表3-7　1935年部分省市普通中学来自乡村的学生比例调查

省市	调查校数/所	学生总数/人	乡村学生数/人	乡村学生占比/%
江苏	36	10987	3957	36.0
浙江	21	7064	3539	50.1
安徽	16	3894	2688	69.0
河北	13	3923	2405	61.3
山东	6	1798	1499	83.4
江西	7	1645	1076	65.4
湖南	6	2451	1817	74.1
湖北	3	978	591	60.4
广西	3	939	634	67.5
广东	4	2038	1508	74.0
福建	3	1629	367	22.5
南京	12	5038	1587	31.5
上海	24	8962	2699	30.1
北平	8	2792	1569	56.2

资料来源：童润之：《我国中等学校乡村化程度的调查》，《教育杂志》1936年第20卷第10号，第37页。

从表3-7中可以看出，同样是人口大省的山东省，乡村普通中学学生占了80%以上，安徽、河北、江西、湖南、湖北、广西、广东等省来自乡村普通中学的学生也占了60%以上。也许这与为数众多的农工家庭子女的总人数相比，依然不值一提，但毕竟迈出了可喜的一步，越来越多的农家子弟得以接受中学教育。与之相适应，中学国文教科书的平民化倾向也愈加明显。

（二）初中国文教科书中现代语体文地位的稳固

南京国民政府形式上统一全国后，政局相对稳定，各级政府及地方士绅都支持中小学教育事业，随着中小学在校学生的不断增加，教科书需求量也越来越大，有更多的出版机构介入教科书出版领域。按照 1929 年课标编辑完备、足以供初级中学三年学习使用，并在市场上具有一定的销售量、有再版记录的教科书主要有 10 套（见表 3-8）。

表 3-8　1929 年课标时期初中国文教科书概览

教科书名称	初版年	编者	出版社
新时代初中国语教科书[1]	1928	胡怀琛等	商务印书馆
基本教科书初中国文	1931	傅东华等	商务印书馆
新中华教科书国语与国文	1929[2]	朱文叔	中华书局
初中国文	1929	朱剑芒	世界书局
初级中学创造国文读本	1932	徐蔚南	世界书局
初级中学开明国文读本	1932	王伯祥	开明书店
初中混合国语	1930	赵景深	北新书局[3]
初中国文教本	1930	张弓	大东书局
初中国文	1931	王侃如等	南京书店
初级中学国文读本	1932	张鸿来等	师大附中国文丛刊社

[1] 该教科书虽然于 1928 年 1 月初版，但其编辑体例、内容标准都与 1929 年课标的要求是一致的，所以笔者依然把该书列入 1929 年课标时期。

[2] 该教科书第一册于 1928 年 8 月出版，其余五册均于 1929 年出版，所以笔者把该教科书初版年定为 1929 年。

[3] 该教科书版权页显示编辑者为"青光书局"，而发行者、销售者均为北新书局，书的内页中也标识为"北新书局"，该书后来再版时也标明是"北新书局"，所以笔者把该教科书列为北新书局版。

本时期教科书的版本在短时间内快速增加，由于编者的思路不同，选文的总数量存在一定差异，如世界书局版《初中国文》严格按照课时、学生接受能力确定选文 242 篇，《新中华教科书国语与国文》六册选文达 336 篇，"便于教者选择活用"[①]；还有南京书店版《初中国文》，也是"不拘于每学期实际所需之分量，俾教师可自由伸缩"[②]。

---

① 朱文叔：《新中华教科书国语与国文（第一册）· 编辑大意》，新国民图书社1928年版，第2页。

② 王侃如等：《中学国文教科书 · 编辑大意》，南京书店1931年版，第3页。

1932 年课标颁布后，编辑齐全、足以供初级中学三年学习使用的国文教科书主要有 11 套（见表 3-9）。

表 3-9　1932 年课标时期初中国文教科书概览

教科书名称	初版年	编者	出版社
复兴初级中学教科书国文	1933	傅东华	商务印书馆
初中国文读本	1933	朱文叔	中华书局
初级中学国文教科书	1934	孙怒潮	中华书局
新编初中国文	1937	宋文翰	中华书局
朱氏初中国文	1934	朱剑芒	世界书局
初中新国文	1936	朱剑芒	世界书局
初级中学教科书国文	1934	叶楚伧	正中书局
初中国文选本	1933	罗根泽等	立达书局
实验初中国文读本	1934	沈荣龄等	大东书局
初级中学适用标准国文	1934	王德林等	中学生书局
初级中学适用当代国文	1934	施蛰存等	中学生书局

从表 3-9 中可以看出，1932 年课标时期，商务印书馆、中华书局、世界书局依然是教科书市场的主导力量。

分析表 3-8、表 3-9 所列教科书的选文组成，可以发现现代语体文在 1932 年课标时期初中国文教科书中的地位已经稳固（见表 3-10）。

从表 3-10 中可以看出，现代语体文虽然在初级中学三个学年的教科书中逐年递减，但从总比例来看，它的地位已经十分稳固，而且在各个版本教科书中的表现比较一致，并没有出现新学制时期的纯文言文教科书。即便有两个版本的教科书中的现代语体文比例较低（如中学生书局编辑出版的《标准国文》，现代语体文仅占 36.4%），但该书局还同时出版了《当代国文》，语体文比例达 75.7%；同样还有《开明国文读本》，现代语体文占 32.2%，开明书店同时出版了纯语体文的《开明国语读本》。这充分表明，随着中学尤其是初级中学平民化的推进，初中国文课程标准中位居第一位的"养成运用语体文及语言充畅地叙说事理及表达情意的技能"的课程目标得到了一致贯彻，并由各教科书出版机构提供了便于实现该目标的教学范本。

表 3-10　南京国民政府前期各版本初中国文教科书现代作品选文占比

单位：%

教科书版本	第一学年 （一、二册）	第二学年 （三、四册）	第三学年 （五、六册）	小计
商务新时代国文	78.3	66.7	45.5	63.5
商务基本国文	60.0	49.0	24.4	42.2
新中华	58.7	42.1	26.0	43.7
世界初中国文	79.0	65.0	48.7	64.9
世界创造国文	69.5	56.3	37.5	54.6
开明国文	54.8	38.1	3.6	32.2
北新国语	70.1	71.1	63.9	68.5
大东国文	31.6	63.8	72.9	53.0
南京国文	68.7	62.8	60.9	64.4
附中国文	63.9	49.3	29.2	48.1
复兴国文	57.5	65.0	46.3	56.3
中华朱文叔	75.5	65.2	64.0	68.4
中华孙怒潮	75.0	80.6	66.7	74.1
中华新编国文	70.5	67.0	64.0	62.9
世界朱氏国文	83.0	68.3	42.1	62.2
世界新国文	86.3	77.5	58.8	74.2
正中国文	66.3	51.3	32.5	50.0
立达国文	46.6	33.3	28.8	36.5
大华国文	81.0	57.0	25.0	53.2
中学生标准国文	45.0	35.9	26.9	36.4
中学生当代国文	81.0	83.7	55.9	75.7
小计	66.0	59.3	42.1	56.2

第二节　白话选文盛行下古代作品选文的特点及教育功能

　　如前所述，南京国民政府成立以后，有更多的出版机构介入教科书领域，像中华书局、世界书局这类教科书出版巨头还在同一时期编辑出版了多个版本的教科书，这些教科书都遵循了文、白并选，注重实用兼及审美的选文标准，并按照内容主题进行单元式编排。所以，本书对于南京国民政府时期的教科书选文分析以被该时期多数教科书纳入的共同选文为主。

　　同时，考虑到本时期的初级中学尤其初中第一学年（第一、二册）国文教科书难度的降低，古代作品选文所占比例大幅度减少，甚至有的教科书初中第一册仅仅编排了三五篇古代作品，因此，1929 年课标时期教科书中的共同选文，主要指被该时期 10 个版本的代表性教科书中 4 个及以上版本选入的作品，古代作品共有 36 篇（见表 3–11）。

表 3–11　1929 年课标时期初中国文教科书古代作品共同选文

选文名称	入选教科书数/套	作者	朝代
祭十二郎文	8	韩愈	唐
先妣事略	7	归有光	明
大铁椎传	6	魏禧	清
非攻	6	墨子	先秦
祭妹文	6	袁枚	清
景阳冈	6	施耐庵	元末明初
桃花源记	6	陶潜	晋
巫峡	6	郦道元	南北朝
赤壁之战	5	司马光	宋
冯谖	5	《战国策》	先秦
核舟记	5	魏学洢	明
兼爱	5	墨子	先秦

续表

选文名称	入选教科书数/套	作者	朝代
李龙眠画罗汉记	5	黄淳耀	明
木兰辞	5	乐府民歌	南北朝
沈云英	5	夏之蓉	清
王冕的少年时代	5	吴敬梓	清
为学	5	彭端淑	清
愚公移山	5	列御寇	先秦
原君	5	黄宗羲	明末清初
赤壁赋	5	苏轼	宋
小石潭记	5	柳宗元	唐
插秧女	4	陈文述	清
核工记	4	宋起凤	清
看山读画楼坐雨得诗	4	孙原湘	清
孔雀东南飞	4	佚名	汉
苦旱行	4	张纲孙	清
茅屋为秋风所破歌	4	杜甫	唐
鸣机夜课图记	4	蒋士铨	清
秋水	4	庄周	先秦
送东阳马生序	4	宋濂	明
万里寻兄记	4	黄宗羲	明末清初
五人墓碑记	4	张溥	明
项脊轩志	4	归有光	明
浙西三瀑布记	4	袁枚	清
汉军围项羽垓下	4	司马迁	汉
童区寄传	4	柳宗元	唐

表 3-11 中的选文和新学制时期教科书古代作品共同选文相比，已经发生了很大变化（见表 3-12）。

从表 3-12 中可以发现，1929 年课标时期的古代作品共同选文具有以下特点：第一，选文主题不仅注重家庭亲情，如《万里寻兄记》《祭妹文》《祭十二郎文》《鸣机夜课图记》等，也关注下层人民的生活，如《插秧女》《苦旱行》《茅屋为秋风所破歌》等。第二，在以描写人物为主的选文中，其中的主要人物形象都非常贴近青少年学生的生活，符合他们的年龄特征及心理特征。如《送东阳马生序》中的东阳马生、《童区寄传》中的区寄等，可以说是初中学生的同龄人，两文分别告诉青少年读者要刻苦读书、面对危险时要机智勇敢的道理。第三，选文具有较强的审美艺术性。叙事写人类作品生动形象，可读性极强，如《大铁椎传》《冯谖》《景阳冈》《愚公移山》；写景类作品则是景色宜人、文笔秀美，如《巫峡》《浙西三瀑布记》《小石潭记》；庄子的《秋水》是说理类作品，可谓洋洋洒洒，且逻辑严密、哲理深刻。

表 3-12　1929 年课标时期与新学制时期教科书古代作品共同选文比较

类别	选文名称
共同选文	非攻、核舟记、李龙眠画罗汉记、桃花源记、王冕的少年时代、先妣事略、项脊轩志、原君
新学制时期选文	病梅馆记、触龙说赵太后、慈乌夜啼、答刘蒙书、答毛宪副书、大言、登泰山记、伐檀、费宫人传、归园田居、鹤叹、画记、季氏将伐颛臾、祭石曼卿文、李氏山房藏书记、墨子止楚伐宋、秦士录、送秦中诸人引、送薛存义之任序、题元祐党碑、屠羊说不受赏、王孙圉论楚宝、卫鞅变法、蚊对、问说、夜渡两关记、瘗旅文、游雁荡记、与苏武诗三首、与友人荆雪涛书
1929年课标时期选文	插秧女、赤壁赋、赤壁之战、大铁椎传、冯谖、汉军围项羽垓下、核工记、祭妹文、祭十二郎文、兼爱、景阳冈、看山读画楼坐雨得诗、孔雀东南飞、苦旱行、茅屋为秋风所破歌、鸣机夜课图记、木兰辞、秋水、沈云英、送东阳马生序、童区寄传、万里寻兄记、为学、巫峡、五人墓碑记、小石潭记、愚公移山、浙西三瀑布记

不能忽视的是，在清末民初，古代作品选文垄断了中学国文教科书，可以说古代作品选文的特点就是教科书全部选文的特点。经过了新学制时期的过渡，现代作品选文在中学国文教科书中的地位渐渐稳固，入选数量大大增加。1928 年取消初级中学入学考试文言文答题，更是提升了国文科现代选文教与学的积极性。所以，1929 年课标时期的初中国文教科书中的古代作品选文不能再代表"全部"，而只能代表"古代"部分。为了更进一步地了解中学国文教科书古代作品选文的特点及教育功能，还需要对比分析该时期现代作品选文（包括外国作品翻译选文）的特点。1929 年课标时期教科书中的现代作品共同选文有 47 篇（见表 3-13）。

表 3-13　1929 年课标时期初中国文教科书现代作品共同选文

选文名称	入选教科书数/套	作者
背影	7	朱自清
文学的方法	7	胡适
我所知道的康桥	7	徐志摩

续 表

选文名称	入选教科书数/套	作者
最苦与最乐	7	梁启超
柏林之围	6	都德；胡适译
建筑	6	蔡元培
生机	6	沈尹默
图画	6	蔡元培
燕子与蝴蝶	6	戈木列支哥；周作人译
最后一课	6	都德；胡适译
匆匆	5	朱自清
聪明人和傻子和奴才	5	鲁迅
大家都放起风筝来啊	5	孙福熙
雕刻	5	蔡元培
何为科学家	5	任鸿隽
荷塘月色	5	朱自清
平民的文学	5	周作人
什么叫做短篇小说	5	胡适
诗的泉源	5	叶绍钧
哀思	4	陈西滢
苍蝇	4	周作人
蝉与纺织娘	4	郑振铎
春天与其力量	4	爱罗先珂；周作人译
到青龙桥去	4	冰心（女）
东行随感录	4	李哲生
读书	4	胡适
二渔夫	4	莫泊桑；胡适译
风波	4	鲁迅
古文学	4	周作人
机器促进大同说	4	吴敬恒
科学精神与东西文化	4	梁启超
篮球比赛	4	叶绍钧
理信与迷信	4	蔡元培
立志	4	高一涵
卖火柴的女儿	4	安兑而然；周作人译
猫的天堂	4	左拉；刘半农译
梦见妈妈	4	盛炯
母	4	叶绍钧
《欧游心影录》楔子	4	梁启超

续 表

选文名称	入选教科书数/套	作者
舍己为群	4	蔡元培
说合理的意思	4	任鸿隽
威权	4	胡适
文化运动不要忘了美育	4	蔡元培
笑	4	谢婉莹（女）
鸭的喜剧	4	鲁迅
运河与扬子江	4	陈衡哲（女）
装饰	4	蔡元培

从表3-13中可以看出：第一，现代作品选文的作者，既有国内现代作家，如鲁迅（《鸭的喜剧》）、蔡元培（《图画》《雕刻》）、冰心（《到青龙桥去》《笑》）等，尤其选入了现代女作家（如冰心、陈衡哲）的作品；也有外国作家，如俄国的爱罗先珂（《春天与其力量》）、法国的左拉（《猫的天堂》）、波兰的戈木列支哥（《燕子与蝴蝶》）、丹麦的安兑而然（今译安徒生；《卖火柴的女儿》）。第二，现代作品选文的体裁多元，除了小说、散文、诗歌外，还有散文诗，如《生机》《梦见妈妈》《聪明人和傻子和奴才》；有文学理论，如《文学的方法》《平民的文学》《什么叫做短篇小说》《诗的泉源》《古文学》等。第三，现代选文的主题涉及多个领域，如反映社会现状的《风波》，表现爱国的《运河与扬子江》，表现父子情深的《背影》，展现学校生活的《篮球比赛》；还有介绍国外风情的《〈欧游心影录〉楔子》，宣扬新思想的《机器促进大同说》《理信与迷信》《科学精神与东西文化》。

在1932年课标颁布后，虽然与1929年课标相隔不久，但各教科书出版机构都迅速作出反应，编辑出版了新课程标准适用的教科书，其中编辑完备的代表性初级中学国文教科书有11个版本 [1] 之多。在这11个版本的教科书中，世界书局有2个版本（1934年版、1936年版），且编者同为朱剑芒，2个版本的教科书重复篇目达90余课，而1936年版《初中新国文》的总篇目才

---

[1]　其中包括中华书局1937年版《新编初中国文》。按本章的时间范围（1927—1936），该书不应纳入研究范围，但笔者认为其与中华书局1933年版《初中国文读本》在诸多方面具有相似性，故一并予以讨论。如，作为1933年版《初中国文读本》编者的朱文叔，担任1937年版《新编初中国文》的校对；二书的重复篇目达95课，而二书的总篇目分别为256课、275课。

240 课；中华书局有 3 个版本，其中包括 1933 年版《初中国文读本》、1937 年版《新编初中国文》。此外，《实验初中国文读本》《初中标准国文》《初中当代国文》都是按照教育部所颁课程标准及江苏省教育厅所定之《初中国文科教学进度表》选辑而成的，从 3 套教科书的"编辑说明"中可知，《实验初中国文读本》是按照 1933 年教学进度表编写的，而后 2 册是按照 1934 年修订的教学进度表选辑而成的。笔者所见《实验初中国文读本》，只有 5 册（缺第六册），而该书 6 册的选文目录曾在《江苏教育》上全部刊发，但其目录与实际成书中的选文有所差异。而且笔者在《实验初中国文读本》的版权页中没有发现再版记录，表明该书出版发行不久就被新出版的《初中标准国文》《初中当代国文》取而代之了，这也许是该教科书当时名为"实验"的原因。《初中标准国文》《初中当代国文》均由中学生书局出版，虽然二书第一、三、五册均在 1934 年出版，但从版权页中发现，《初中当代国文》第一册于当年 6 月初版，8 月即达 4 版，第三册在 7 月初版，8 月即达 3 版，其他几册均是初版后一两个月内即达三四版，可见其发行量之大。而《初中标准国文》未见再版记录，并且《初中标准国文》第二、四、六册至 1935 年才出版；《初中标准国文》6 册共有选文 165 课，其中有 40 余篇与《初中当代国文》重复。显然，按照江苏省《初中国文科教学进度表》选辑的 3 套教科书中，《初中当代国文》的发行量、影响力最大。

综上所述，虽然在 1932 年课标时期有 11 个版本的编辑完备的初中国文教科书，但在共同选文统计中，笔者不再对 1936 年世界书局版《初中新国文》、1934 年大东书局版《实验初中国文读本》及中学生书局版《初中标准国文》的选文进行统计，只统计其余的 7 套。同样考虑到本时期初级中学尤其是第一学年国文教科书中的古代作品选文明显减少的实际，1932 年课标时期的共同选文主要是指被该时期 7 套代表性教科书中 3 个及以上版本选入的作品，其中共同的古代作品选文有 36 篇（见表 3–14）。

虽然 1929 年课标时期、1932 年课标时期相隔不久，但两个时期的古代作品共同选文还是存在差异的（见表 3–15）。

表 3-14　1932 年课标时期初中国文教科书古代作品共同选文概览

选文名称	入选教科书数/套	作者	朝代
祭妹文	7	袁枚	清
李龙眠画罗汉记	5	黄淳耀	明
原君	5	黄宗羲	明末清初
陈情表	5	李密	晋
岳飞传	5	《宋史》	元
原才	4	曾国藩	清
祭十二郎文	4	韩愈	唐
鸣机夜课图记	4	蒋士铨	清
为学	4	彭端淑	清
核工记	4	宋起凤	清
前赤壁赋	4	苏轼	宋
婴砧课诵图序	4	王拯	清
王冕的少年时代	4	吴敬梓	清
沈云英传	4	夏之蓉	清
巴黎观油画记	4	薛福成	清
去私	4	《吕氏春秋》	先秦
吏道	3	邓牧	元
左忠毅公逸事	3	方苞	清
病梅馆记	3	龚自珍	清
廉耻	3	顾炎武	明末清初
祭外姑文	3	归有光	明
冯谖	3	《战国策》	先秦
木兰辞	3	乐府民歌	南北朝
苦斋记	3	刘基	明
崇明老人记	3	陆陇其	清
不为与不能	3	《孟子》	先秦
兼爱	3	墨子	先秦
梅花岭记	3	全祖望	清
闲情记趣	3	沈复	清
景阳冈	3	施耐庵	元末明初
念奴娇·赤壁怀古	3	苏轼	宋
大铁椎传	3	魏禧	清
《指南录》后序	3	文天祥	宋
四时读书乐	3	翁森	元
满江红	3	岳飞	宋
出师表	3	诸葛亮	三国

表 3-15　1929 年课标时期与 1932 年课标时期的古代作品共同选文对比

类别	选文名称
共同选文	大铁椎传、冯谖、核工记、祭妹文、祭十二郎文、兼爱、景阳冈、李龙眠画罗汉记、鸣机夜课图记、木兰辞、沈云英传、王冕的少年时代、为学、原君
1929年课标时期选文	插秧女、赤壁赋、赤壁之战、非攻、汉军围项羽垓下、核舟记、看山读画楼坐雨得诗、孔雀东南飞、苦旱行、茅屋为秋风所破歌、秋水、送东阳马生序、桃花源记、童区寄传、万里寻兄记、巫峡、五人墓碑记、先妣事略、项脊轩志、小石潭记、愚公移山、浙西三瀑布记
1932年课标时期选文	巴黎观油画记、病梅馆记、不为与不能、陈情表、崇明老人记、出师表、祭外姑文、苦斋记、吏道、廉耻、满江红、梅花岭记、念奴娇·赤壁怀古、赤壁赋、去私、四时读书乐、闲情记趣、婴砧课诵图序、原才、岳飞传、《指南录》后序、左忠毅公逸事

　　从表 3-15 中可以看出：第一，1929 年课标时期与 1932 年课标时期的共同篇目还是比较多的。这主要因为两个时期相距较近，都在南京国民政府统治期间，教育政策与方针没有发生本质的变化，而且商务印书馆、中华书局、世界书局三大出版机构一直是教科书出版的主力。如果细看 1932 年课标时期的保留篇目，会发现这些古代作品选文主要是两大类：①以刻画人物为主并符合"振起民族精神、了解固有文化"要求的篇目，如《大铁椎传》《冯谖》《沈云英传》《景阳冈》《为学》《兼爱》《李龙眠画罗汉记》《核工记》；②以描述家庭亲情为主的篇目，如《祭妹文》《鸣机夜课图记》《祭十二郎文》。而《木兰辞》《王冕的少年时代》中既有振起民族精神的人物，也有浓郁的家庭亲情。第二，1932 年课标时期没有保留的篇目，主要是因为这些选文的内容主题不符合新的时代需要。在日本帝国主义入侵中国的危难之际，是不适合"观山赏水"的，所以写景为主的游记文如《小石潭记》《浙西三瀑布记》《巫峡》没有保留；《赤壁之战》《汉军围项羽垓下》反映了内战，《孔雀东南飞》反映了家庭矛盾，也不适合国内"兼爱"、共同对外的氛围；《非攻》《桃花源记》则直接被看作反战的代表作。[①] 第三，新进入 1932 年课标时期"共同"行列的选文大多是富于抗战情绪、忠贞之气、果敢之气的作品，这些选文大多宣扬坚定信心、团结一致、抵御外侮的道理，如《不为与不能》《廉耻》《去私》等文；选文中的人物也大多具有不屈的抗战精神，如岳飞、文天祥、史可法、左光斗。总

---

① 戚维翰：《战时中学国文补充教材》，《青年月刊》1938年第6卷第4期，第15页。

之，有利于建设新的、富于抗战的国民心理，以挽救国运于阽危的古代作品
受到了 1932 年课标时期教科书的青睐。

除了古代作品共同选文外，1932 年课标时期教科书的现代作品共同选文
（包括外国作品翻译选文）主要有 52 篇（见表 3-16）。

表 3-16   1932 年课标时期初中国文教科书中的现代作品共同选文一览

选文名称	入选教科书数/套	作者
舍己为群	5	蔡元培
理信与迷信	4	蔡元培
我的新生活观	3	蔡元培
自由与放纵	3	蔡元培
秋听说你已来到	3	曾虚白
哀思	3	陈西滢
春天与其力量	3	爱罗先珂，周作人译
最后一课	3	都德，胡适译
新生活	3	胡适
西方文化及于中国之影响	3	江亢虎
告友邦人民书	3	蒋中正
缺陷论	4	李石岑
学问的趣味	5	梁启超
思想解放	4	梁启超
为学与做人	4	梁启超
最苦与最乐	4	梁启超
敬业与乐业	3	梁启超
美术与生活	3	梁启超
与妻诀别书	4	林觉民
秋夜	5	鲁迅
风筝	3	鲁迅
雪	3	鲁迅
为什么要爱国	4	潘大道
对于消极思想派的总批评	3	潘菽
创造与人生	3	潘淑
打破思想的四种迷信	3	饶上达
战地的一日	3	适夷
红海上的一幕	4	孙福熙
黄花冈烈士事略序	5	孙中山
国人不可不醒的大迷梦	3	唐铖

续 表

选文名称	入选教科书数/套	作者
林觉民传	4	天啸
"和平""奋斗""救中国"	4	汪精卫
执信的人格	3	汪精卫
工作与人生	3	王光祈
虎门	3	王世颖
机器促进大同说	3	吴敬恒
初夏的庭院	3	徐蔚南
我所知道的康桥	3	徐志摩
济南城上	4	杨振声
没有秋虫的地方	4	叶绍钧
藕与莼菜	3	叶绍钧
五月卅一日急雨中	3	叶绍钧
孙中山先生的幼年时代	3	因公
雪耻与御侮	4	俞平伯
关于三月十八日的死者	3	周作人
苦雨	3	周作人
自己的园地	3	周作人
谈读书	3	朱光潜
背影	5	朱自清
给亡妇	3	朱自清
荷塘月色	3	朱自清
学者的态度与精神	5	宗白华

从表 3-16 中可以看出，1932 年课标时期教科书共同选入的现代作品选文的作者还是相对集中的，以梁启超、蔡元培、叶绍钧、朱自清、周作人、鲁迅的作品居多；同时，以孙中山、蒋介石、汪精卫为代表的国民党上层人士的作品也占据了较大的比例。

接下来，本节将进一步分析南京国民政府前期（1929 年课标时期、1932年课标时期）初中国文教科书中古代作品选文的特点及其被赋予的教育功能。

一、注重单元主题设计，进行爱国乐群教育

由于课程标准明确要求"选文二篇以上为一单位，须性质互相联络，或

可互相比较的"①，所以，南京国民政府前期的初级中学国文教科书大多采用单元主题的编排形式，有的还标示了每个单元的主题，如大东书局版《初中国文教本》"各组各篇间内容皆有自然之联络"，各组（单元）并冠以组名，如"常态是生活""变局的应付""善境的设想""实地的蹈履""美与爱的认识"；中华书局版《初中国文教科书》则按照"风景的描写""人物的描写""抒情文""说明文""议论文"的"单程"（单元）编排选文；世界书局版《朱氏初中国文》把选文分为"申述春天的美感""抒写系尊亲的情绪""抒写感念友朋的情绪""申述学业的重要""申述青年与国家的关系"等单元；正中书局版《初中国文》则把选文分为"修业""道德""健康""审美""爱族（家族；国族）及利群"等单元。虽然每个版本教科书的单元主题名称不尽相同，但基本包含了修身、家庭、社会、国家、自然、艺术等领域。王森然在谈及国文在教学上的价值时，也是依次从个人、社会、国家、世界四个方面进行论述的。②

（一）1929年课标时期的选文具备国家主义教育、亲情教育的自觉意识

1929年课标时期教科书古代作品共同选文的表现主题主要呈现的比例如图3-3所示。

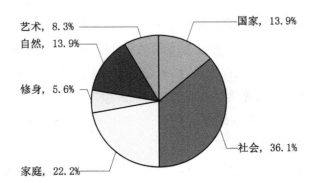

图3-3　1929年课标时期初中国文教科书古代作品共同选文主题概况

与新学制时期初中国文教科书古代作品共同选文相比，1929年课标时期发生了明显的变化（见图3-4）。

---

① 教育部中小学课程标准起草委员会：《中小学课程暂行标准·初级中学之部》，卿云图书公司1929年版，第5页。

② 王森然：《中学国文教学概要》，商务印书馆1929年版，第3—6页。

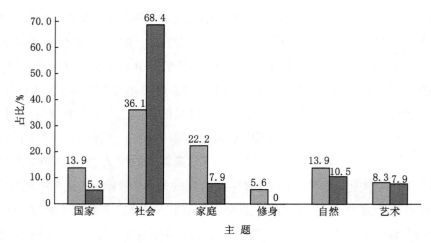

图 3-4　1929 年课标时期与新学制时期初中国文教科书古代作品共同选文主题对比

　　从图 3-4 中可以看出，1929 年课标时期表现国家主题的古代作品选文明显增加。其实，早在 20 世纪 20 年代，余家菊等人就呼吁实施"国家主义之教育"，但由于北洋政府时期政局不稳，"内讧迭起，教育思想为内乱所左右"。①1928 年底东北易帜后，南京国民政府和北洋政府相比，"具有更强的政治动员力与社会凝聚力，也具有民族主义价值为基础的意识形态合法性"，以蒋介石为首的"国家主义权威政治"开始了进行中国现代化的新尝试②，这就为国家主义教育的实施提供了必要的前提。而余家菊还特别指出，"就教材一端说明融合民族底意识乃是教育底责任"③，所以国家主义教育也成为南京国民政府前期教科书的重要组成部分。

　　1927—1936 年的初中国文教科书的编辑出版虽然还是以民间机构为主，但各个版本的教科书除了在"编辑说明"中明确表示选文的标准为"发扬三民主义精神""合于中国党国之体制及政策者"外，还表达了利用教科书选文强化青少年现代国家意识、民族意识的构想：朱剑芒编辑的世界书局版《初中国

① 余家菊、李璜：《国家主义的教育·序》，中华书局1923年版，第1页。
② 萧功秦：《中国百年现代化的六次政治选择》，《历史教学（中学版）》2007年第7期，第11页。
③ 余家菊：《国家主义的教育》，中华书局1923年版，第22页。

文·编辑大意》强调，"本册所选各篇的内容，以激发青年的进取为主体，尤以指示前进的途径是力求新式生活为重心"；张弓编辑的大东书局版《初中国文教本·编辑条例》中说该教科书的旨趣在于以培养初级中学学生的"敬己""爱群""创新"的意识为中心。从这些"编辑说明"中也能看出，教科书编者力图通过国文科对青少年学生进行国家意识教育。当时的一些论者指出："人是政治的动物，文学家亦是有政治意识的人。古今文学家多半是政治实行家或理想家，中国古代第一个大文豪屈原便是一个政治家，若要在历史上找出一个毫无政治意识的文学家，那是很不容易的事情。我们的处境和命运强迫我们走向复兴民族之路，复兴民族是全国人民的责任，文学在复兴民族的大业上自有特殊的责任。"[1] 显然，国文教科书中的古代作品选文——中华民族文学的杰出代表也被赋予"特殊的责任"，它有利于让青少年意识到中华民族的历史及传统，从而增强作为"中华民族"一分子的自豪感，所以教科书古代作品选文中的国家主题比例大大提高了。

与此同时，表现家庭亲情的古代作品选文依然受到 1929 年课标时期教科书的青睐，如《祭十二郎文》被 8 个版本的教科书选入，《先妣事略》被 7 个版本的教科书选入，《祭妹文》被 6 个版本的教科书选入，《项脊轩志》《万里寻兄记》《鸣机夜课图记》被 4 个版本的教科书选入。以《祭妹文》为例，在不同的教科书中和它并排的选文分别有《母别子》（《新中华教科书国语与国文》）、《祭弟文》《忆儿辞》（南京书店版《初中国文》第五册第九组）、《鞭虎救弟记》（世界书局版《初中新国文》）等等。世界书局版《初中新国文》在该文设置的思考题为："亲爱的兄妹，临死不及一面，心中有怎样一种悲痛？"[2] 而张弓编著、上海大东书局印行的《初中国文教本》第一册第一组就是 15 篇表现"家庭的真爱生活"的选文（见图 3-5）。

同时还配有教学提示：

　　本组以展示家庭的平常生活，启发学生对于家庭应有的纯爱情绪为总旨。

---

① 邱椿：《民族文学与教育》，《国论》1935年第1卷第6期，第3—6页。

② 朱剑芒：《初级中学教科书·初中国文》（第四册），世界书局1929年版，第86页。

一、首披露父母抚护训导儿女的欢乐境或艰苦况，以表阐春晖般的慈爱和大海样的爱力；一面对照着，揭出儿女们对父母的天真烂漫的爱慕的影像或是悱恻缠绵的心情的写真，以发挥"纯孝的情绪"。

二、次披开弟对兄、兄对弟别后重逢的痛快生活，以显出怡怡友爱的情趣。①

第一組　「常態的生活」組目	甲　家庭的真愛生活：		
十五　萬里尋兄記	一　伊和他	二　蓮花	
十三　燕詩	三　小蜆的回家	四　背影	
十一　板橋至性	五　鳴機夜課圖記	六　歲暮到家	
九　先妣事略	七　北堂侍膳圖記	八　祭十二郎文	
十三　燕詩	十一　板橋至性	十　憶兒的	
十四　慈烏夜啼	十二　猿說		

图 3-5 《初中国文教本》第一册第一组甲编"家庭的真爱生活"选文

　　1929 年课标时期的教科书中还选入了鼓励青少年勤学、修身的选文。如彭端淑的《为学》被 5 个版本的教科书选入，而该文没有被清末民初的教科书选入，在新学制时期仅仅被中华书局版《初级古文读本》选入一次。该文在世界书局版《初中国文》中与《学者的态度与精神》《祝你奋斗到底》《立志》并排，在《基本国文教科书》中与《愚公移山》《舜发于畎亩之中》并排，在南京书店版《初中国文》中与《学问的趣味》《与友论修学书》并排，在北新书局版《初中混合国语》中与《读书的经验》并排，显然，编者希望青少年学生通过该文的学习能够明白为学要坚持不懈、勤奋刻苦的道理。再如被 4 个版本的教科书选入的《送东阳马生序》，在《新中华教科书国语与国文》中与《为学》《伤仲永》并排，其教育意图不言而喻；在《初中混合国语》中则与《最后

————————
① 张弓：《初中国文教本（第一册）·"常态的生活"组序》，大东书局1930年版，第1页。

一课》并排，两文都是讲述珍惜学习机会的；在南京书店版《初中国文》中则与冰心《离家的一年》组成了第二册的第十六组，两文都是讲述求学经历的；世界书局版《初中国文》在该文设置的思考题为："古人出外从师，有何一种劳苦？专讲究衣服修饰的人，在学业上有什么害处？对于同乡子弟，应尽怎样一种责任？"[①]从中不难看出，教科书编者力图通过该文的学习让青少年学生明确求学的态度：对比古人出外从师的艰辛，珍惜当前的学校生活；注重学业，不要炫耀服饰外表；学业有成后，不要忘记扶助他人，以便使更多的人接受教育。

1929年课标时期初中国文教科书古代作品、现代作品共同选文的主题也有差异（见图3-6）。

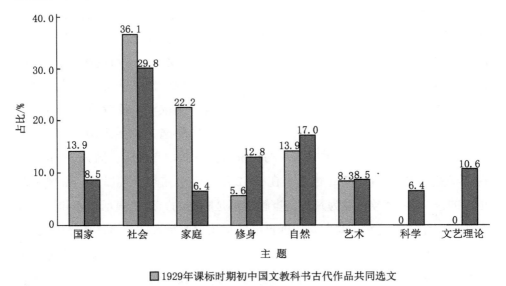

图 3-6　1929 年课标时期初中国文教科书古代作品、现代作品共同选文主题对比

从图3-6中可以看出，在1929年课标时期初中国文教科书古代作品共同选文中，国家、社会、家庭主题占比均超过了现代作品共同选文，修身、自然、艺术、科学、文艺理论主题占比则低于现代作品共同选文。在本时期，

① 朱剑芒：《初级中学教科书·初中国文》（第五册），世界书局1929年版，第157页。

不少论者作出了教育的"中国化"与"现代化"的探讨，认为"新的时代的中国要有新的教育，换句话来说，就是中国的教育的新时代化或者现代化"，"使中国的教育而新了，那是中国的教育的新化或现代化，并非新教育的中国化"。① 这就不难理解，即使在现代社会，中国传统的爱国爱家观念依然不会"过时"，而对青少年修身励志理念的教育，更多地需要现代作品选文来完成，古代作品选文中只有像《为学》这类在新时代依然有教育价值的作品才得以进入教科书。当时的青年领袖蔡元培、胡适等人的作品，如《读书》（胡适）、《立志》（高一涵）、《舍己为群》（蔡元培）均被4个版本的教科书选入。现代科学精神更是需要现代作品选文来传播，如《何为科学家》（任鸿隽）被5个版本的教科书选入，《科学精神与东西文化》（梁启超）、《理信与迷信》（蔡元培）被4个版本的教科书选入。现代学人的文学理论作品也同样受到了"现代"教科书的青睐，如7个版本的教科书均选入了《文学的方法》（胡适），而《平民的文学》（周作人）、《什么叫做短篇小说》（胡适）、《诗的泉源》（叶绍钧）也均被5个版本的教科书选入。这就表明，现代作品选文、古代作品选文被赋予了不同的教育功能，因而文、白合编得到教科书编者的一致认可并不是简单的"妥协"的结果。具体来说，古代作品选文在促进国家"纵的统一"，向青少年学生弘扬"中国化"的传统道德方面占有优势，因为"中国"的建立毕竟不是在1927年，也不是在1912年，而是在数千年以前。就像施章指出的，"有许多教师以为凡是文言教材都是陈腐的，这就表示教者和学生没有认识文化之重要性，我们应依据自己的文化力而择选适合自己要需的文化，方能帮助自己社会进步。若不注意及此，而成为异种文化之奴隶，反足以肇灭亡之祸根"②。现代语体文则在传播"现代化"的读书立志、科学、艺术等理念方面占有明显优势。

（二）1932年课标时期的选文进一步凸显国家本位，强化抗敌精神

1932年课标时期初中国文教科书古代作品共同选文的主题与1929年课标时期相比，发生了明显的变化（见图3-7）。

---

① 陈序经：《教育的中国化和现代化》，《独立评论》1933年第43号，第6页。
② 施章：《中学国文选材研究》，《云南教育行政周刊》1932年第2卷第14期，第10页。

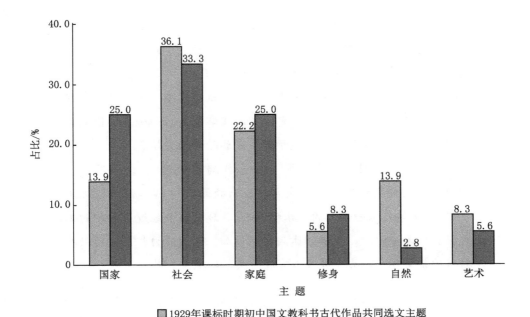

图 3-7　1929 年、1932 年课标时期初中国文教科书古代作品共同选文主题对比

从图 3-7 中可以看出，1932 年课标时期教科书古代作品共同选文中，国家主题的选文占比提高了近一倍，而描写自然景物为主的选文占比急剧降低。这是因为，"九一八案发生以来，中华民族的独立生存受空前的大威胁"，不少有识之士指出今后要实行"国家本位"的教育，因为"教育是全国家的事业，全民族的事业，只有国家本位的教育才能培养'精忠报国'的精神。有人主张'社会本位'的教育，但'社会'二字未免太空泛，不如'国家'二字具体"。[1] 具体到国文教育领域，有论者指出"国文"科实际上是国语、国文两门科目的综合体，"国语的问题是语言的问题，国文的问题是文学的问题"[2]，文学（国文）的目标主要有以下三个：

（1）社会性的目标。文学富有社会的价值，普通社会的观念、习俗与思想，大都可以在其文学；社会的遗传，尤靠文学的力量。在初中

①　邱椿：《教育与中华民族性之改造》，《前途》1933年第1卷第7号，第9页。

②　戴景曦：《初中国文科新课程标准之实施的研究》，《厦大周刊》1934年第13卷第15期，第5页。

学校，如果主持得当，文学的社会价值并不亚于历史、经济或公民的教学，因为其实人类有许多经验与活动，并不用历史、经济、公民等科所论及，而在文学却视为主要的资料。

（2）民族性的目标。文学富有民族性，试翻看中国文学史，我国之民族固有的文化和固有的精神，都含蓄在文学上面。……在中国处于国难期间，中学教师应尽量选择关于激发民族精神的文学。

（3）休闲性的目标。西色罗（Cirero）曾经说过，"文学乃系一切的时代、一切的年龄和一切的地方的娱乐的源泉"；程其保又把此话加上一句，"文学乃系一切人的娱乐的源泉"。现代社会经过了种种的工商业及社会的革命以后，人类的休闲时间增加，阅读能力扩大，所以人人不独有欣赏文学的能力，并且具有欣赏文学的欲望。[1]

从中可以看出，国文——"历代传来的文字"，即初中国文教科书中的古代作品选文具有社会性、民族性、休闲性三大目标。面对外敌的入侵，作为国家之命脉的教育应尽其全力协助抗战，而国文一科，对于学生思想之启迪、情绪之激发、勇气之鼓励都具有莫大的功能，所以国文教材就应适应时代的需要。[2] 此时的教科书选文显然就要注重"国家本位"，以民族性、社会性目标为主，在古代作品选文中当然不乏此类选文，如阐述集体主义与国家主义的《去私》（被7个版本的代表性教科书中的4个版本选入）、《兼爱》（被3个版本选入），塑造保家卫国与英勇抗敌人物的《岳飞传》（被5个版本选入）、《木兰辞》（被3个版本选入）、《左忠毅公逸事》（被3个版本选入），等等。与此同时，富有休闲目的的选文"只合平时的目的，而于战时则不甚适用"，于是教科书中表现山水自然的古代游记小品就大幅度减少了，最能说明该项变化的是《桃花源记》，1929年课标时期《桃花源记》进入了6个版本的教科书中，而1932年后仅被2个版本的教科书选入。在日本帝国主义入侵的民族危难时刻，"《桃花源记》一味以避入乐土为能事，这类文章易于让人养

---

① 戴景曦：《初中国文科新课程标准之实施的研究》，《厦大周刊》1934年第13卷第15期，第5页。
② 戚维翰：《战时中学国文补充教材》，《青年月刊》1938年第6卷第4期，第15页。

成'唾面自干''逆来顺受'的陋习"[1]。

增加抗争题材，宣扬不屈的爱国精神，同时减少山水游记作品，这一趋势在单版本教科书中表现得更为突出。如1929年世界书局出版了由朱剑芒编辑的《初中国文》，该书非常畅销，根据版权页信息，该书1929年6月初版，同年9月即达到了3版，该书的封底广告语为"空前完美的初中教科书"；1934年世界书局又出版了同样由朱剑芒编辑的《朱氏初中国文》，该书更为畅销，版权页显示该书1934年4月初版，同年8月即达到了6版。这两套由同一人编辑、同一出版社出版、同样畅销的教科书中古代作品选文的变化，更能凸显在"九一八"事变后、在1932年课标颁布后，初级中学国文教科书对青少年学生抗战精神的强化（见表3-17）。

表3-17　朱剑芒编辑、世界书局版《初中国文》选文变化举例

册别	版本	选文名称
第一册	1929年版	记翠微山、记水乐洞
	1934年版	祭阵亡吏士文
第二册	1929年版	田园杂诗、夜游孤山记、游栖霞紫云洞记、病梅馆记、钵山余霞阁记
	1934年版	致和生侄书、李疑传
第三册	1929年版	陟屺楼记
	1934年版	书潘荆山、书侯振东、巴黎观油画记
第四册	1929年版	刘老老、蔬圃绝句、峡江寺飞泉亭记、寻大龙湫瀑布记、游褒禅山记、浙西三瀑布记
	1934年版	李想雪夜入蔡洲、遗札、岳家军
第五册	1929年版	钴鉧潭西小丘记、移居西田获早稻
	1934年版	保甲告示、刺字、隆中决策、先生托孤、游侠传、战国任侠
第六册	1929年版	非攻、秋水、新城游北山记
	1934年版	临死遗夫人书、哀烈士辞、沉江、梅花岭记、段太尉逸事状、倡勇敢、言兵事书、为司徒公与宁南侯、报燕惠王书、触龙说赵太后
共同选文		出师表、祭妹文、祭十二郎文、景阳冈、为学

注：表中的"1929年版"所列，是1929年版教科书选入而1934年版未选入的课文；"1934年版"所列，是相对于1929年版新增加的课文。

从表3-17中可以明显发现，1932年以后编辑出版的教科书，删除了大量的游记小品，增加了能够"振起民族精神"的选文。从表3-17中还可以发现，

---

[1]　戚维翰：《战时中学国文补充教材》，《青年月刊》1938年第6卷第4期，第15页。

该教科书前后两个时期为数不多的古代作品共同选文中包含了《祭妹文》《祭十二郎文》；而图 3-7 也显示，1932 年课标时期古代作品共同选文中表现家庭主题和国家主题的选文占了 50%（各占 25.0%）。显然，教科书编者意在告诉青少年学生卫国和保家是息息相关的。

1932 年，国民政府教育部规定中小学训育应特别注意发扬中华民族固有美德"忠、孝、仁、爱、信、义"，同时应特别注意"养成精诚团结之意志""养成爱国爱群之观念"。1933 年以后编辑出版的初中国文教科书大多专门设置了表现家庭生活的单元。如朱文叔编辑的中华书局版《初中国文读本》，第二册第一组、第六册第三组均是"家人间情感的抒写"。正中书局版《初中国文》第一、三册均设有两个"爱族与利群"单元，还特别解释爱族之"族"包括"国族和家族"，这类选文包括《婴砧课诵图序》《慈乌夜啼》等；第二册设有两个"亲爱精诚"单元，选文为"叙述亲族朋友之爱及阐发济物利群之精神者"，如《游子吟》《鞭虎救弟记》；第五册设有两个"人伦与社交"单元，包括《塞外寻亲》《家书》《为兄超求代疏》《泷冈阡表》《祭十二郎文》等选文。世界书局版《朱氏初中国文》中的家庭题材单元，数量更多且分类更细，第一册第四、五组分别为"叙述家庭中父母的训诲""叙述系恋父母与长姊的情绪"，第二册第十四、十五组为"叙述家庭的教诲""叙述旧家庭中伪诈的养亲与亲情的养亲"，第三册第六、七组为"抒写兄弟间别后的情绪""抒写系恋尊亲的情绪"，第四册第九、十、十一组为"抒写系恋家中慈亲的情绪""抒写追念亡母的情绪""申诉人子爱亲的心理"，第五册第八组为"抒写伤悼亡者与感念亲恩的情绪"。通过这些家庭主题单元的设计还可以发现，当时的教科书编者摆脱了清末民初的"成人本位"视角，充分考虑初中学生的"青少年"特点，从爱家人、爱亲友逐渐扩展到爱国族、爱国人，效果比进行空洞、抽象的口号教育要好得多。

1932 年课标时期初中国文教科书古代作品共同选文与同时期现代作品共同选文的主题特点也有所不同（见图 3-8）。

从图 3-8 中可以发现，1932 年课标时期古代作品共同选文中，国家、家庭主题的选文，占比仍然多于现代作品共同选文，而修身、自然、艺术、科学、文艺理论主题的选文，占比仍然低于现代作品共同选文，这说明二者承担不同教育功能的分工没有发生变化。但也可以发现，1932 年课标时期现代作品共同选文中，国家主题的选文占比相较于 1929 年课标时期有了很大的提高，而艺术、科学、文艺理论主题的"科普"类、"审美"类选文占比明显降低。显然，这与当时国内外严峻的形势密切相关。笔者还发现了当时国民政府教育部对大东书局出版的《初级中学校用新生活教科书国文》的审查意见（见图 3-9）。

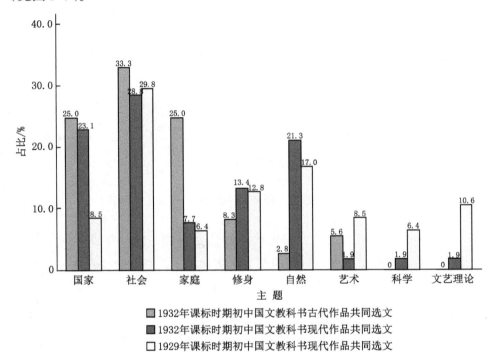

图 3-8　1932 年课标时期初中国文教科书古代作品共同选文与现代作品共同选文主题对比

从图 3-9 中可以发现，《世界和平日》"思想不合抗战需要，应删去"，因为在外敌入侵的紧急形势下，与其坐而赞美和平，不如奋起抗敌，只有行动才会获得真正的和平。当时甚至还有人指出，"墨子的《非攻》是反战的代表作，白乐天的《兵车行》、杜子美的《石壕吏》也是反对抽丁的宣传品"[1]，认为

---

[1] 戚维翰：《战时中学国文补充教材》，《青年月刊》1938年第6卷第4期，第15页。

这类文章都不能进入教科书。

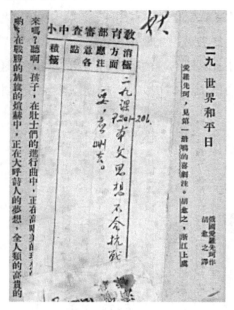

图 3-9　国民政府教育部审查中小学教科书意见（局部）

从图 3-8 中还可以发现，与古代作品选文不同，1932 年课标时期教科书现代作品共同选文中描写自然的选文比例增加了。细看这些选文，主要有《初夏的庭院》《虎门》《藕与莼菜》《秋听说你已来到》《雪》《红海上的一幕》《秋夜》等，大多描写家乡风物及四季静谧景色，文中的优美意境能激起青少年学生对家乡的热爱，从而坚定保卫家园、收复故土的决心。

二、教学文体分类定型，偏重实用兼及文艺

1929 年课标在"精读"的"作业要项"中明确提出了内容与形式并重的要求，"在内容方面有明白的认识，在形式方面有详细的了解"。这表明对于教科书中的精读选文，不能仅仅注重其主题（内容方面）的教学，还要了解选文的形式，这就包括文体知识。经过新学制时期的过渡，教育研究者及教科书编者逐渐意识到，国文教科书是一种教学用书，教科书选文的文体是一种教学文体，和一般的文学文体是有差异的，不能笼统地把教学文体的分类等

同于文学文体分类（即小说、散文、诗歌、戏剧等四大文体）。同时，随着中国现代化进程的加快及中学平民化的发展，《古文辞类纂》《经史百家杂钞》中以经世致用为主的应用文体分类也不适用于现代国文教育。黎锦熙、王恩华较为全面地分析、梳理了从清末到全面抗战爆发前的中学国文教科书编排历程，编撰完成了《中等学校国文选本书目提要》（以下简称《书目提要》）。黎、王二人在《书目提要》中总结的教科书选文文体分类，如图 3-10 所示。

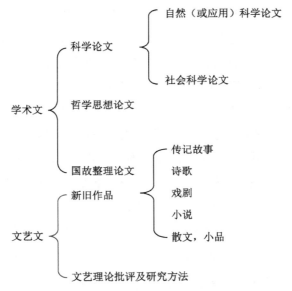

图 3-10　《中等学校国文选本书目提要》中的教科书选文文体分类

　　从图 3-10 中可以看出，《书目提要》把教科书选文文体分成学术文、文艺文两大类，各类下再细分各目。但是，《书目提要》对初级中学、高级中学是概括而论的。1929 年课标规定，初中国文科"毕业最低限度"包括"能透彻了解精读选文、能以语体文作充畅的文字、能欣赏浅近的文学作品、能阅览名著及平易的文言文书籍"。[①]可见其中包括阅读、写作能力，而阅读又包括精读、略读，写作则以语体文写作为主，这是属于语言文字应用能力方面的要求；欣赏文学作品则属于审美能力方面的要求，但还是强调"浅近"，说明不要求进行学术上的深入研究。联系 1929 年课标对高级中学普通科国文"毕

---

① 教育部中小学课标起草委员会：《中小学课程暂行标准·初级中学之部》，卿云图书公司1929年版，第10页。

业最低限度"第三条为"能于中国学术思想、文学流变、文字构造、文法及修辞等，有简括的常识"①，表明"初中重普及、高中重提高"，高级中学国文注重的是学术文。

　　既然初中国文既有阅读、写作能力上的要求，又有欣赏浅近文学的要求，那么教科书选文的"形式"应该包括"应用的形式"和"文学的形式"。1929年课标在"教材排列的程序"中规定"各种文体错综排列，第一年偏重记叙文、抒情文，第二年偏重说明文、抒情文，第三年偏重议论文、应用文"②。《书目提要》对此的理解为："记叙文、说明文、论辩文及应用文，而抒情文则兼入前三类中，或独立标注于文艺作品。"③把应用文和记叙文、说明文、论辩文作为并列的概念，这也就不难理解《书目提要》中的应用文就是狭义的诸如书信、通知、公文之类的"应用"文；同时，抒情文"兼入前三类中，或独立标注于文艺作品"，则又把文艺作品（即"文学的形式"）和记叙文、说明文、论辩文、应用文（"应用的形式"）作为并列的概念。总之，1929年课标时期初中国文教科书选文既偏重应用文体（记叙文、说明文、论辩文、抒情文），也没有忽视文学文体。世界书局版《初中国文》就鲜明体现了这一选文分类标准，"各篇的体式，实用文以记叙、摹状为主，说明、发抒、论辩各体，居其少数；文艺以新旧诗歌为主，佐以富有艺术精神的现代的短篇小说"④（见图3-11）。同样，大东书局版《初中国文教本》也是"在每组中搭配各种体裁，论说、记叙、文艺文等，以便引导学生鉴赏各体文章艺术"⑤。

文艺文 { 小说，9%
　　　　诗歌，22%

实用文 { 记叙，34%
　　　　摹状，16%
　　　　说明，11%
　　　　发抒，5%
　　　　论辩，3%

图3-11　世界书局版《初中国文》的文体类别及比例

---

① 教育部中小学课标起草委员会：《中小学课程暂行标准·高级中学之部》，卿云图书公司1930年版，第15页。
② 教育部中小学课标起草委员会：《中小学课程暂行标准·初级中学之部》，卿云图书公司1929年版，第3页。
③ 黎锦熙、王恩华：《中等学校国文选本书目提要》，国立北平师范大学文学院1937年版，第51页。
④ 朱剑芒：《初中国文（第一册）·本册提要》，世界书局1929年版，第1页。
⑤ 张弓：《初中国文教本·编辑条例》，大东书局1930年版，第2页。

　　1932 年、1936 年课标基本上延续了记叙文、说明文、论辩文、文艺文的选文分类标准，而且在此种分类标准下，文艺文和实用文不是对立的，文艺文在编入教科书中后往往被用来进行记叙、论辩等能力的训练。总体来看，1923 年、1929 年、1932 年、1936 年颁布的课程标准（或课程纲要）对初级中学国文的教学目标定位具有一致性，即养成学生的"叙事、说理、表情达意之技能"，教科书中的古代作品选文除了承担审美功能外，也可以完成这些应用技能，如古代小说大多重在叙事，古代诗歌重在"表情达意"，古代散文有的注重论说（如论辩文），有的主张抒情（如祭文），还有的注重记叙（如山水游记）。所以，古代作品选文不论在培养学生的审美能力方面还是在培养学生的实用能力方面，依然具有"现代化"功能。古代作品选文还可以在写作技巧方面给青少年学生以帮助，如《复兴初中国文教科书》第一册把《篮球比赛》（21 课）、《景阳冈》（22 课）与《夜渡两关记》（23 课）、《大铁椎传》（24课）、《刘老老》（25 课）并列编排，并在其中穿插编排了"习作之记叙文的写法"。该教科书在教学提示的设置上颇为用心，《景阳冈》的教学提示为："这课中所描写的动作比上一课（叶绍钧的《篮球比赛》）复杂还是简单？试从上课的第二节和这课的第四节里摘出表示动作的动词，比较他们包含多少种不同的动作。"《夜渡两关记》的教学提示为："前篇的作者代写武松的经验，这篇的作者写他自己的经验，但都使我们得着'险'的印象。可见，同一效果可用不同的手段获得。"《大铁椎传》的教学提示为："作者对于大铁椎的中心印象是用两个什么字点明的？他用哪些节目来证明这个中心印象？"《刘老老》的教学提示为："写人物和写风景并无两样，上篇写大铁椎，还有一部分用作者自己的口气，如第二段，这篇写刘老老，便完全用说故事的形式。但我们并不注意那故事，却注意刘老老是怎样一个人，也犹之读《大明湖》一篇时，并不注意老残的行踪，却注意大明湖的风景。所以这样的文章，仍旧还属记叙的性质。"[1] 由此可见，在教科书编者看来，从让学生掌握写作技巧的功用角度而言，这些古代选文和现代选文没有本质区别。

　　为了便于统计分析，参考《书目提要》中选文分类及课标、各版本教科书

---

[1]　傅东华：《初级中学用复兴教科书国文》，商务印书馆1933年版，第102—118页。

"编辑说明"中提及的选文分类标准，南京国民政府前期初中国文教科书中的古代作品选文文体可分为论说散文、抒情散文、杂记小品、人物传记（以记人为主的文章，不局限于史书中的人物传记）、诗歌（包括民歌、诗、词等）、小说、戏剧等。

（一）1929年课标时期的选文减少论说增加传记，提高学生现代书写技巧

1929年课标时期初中国文教科书古代作品共同选文的文体，分布如图3-12所示。

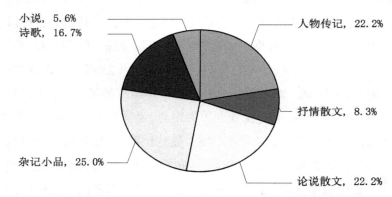

图3-12 1929年课标时期初中国文教科书古代作品共同选文文体分布

从图3-12可以看出，占比最高的文体是杂记小品，其次为人物传记和论说散文，以山水游记为代表的杂记小品和古代人物传记都具有较强的可读性，这表明初级中学教科书编者在选入古代作品时充分考虑了青少年学生的实际情况。此时的初级中学学生是在学习语体文的小学里度过的，这和新学制时期有着很大不同（见图3-13）。

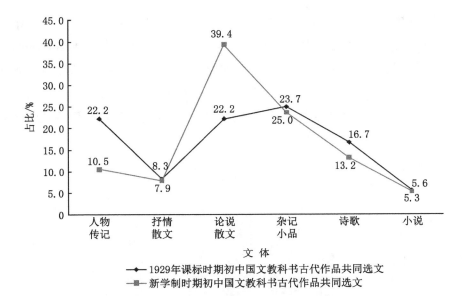

图 3-13　1929 年课标时期、新学制时期初中国文教科书
古代作品共同选文文体分布对比

分析图 3-13，有如下发现。

第一，1929 年课标时期初中国文教科书中古代论说散文的比例下降了近一半。在新学制时期，由于各类考试都以"中文论说"为主，而且多是文言写作，就需要多读古代论说散文。但在 1929 年课标时期，在内容方面，古代论说文中的"道统"不太契合新的时代精神；在写作方面，课标明确规定初中国文要培养运用语体文及语言充畅的叙说事理、表达情意的技能，文言文方面的要求则为能认读平易的文言文书报。所以，1929 年课标时期初中国文教科书中古代论说散文占比降低，且大多是《为学》《师说》这类通俗易懂、对学生读者具有"现代"教育意义的作品。

第二，1929 年课标时期初中国文教科书中的人物传记增加了一倍多。1929 年课标一再强调初级中学阶段重在记叙文的学习；而作文训练又有"记录"的要求，包括故事、传说等，而且一些教科书如《基本教科书国文》还明确指出选文要考虑到学生的兴趣，"高小时代的儿童读《西游记》的兴味必比读《儒林外史》大些，读《封神传》的兴味必比读《红楼梦》大些，而《儒林外史》和《红楼梦》的文字未必比《西游记》和《封神传》艰深"①。显然，关于历史人物的传记故事更能吸引初级中学学生，所以 1929 年课标时期教科书都大量选入了古代人物传记故事，如《大铁椎传》《信陵君列传》《廉颇蔺相如列传》等，尤其增加了和中学生年龄相近人物的故事，如《童区寄传》等。

1929 年课标时期初中国文教科书古代作品共同选文和现代作品共同选文的文体也有不同（见图 3-14）。

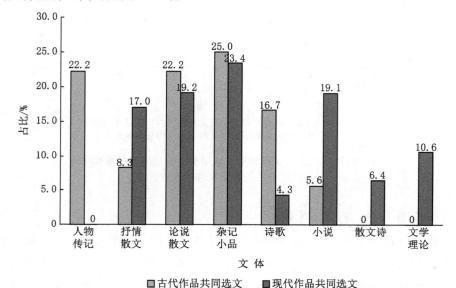

图 3-14 　1929 年课标时期初中国文教科书古代作品共同选文
和现代作品共同选文的文体分布对比

从图 3-14 中可以看出，现代作品共同选文中抒情散文、小说的比例明显高于古代作品共同选文的同类文体，其中抒情散文是古代的两倍，小说是古代的三倍以上；而现代诗歌的比例远低于古代诗歌。如果把文学理论也看作论说文，现代语体文中的论说文（10.6% ＋ 19.2% ＝ 29.8%）的比例最高，这表明编者的意图是让青少年了解掌握语体文的论说技巧以适应现代社会需要；而增加的学术评论、文学鉴赏类论说文，如《学者的态度与精神》《谈情与理》《文学的"要素""目的"和"国民性"》《美与同情》《文艺鉴赏的程度》，则

---

① 　傅东华、陈望道：《初级中学用基本教科书国文·编辑大意》，商务印书馆1931年版，第3页。

是为了指导学生"欣赏浅近文学"；此外，一些现代语体论说文也有助于对青少年学生进行现代思想的启迪，如《市政与市民》《政治与民众》《易卜生主义》《中国人要有中国人的娱乐》等。同样，除了要阐述"现代之理"，也要抒发"现代之情"，如表达对孙中山怀念之情的《哀思》，游历国内外有感而发的《旅欧随感录》《东行随感录》等。所以，现代语体文中抒情散文的比例也远高于古代作品选文。而在五四新文学运动中，现代短篇小说创作发展迅速，它们为国文教科书选文提供了丰富的资源，如鲁迅创作的社会问题小说《风波》《孔乙己》《头发的故事》《示众》等，叶绍钧创作的童话小说《古代英雄的石像》《虫儿与蚂蚁》等。与此同时，众多优秀的外国小说也被周作人、胡适等人翻译后引进中国，其中不少也被教科书选入。据笔者统计，1929年课标时期的初中国文教科书中出现了16个国家的100多篇次的小说，如俄国作家爱罗先珂的《鱼的悲哀》、屠格涅夫的《航海》，法国作家左拉的《猫的天堂》、莫泊桑的《二渔夫》，亚美尼亚作家阿伽洛年的《一滴的牛乳》，保加利亚作家伊林潘林（今译埃林·彼林）的《老牛》等。现代语体文中诗歌的比例较低，因为新诗的创作数量不多，并且新诗的流派繁杂，审美标准不一，难以形成公认的"好诗"标准。

古代作品选文中杂记小品的比例最高，这表明教科书编者注重古代作品选文的审美艺术性；现代语体文中没有传记故事，但增加了散文诗、文学评论，占比最高的是论说散文，这表明教科书编者既注重陶冶青少年学生的现代论说技巧（包括作文和演说），又重视新思想、新科学的宣传。总之，随着国文教育科学化的演进，古代作品选文、现代作品选文在教科书中扮演着不同的角色，但它们共同承担着国文科的教育功能——既重文学鉴赏，又重传播思想新知；既要阅读美文佳作，也要学习写作技巧。

（二）1932年课标时期的选文淡化文体形式，服务时代主题

1932年课标时期初中国文教科书古代作品共同选文的文体，分布如图3-15所示。

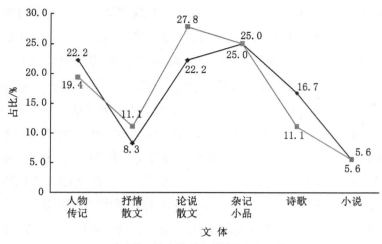

图 3-15　1929 年课标时期、1932 年课标时期初中国文教科书
古代作品共同选文的文体分布

从图 3-15 中可以看出，1932 年课标时期和 1929 年课标时期的初中国文教科书古代作品共同选文中，各文体的比例总体变化不大，但同类文体的选文在内容主题上发生了显著变化。如 1932 年课标时期共同选文中，即便是注重"文学的形式"的古代诗歌，也多是《木兰辞》《念奴娇·赤壁怀古》《满江红》这类斗志昂扬的作品；人物传记则是以描写忠于国家、誓死抗敌者为主的《左忠毅公逸事》《岳飞传》《沈云英传》等；论说散文则多是阐发忠贞爱国、团结爱群之理，颇具坚定果敢之气的选文，如《去私》《不为与不能》《廉耻》《兼爱》。再如杂记小品，1929 年课标时期共同选文中还有《浙西三瀑布记》《小石潭记》《巫峡》等山水游记，而 1932 年课标时期古代山水游记一篇都没有，多是家庭亲情题材（如《婴砧课诵图序》）、民族精神题材（如《巴黎观油画记》）；即使两个时期都有的选文如《核工记》《李龙眠画罗汉记》，在 1932 年课标时期也被用于介绍我国固有文化，因为在当时，中国的绘画、雕刻等都被看作"在国难严重之际，积极阐扬中国固有文化之艺术"[①]。所以，《李龙眼画罗汉记》在世界书局版《朱氏初中国文》中与《图画》《巴黎观油画记》

---

① 张景苏：《复兴民族与发扬固有文化：绘画与石刻》，《教与学》1937年第2卷第9期，第149—161页。

《观巴黎油画》一起组成了"图画的种类单元"；在中华书局版《初中国文》中则与《王小玉说书》《柳敬亭说书》《核舟记》共同组成了第一册第三单元，旨在描写中国古代艺人。可见，1932年课标时期不论何种文体形式的选文，其内容主题都是一致的，即淡化了文体形式，其内容主题都和振奋民族精神、介绍固有文化密切相关，目的在于让青少年学生坚定爱家爱国信念和不屈外侮的决心。

1932年课标时期初中国文教科书古代作品共同选文和现代作品共同选文的文体，分布如图3-16所示。

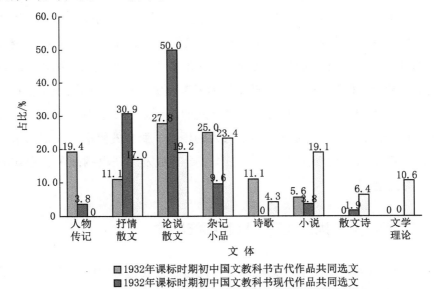

图3-16　1932年课标时期古代作品共同选文与现代作品共同选文文体对比

从图3-16中可以看出，1932年课标时期初中国文教科书现代作品共同选文中，具有较强审美艺术性的杂记小品、诗歌、小说等"文艺文"及文学理论文章的比例大大减少了，即使保留了小说，也是《最后一课》《济南城上》这类与宣传抗战有关的作品。显然，这与当时的国家形势有着直接的联系，在外敌入侵的国难时期，广大师生如果还意味绵长地在课堂上欣赏休闲小品，肯定是不合时宜的；同时，现代作品共同选文中论说散文、抒情散文的比例明显增加了，其中增加的论说文主要是宣扬爱族爱国、抵御外侮之道理的文章，如《为什么要爱国》《雪耻与御辱》《国人不可不醒的大迷梦》；增加的抒情散文，也多是抒发对国家、对同胞的忧思之情，如《战地的一日》《五月卅一日急雨中》《与妻诀别书》《虎门》等；现代作品共同选文中还增加了1929年课标时期的现代作品共同选文中所没有的人物传记，主要是《林觉民传》这类，记叙了在推翻帝制、建立现代化国家进程中献出生命的真实人物。

综上所述，1932年课标时期的初中国文教科书选文，虽然也注重实用，但不再是训练青少年学生读写、审美技能的实用，而是振奋民族精神、传播固有文化的实用，淡化了文体形式，更加注重民族性、社会性，即各种文体的选文都要为坚定抗敌信心、鼓舞御侮勇气服务，这是在民族危急时刻必须作出的选择。随着日本帝国主义侵略范围的扩大，陆续编辑出版的"战时国文"、"特种"读本等教科书，虽然也以内容专题编排选文，但已经完全打破了选文文体的界限，把教科书当作宣传抗战的工具。如任宝祥主编的《抗战读本》共十个单元，单元主题分别为：敌人的侵略、疯狂的野歌、认识敌情、全面抗战、游击队与发动民众、后方工作、寻找战友、残酷的战争、敌我的再认识、最后胜利。

三、强化历史优秀人物，振起民族精神

1929年课标时期初中国文教科书古代作品共同选文中的人物形象及所占比例，如图3-17所示。

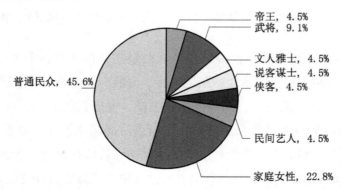

图3-17　1929年课标时期初中国文教科书古代作品共同选文中的人物形象概况

从图 3-17 中可以看出，本时期古代作品共同选文的人物形象中，平民占了绝对的优势，帝王及文武官员的形象，占比不到 15.0%。同样，本时期教科书现代作品共同选文中的人物形象，也是平民居多，除了《哀思》为纪念孙中山外，其余选文中的人物全是普通民众。把这些人物形象与新学制教科书中的人物形象相比较，更能看出本时期教科书中人物的特点（见图 3-18）。

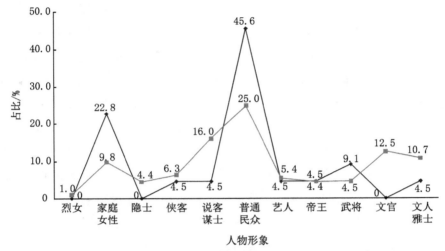

图 3-18　新学制时期、1929 年课标时期初中国文教科书
古代作品共同选文中的人物形象对比

分析图 3-18，有如下发现。

第一，1929 年课标时期初中国文教科书古代作品共同选文中的普通民众、家庭女性比例大幅度增加；说客谋士、文官、文人雅士、侠客、隐士、烈女形象明显减少。清末民初国文教科书中的平民人物形象还有相当一部分是文人雅士及官员之妻、母，而 1929 年课标时期古代作品共同选文中的人物形象大多是实实在在的平凡人，如卖鱼妇、插秧女、灌园叟、民间艺人等。这表明了中学国文教科书鲜明的平民化色彩，教科书编者预设的读者不仅是居于社会上层的富贵子弟，也包括数量众多的平民家庭子弟，而教科书中的平民人物形象也是最能让他们产生亲切感的人物。选文中说客谋士、侠客等形象也

在减少，尤其是烈女、隐士形象消失了，则与这些人物形象正逐渐在"现代社会"中成为"历史人物形象"有关。同样，在现代作品选文中，以描写普通民众人物为主的作品受到教科书的青睐，如描写了一位朴实感人父亲的《背影》（朱自清）被1929年课标时期7个版本的教科书选入，《最后一课》（都德）被6个版本的教科书选入。

第二，女性人物与女子问题的专题化。1929年课标时期初中国文教科书古代作品共同选文中的烈女形象消失了，但其他女性人物形象的数量增加了，且此时的女性人物形象性格各异、身份多元，有劳动女子卖鱼妇、插秧女，说书艺人王小玉；有锄强扶弱的江湖女侠，代父从军的木兰；还有令人捧腹的刘姥姥，让文人感慨叹息的陈圆圆、崔莺莺，引起人们思索婚姻家庭问题的刘兰芝，等等。总之，本时期教科书中的女性人物形象，已经完全突破了清末民初的慈母贤妻、孝女烈妇形象。有些教科书还有意把女性题材选文编排在一起，如世界书局版《初中国文》第五册把《津浦车中一个女孩子》《女儿国》《王小玉的鼓书》并列编排。最有代表性的是《基本教科书初中国文》，在第一册中，东轩主人、林嗣环、蒲松龄的同名作品《口技》并排，展现了女性说书艺人的风采；第二册中，同是怀念亲人的《项脊轩志》《寒花葬志》《先妣事略》并排，展现了家庭真情；第三册中，更是把《木兰辞》《女子与文学》《〈金石录〉后序》《声声慢》《孔雀东南飞》《祭妹文》《上山采蘼芜》并排，组成了"女子与文学"的专题，还把《费宫人传》《费宫人刺虎歌》与《柏林之围》并排，凸显了女子的爱国与英勇。

第三，"武性"人物形象受青睐。相对于文官、帝王形象比例的下降，武将形象则增加了，而且帝王形象也是武性色彩鲜明的项羽。本时期初中国文教科书中的武性人物形象既有大铁椎、武松、林冲等男性，也有沈云英、花木兰、侠女等巾帼英雄，可谓全民皆勇，尤其是武性色彩鲜明的女子形象备受教科书青睐，如《木兰辞》《沈云英》均被5个版本的教科书选入。新学制时期，由于军阀混战，民众呼唤和平，与之相适应，教科书中的武性人物急剧减少。而南京国民政府成立后，虽然形式上统一了全国，内忧有所缓解，但外患未减，帝国主义尤其是日本侵略者虎视眈眈，图谋不轨。1931年"九一八"事变爆发，9月18日被称为"国难日"。在外敌入侵、国家危难的情况下，国人必须有所担当。大东书局版《初中国文教本》把《木兰辞》《沈云英传》《费宫人传》放在同组，组名为"变局的应付"。在 1932 年课标时期初中国文教科书古代作品共同选文中，武性人物更是大量增加（见图 3-19）。

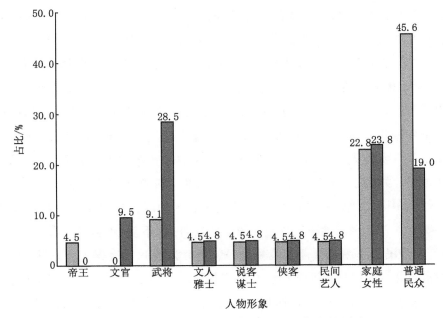

图 3-19　1929 年、1932 年课标时期初中国文教科书古代作品共同选文中的人物形象对比

从图 3-19 中可以看出，1932 年课标时期初中国文教科书古代作品共同选文中的人物形象以武将最多，如岳飞（《岳飞传》，被 7 个版本的代表性教科书中的 5 个版本选入）、文天祥（《〈指南录〉后序》，被 3 个版本选入）、史可法（《梅花岭记》，被 3 个版本选入）。初中国文教科书古代作品共同选文中的其他人物也是武性色彩鲜明，如本时期的文官也有所增加，但大多是历史上那些以国事为重、不计较个人生死荣辱的文官人物，如左光斗（《左忠毅公逸事》）、诸葛亮（《出师表》）；再如平民人物《大铁椎传》中的大铁椎、《景阳冈》中的武松、《木兰辞》中的花木兰等等，不论男女，都富有武勇的气质。

1932 年"一·二八"事变后，面对日本侵略者的挑衅，有识之士开始反思传统教育的缺陷，其中之一便是"性格文弱，毫无男儿丈夫气"，"文弱不铲除，华族也别想复兴"，所以，他们建议"今后的教育应是'男性化'的教育，即刚性的教育，应使男女学生都有武士精神或巾帼丈夫气"。①在各级学校领域，唤起学生民族精神的教育更是格外强调要有高尚的气节、侠义的精神、自卫的能力。"气节"是中国几千年来所重视的，历史上有许多例子可以证明，如"三军可夺帅，匹夫不可夺志""富贵不能淫，贫贱不能移，威武不能屈"等等；狭义的精神是见义勇为的精神，是临难不苟、临危不惧的精神，即使出身贫寒、未受高等教育者也应有"浩然之气"。②所以，此时的初中国文教科书中增加了文天祥、岳飞、史可法、左光斗这类勇于抵御入侵者的历史人物形象，女性人物也不再是以往教科书中温柔贤惠的妻母形象，而是勇武不让须眉。如《沈云英传》被1929年课标时期、1932年课标时期17个版本的代表性初中国文教科书中的11个版本选入，因为沈云英被视作"智勇兼具的民族魂"③。沈云英的遗事能够给大家七条教训：①不动心（镇静）；②知识远大（知爱国爱民）；③和善（不以富贵为骄、贫穷为贱）；④有谋（有先见之明）；⑤注重教导（能以精神训练儿童）；⑥义勇（胆大心细）；⑦忠孝（尽忠尽孝）。这七条实在可以说是英雄的典型。④当时，有人感慨道："其声名赫赫，当乱世而有功于民族国家之女子，何可胜数！我国今日之欲卖国求荣、苟全禄位而不为国家谋为民族算者，读云英之史，其亦有所警悟乎？"⑤总之，《沈云英传》"是一篇重要的文字，仔细读读可以明白爱国救国并不难，只用大家肯团结一致就行"⑥。该文选入教科书后，深入青少年学生读者内心，激发了他们的爱国之情："读沈云英传，知智勇之士未必皆出于男子……今者中原板荡，国势已如危卵，安得如至绪父女，出而挽救殆局乎？"⑦"不知不觉国文课已读至十余课之多，然其最使吾人钦佩者，即沈云英传也。现今吾国，民族之将亡，

---

① 邱椿：《教育与中华民族性之改造》，《前途》1933年第1卷第7号，第10页。
② 杨卫玉（讲），莫补庆记：《复兴民族精神》，《光华附中半月刊》1935年第3卷第9期，第89页。
③ 漕农：《民族魂：沈云英》，《国讯》1934年第80期，第360页。
④ 张彤英：《巾帼英雄沈云英》，《浙江青年》1935年第1卷第8期，第55页。
⑤ 徐用仪：《勇武爱国之秦良玉与沈云英》，《现代学生》1933年第3卷第1号，第1—22页。
⑥ 《编辑后记》，《田家半月报》1936年第3卷第12期，第20页。
⑦ 林燮昌：《读沈云英传书后》，《沪民月刊》1935年第9期，第113页。

国势之日削也。青年同胞一应各抱沈云英见义勇为、当仁不让之志气，与各帝国主义者决一死战，造成新兴之中国，恢复我千年来之荣誉，方不愧为中国之子女。"[1]

此外，通过分析1932年课标时期初中国文教科书古代作品共同选文的作者，也可以看出国文教科书紧跟时代变化，服务于抗战主题。本时期许多文学家的作品没有成为初中国文教科书的共同选文，如在清末民初中学国文教科书中占有很大比例的韩愈、柳宗元的作品大幅度减少，韩愈仅仅一篇《祭十二郎文》（被4个版本的教科书选入），柳宗元的作品没有进入共同选文行列；即使是白话文进入教科书以来备受青睐的白居易、杜甫，其作品也没有进入本时期的共同选文行列。与此同时，在历史上并不以文学成就著称的岳飞、文天祥等人，他们的诗文被多个版本的初中国文教科书争相选入：在1932年课标时期的7个版本的代表性初中国文教科书中，岳飞有6篇次的作品进入了5个版本的教科书中，主要是《满江红》《五岳祠盟记》；文天祥也有6篇次的作品进入了4部教科书中，主要是《〈指南录〉后序》《正气歌》。另外，还有他人创作的以岳飞为题材的作品，共7篇次入选5个版本的教科书，这些选文包括节选自《宋史·岳飞传》的《岳飞郾城之战》《岳飞之少年时代》《岳飞之轶事》《岳飞传论》，还有诗歌《岳家军》（张维屏）、戏剧《刺字》（张大复）等等。

再如1932年课标时期初中国文教科书中的诗歌作者，在7个版本的代表性教科书中仅有1个版本选入了田园诗人陶渊明的作品（《诗二首》，即《庚戌岁九月中于西田获早稻》《丙辰岁八月中于下潠田舍获》），却有6个版本选入了黄遵宪11篇次的诗歌，超过了杜甫（6个版本，7篇次）、李白（5个版本，9篇次），教科书中的黄遵宪诗歌主要是《军中歌》《哭威海》《悲平壤》《东沟行》《哀旅顺》《台湾行》《旋军歌》这类。这是因为在当时的严峻形势下，有人指出"白乐天的《新丰折臂翁》是反战的代表作，杜子美的《石壕吏》是反对抽丁的宣传品，陶潜的《桃花源记》一味以避入乐土为能事，这些选文容易使人养成不抵抗主义的陋习"，要把此类选文一概删去并补充富于抗战情绪（如

---

[1] 李应珊：《读沈云英传后》，《安庆女中校刊》1936年第7期，第57页。

《沈云英传》）、富于忠贞之气（如《正气歌》）、富于果敢之气（如《项羽破釜》）的作品，从而"建设新的、富于抗战的国民心理，以挽救国运的危殆"。[①] 于是，本时期一些教科书选文作者（如岳飞、文天祥等人）虽然在中国文学史上并不耀眼，但在外敌入侵需要振起民族精神的时刻，或是因为他们所创作的作品主题符合时代需要，或是因为他们自身在历史上的言行符合宣传教育需要，多个版本的国文教科书对他们青睐有加。这也再次表明，1932年课标时期初中国文教科书选取古代作品的标准，不但作者的声望（文学成就、文学史地位）不是主要依据，甚至古代作品自身的文学价值、艺术成就也不再是主要依据，取而代之的是该选文的主题符合振起民族精神、发扬固有文化的要求。

也就是说，本时期的国文教科书主要是因时代、国家情势需要而选文。这一点在1932年课标时期教科书中的现代选文中也得到了体现，现代选文中也减少了文学家的"文艺文"，选入了一些富有宣传教育功能的作品，如《航空救国》《自卫的战争》《日本侵略中国外交秘史序》；增加了一些时事评论，如《旗籍军民否认溥仪暨其宗室遗臣以满族名义施行帝制宣言》《致日本出兵山东抗议》《十九路军第五军三月三日通电》；增加了反映抗战的时文，如《战地的一日》《济南城上》；增加了宣传国民党先驱的文章，如孙中山题材3篇（《哀思》《孙中山先生的幼年时代》《"和平""奋斗""救中国"》），林觉民题材2篇（《林觉民传》《与妻诀别书》），还有《黄花冈烈士事略序》《执信的人格》等，其中《黄花冈烈士事略序》被7个版本的代表性教科书中的5个版本选入，《林觉民传》《与妻诀别书》《济南城上》被4个版本选入，其他均被3个版本选入。与此同时，国民党中上层人士的相关文章也大量出现在教科书中，其中不乏孙中山、蒋介石等人的演讲稿、大会发言稿、训话等：在7个版本的代表性教科书中，有6个版本选入了孙中山（如《就非常大总统职宣言》）16篇次的作品，另有其他人创作的缅怀孙中山的20篇次的作品；有6个版本的教科书选入了汪精卫（如《执信的人格》）17篇次的作品；6个版本的教科书选入了吴稚晖（如《勤工俭学传书后》）9篇次的作品；6个版本的教科书选

---

① 戚维翰：《战时中学国文补充教材》，《青年月刊》1938年第6卷第4期，第15页。

入了戴季陶（如《中国国民革命之历史的因缘》）5 篇次的作品；4 个版本的教科书选入了蒋中正（如《新生活运动训辞》）7 篇次的作品；3 个版本的教科书选入了胡汉民（如《今后雪耻的两条路》）6 篇次的作品……

无疑，国文教科书中人物的性格特点、思维方式、言行举止会对学生读者产生深刻的影响。但国文教科书毕竟是教学用书，还应有利于对学生"表情达意"技能的训练。国文教科书中以刻画人物形象为主的选文，同时承担着提高学生写作技能尤其是人物描写技巧的功能。如商务印书馆版《基本教科书国文》第一册，把《王冕的少年时代》《王冕传》《荆元》《大铁椎传》《刘老老》《陌上桑》《刘东山》《秦淮健儿传》《景阳冈》等 9 篇选文并列编排，在每篇选文后还有"说明"：

> 第二十八课里已经提到"人物描写"的名字，现在要开头讲了，这课里有三个人——王冕、他的母亲和秦老，但以王冕为主，他就叫做主要人物。人物描写没有景物描写那么简单，因为一个人物有多方面可以描写，如形容、举止、言语、性情等等。
>
> ——《王冕的少年时代》文后说明
>
> 关于一个人的一生的叙述，就是那个人的传记，或简称传。传记是由一个人的言语行为等等的描写合成，但它的主要目的是在表出一个人的特别地方。这点特别的地方，叫做那人的性格。传记是性格描写的一种，性格描写有直接、间接两种……
>
> ——《王冕传》文后说明
>
> 本文于人物描写的各种方法差不多统统具备，今为分析如下，藉作一总结①：I.直接描写：（1）状貌的描写（服装、用物、语音、年岁）；（2）行动及情态的描写；（3）声音的摹写；（4）言语的直接引述。II.间接描写：（1）以其给与别人的印象为烘托；（2）以旁事为烘托。
>
> ——《大铁椎传》文后说明

---

① 原文在每个小目下都举出了选文的例句，在此省略。

　　该教科书在后续的其他选文"说明"中分别详细地阐述了人物描写的相关知识：传记描写与小说描写的区别（一实一虚）、心理描写（《刘老老》），诗歌中的人物描写、间接人物描写（《陌上桑》），宾、主人物描写（《刘东山》），叙事的详略与人物描写（《秦淮健儿传》），小说的背景、小说的人物、小说的情节（《景阳冈》）。将描写人物的选文并列编排，并结合各篇选文的特点条分缕析地介绍关于人物描写的知识，可见古代作品选文的作用不可忽视。再如孙怒潮编辑的《初级中学国文教科书》的第一册第三单元由《王小玉说书》（9课）、《柳敬亭说书》（10课）、《李龙眠画罗汉记》（11课）、《核舟记》（2课）四篇选文组成，该教科书的"教学做举要"的"教案"部分写道："这一单程完全注重人物的描写，说到人物，有男女、老少、个性、共性的不同，如第九篇是描写女性的声音姿态，第十篇是描写男性的声音姿态，而又是个性的刻画；十一、十二两篇，是图画雕刻中色相的描写，而又是共性的描写。个性难于分条逐段的布列，共性难在共性中求个性的表现，教者应该注意九、十两篇和十一、十二两篇的对比，以及个性在共性中的活跃。"显然，这些以刻画人物为主的古代作品选文的编排，不仅能对青少年学生进行道德教育、言行熏陶，还能教给学生人物描写技巧，从而再次表明了教科书中古代作品"文质兼美"的选文特点与注重实用兼及审美的选文标准。

第四章

应战时之需，服务思政宣传

（1937—1949）

振兴儒教；尊重汉民族固有的文化，特别尊重日华共通的文化，恢复东方精神文明。

——日伪《从内部指导中国政权的大纲》（1938）

以民族精神与生活知识教育儿童，造成中国的优秀后代。

——《陕甘宁边区抗战时期施政纲领》（1939）

目标：（壹）养成用语体文及语言叙事说理表情达意之技能。（贰）养成了解一般文言文之能力。（叁）养成阅读书籍之习惯，与欣赏文艺之兴趣。（肆）使学生从本国语言文字上，了解固有文化，并从代表民族人物之传记及其作品中，唤起民族意识与发扬民族精神。

——国统区《修正初级中学国文课程标准》（1940）

本书的编辑方针是：使学生掌握语文的基本规律，提高阅读、写作能力；同时养成青年活泼的思想，增进社会、历史、自然各方面的知识，以树立青年革命的人生观与实事求是的科学态度。

——《中等国文·编者的话》（1948）

第一节　全面抗战时期各取所需的古代作品选文

全面抗战初期，日本侵略者取得了军事优势并建立了伪政权，中国出现了以蒋介石为首的国民政府统治区、中国共产党领导的抗日根据地和日伪控制沦陷区并立的局面。① 教科书是教育内容的物质载体，是具体教育实践的媒介，各政权也都没有忽视对中小学教科书编辑、出版、发行的控制。

一、全面抗战时期初级中学国文教科书古代作品选文概况②

社会统治阶层的政治权力在课程法定中的运用主要表现在对课程计划、教学大纲及教科书的控制上，尤其是在教科书的编审上。③ 全面抗战时期，在政局动荡、物资匮乏的背景下，各政权趁机取消了清末以来长期实行的教科书"审定制"，以"统编制"取而代之，并要求所辖学校使用统一的教科书。为了行文论述的方便，本书将该时期的教科书分称沦陷区教科书、国统区教科书、根据地教科书。

伪华北"教育总署"编审会组织编辑的《初中国文》（以下简称伪华北版）和汪伪"教育部"编审委员会编辑的《国定教科书初中国文》（以下简称汪伪版）是沦陷区主要使用的初中国文教科书。傀儡政府由于成立仓促，无力组织人员编制新教科书，主要是对中华书局 1937 年 8 月初出版的《新编初中国文》④ 进行修订使用。

---

① 江沛：《全面抗战与中国社会变迁特征述论》，《历史教学》2005年第9期，第20页。
② 该部分的相关内容已公开发表。参见赵新华：《抗战时期初中国文教科书中的意识形态控制》，《广西社会科学》2015年第4期。
③ 吴康宁：《教育社会学》，人民教育出版社1998年版，第316页。
④ 宋文翰：《修正课程标准适用新编初中国文》，中华书局1937年版。

抗日战争全面爆发后，国民政府西迁，各级学校教师随同流入后方，"教育部就奉到委员长手谕，改编中小学语文、史地、常识教科书"，1942年"由陈（立夫）部长亲自兼国立编译馆馆长，切实领导、积极进行教科书编辑出版工作"①，并由正中书局等出版机构联合组成了"国定中小学教科书七家联合供应处"，负责教科书的发行。②《初级中学国文甲编》是国统区初级中学使用的国文教学用书，该书六册，每册"共文三十二篇（初中一年级精读时间较多，曾为三十六篇）"③。

1938年2月，陕甘宁边区教育厅编审科编审的第一套小学课本陆续出版发行。④1941年，陕甘宁边区政府教育厅又组织人力完成了对小学课本的改编工作。⑤1945年5月，编辑出版了《中等国文》。《陕甘宁边区抗战时期施政纲领》第十五条为"以民族精神与生活知识教育儿童，造成中华民族的优秀后代"⑥，根据地教科书既充满强烈的政治意识、民族精神，又具有广泛的亲民倾向。⑦

全面抗战时期的各版本教科书，在其"编辑说明"中都明确表示要选入文言文："语体文与文言文并选，循年级顺序，语体递减，文言递增"（汪伪版）；"语体文言之比例，第一年为语七文三，第二年为语六文四，第三年为语文各半"；"不别新旧之体"（国统区教科书）；"读文绝大多数是新民主主义的，但为了某些需要，偶然也选一两篇比较旧的东西"（根据地教科书）。所以，在四个版本的教科书中都有不同比例的古代作品选文（见表4-1）。

---

① 陆殿扬：《国定教科书编印经过及其现状》，《出版界》1944年第1卷第6、7期，第6页。

② 魏冰心：《国定教科书之供应问题》，《教育通讯》（复刊）1946年第1卷第13期，第14页。

③ 国立编译馆：《初级中学国文甲编·编辑要旨》，国定中小学教科书七家联合供应处1943年版，第1页。

④ 皇甫束玉等：《中国革命根据地教育纪事》，教育科学出版社1989年版，第135页。

⑤ 皇甫束玉等：《中国革命根据地教育纪事》，教育科学出版社1989年版，第213页。

⑥ 中共陕西省委党史研究室：《中共中央在延安十三年史（上）》，中央文献出版社2016年版，第513页。

⑦ 石鸥、吴驰：《中国革命根据地教科书的政治宣传效应》，《教育学报》2011年第3期，第110页。

表 4-1　抗战时期各版本初中国文教科书古代作品选文数量及比例

		伪华北版	汪伪版	国统区	根据地
第一册	数量/篇	13	14	13	1
	比例/%	30.9	31.8	36.1	3.3
第二册	数量/篇	16	15	17	1
	比例/%	36.4	34.1	47.2	3.3
第三册	数量/篇	11	13	12	
	比例/%	25.0	29.5	36.4	
第四册	数量/篇	23	25	11	
	比例/%	52.3	56.8	34.4	
第五册	数量/篇	23	28	11	
	比例/%	57.5	70.0	34.4	
第六册	数量/篇	23	27	20	
	比例/%	60.5	67.5	62.5	
合计	数量/篇	109	122	84	2
	比例/%	43.3	47.7	41.8	3.3

　　从表 4-1 中可以看出，沦陷区、国统区教科书基本上保持全面抗战前教科书中古代作品选文的比例，由于根据地教科书学习对象的不同，其中的古代作品则少得多。虽然各版本教科书选文的数量不统一，但大体延续了随年级递增的原则，如果按照学年统计，这种递增趋势更为明显（见图 4-1）。

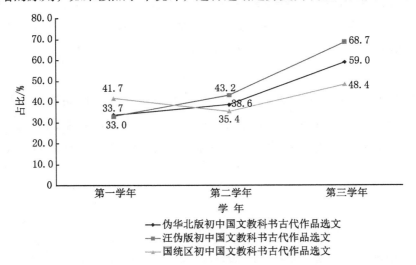

图 4-1　抗战时期各版本初中国文教科书三学年古代作品选文比例

图 4-1 显示：伪华北版，第一学年（一、二册）古代作品选文占 33.7%，第二学年（三、四册）为 38.6%，第三学年（五、六册）为 59.0%；汪伪版，第一学年为 33.0%，第二学年为 43.2%，第三学年为 68.7%；国统区教科书，第一学年为 41.7%，第二学年为 35.4%，第三学年为 48.4%。

二、全面抗战时期初级中学国文教科书古代作品选文特点

（一）沦陷区教科书：减少武勇、多表自然

日本侵略者于 1938 年 7 月制定了《从内部指导中国政权的大纲》，其中规定文化教育要"振兴儒教"，"尊重汉民族固有的文化，特别尊重日华共通的文化，恢复东方精神文明"。[1] 汪伪政府 1943 年颁布的《战时文化宣传政策基本纲要》也规定"复兴固有文化，吸收外来文化，以强化中国文化之基干"[2]。汪伪政府"教育部"制定的中学训育目标是"养成忠孝仁爱信义和平之德性""养成安分务本坚忍不挠之意志"。[3] 汪伪版《国定初中国文教科书·编纂大意》中说，"本书尽量容纳旧有版本之长处，对于各大书局初中国文教科书所选材料，多所选取，并加入适合时代需要之新教材，以求充实"，该教科书和伪华北版教科书中的古代作品选文主要呈现如下特点。

1. 多记自然景物，忽略国家危机、民族困境

从表 4-1 中可以看出，在沦陷区两个版本的教科书中，古代作品选文都占有了很大比例（伪华北版 43.3%，汪伪版 47.7%），这些古代作品选文的主题占比见图 4-2。

从图 4-2 可以看出，虽然两个版本教科书中的古代作品选文在数量上存在差异，但表现自然的选文均居首位，且远远多于国家主题的选文，这和 1932 年课标时期教科书中的古代作品选文主题形成了鲜明的对比（见图 4-3）。

---

① 北京师范大学中国现代史教研室：《中国现代史（下册）》，北京师范大学出版社 1983 年版，第 94 页。

② 中央档案馆等：《日本帝国主义侵华档案资料选编·汪伪政权》，中华书局 2004 年版，第 861 页。

③ 中央档案馆等：《日本帝国主义侵华档案资料选编·汪伪政权》，中华书局 2004 年版，第 850 页。

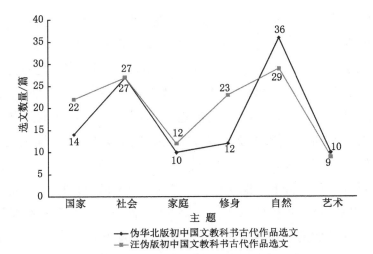

图 4-2 沦陷区初中国文教科书古代作品选文主题概况

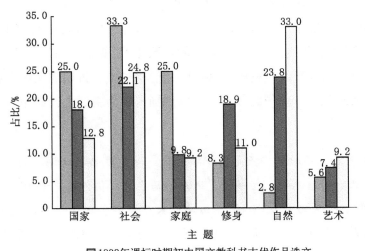

图 4-3 1932 年课标时期、沦陷区初中国文教科书古代作品选文各主题比例对比

从图 4-3 中可以看出，在日本帝国主义武力入侵的危难之际，1932 年课标时期初中国文教科书古代作品选文强化了国家主题（占 25.0%），淡化了审美休闲的自然主题（占 2.8%）；伪华北版、汪伪版教科书则与之相反，自然主题的选文分别以 33.0%、23.8% 的比例占据首位，是 1932 年课标时期教科书中自然主题选文的 10 倍之多。而伪华北版、汪伪版教科书中的国家主题选文仅分列第三、第四位，把 1932 年课标时期多个版本教科书共同选入的《梅花岭记》《满江红》《巴黎观油画记》《沈云英传》《岳飞传》这类选文全部删除了。在外敌入侵的形势下，保家和卫国是密不可分的，1932 年课标时期教科书中反映家庭亲情的古代作品选文占 25.0%，而沦陷区两个版本教科书中的家庭题材选文比例则分别降为 9.2%、9.8%，不及 1932 年课标时期教科书的一半。但沦陷区教科书中修身主题的古代作品选文占比大幅度提高了，尤其是汪伪版教科书（18.9%）比 1932 年课标时期教科书（8.3%）高出一倍以上。显然，编者希望塑造沦陷区青少年学生的"安分坚忍""忠义仁爱"思想。

2. 减少勇武抗敌人物，迎合"睦邻政策"

沦陷区两个版本的教科书均删除了中华书局 1937 年版教科书中的《亚美利加之幼童》《少年爱国者》《莫斯科的女孩儿》《最后一课》《观巴黎油画院记》《少年鼓手》《朴朗吟教授》《林尹民传》等选文，说明选文中人物形象的教育功能得到强化。伪华北版教科书以刻画人物为主的古代作品选文主要有36 篇：

> 岳飞之少年时代、王冕的少年时代、李龙眠画罗汉记、马二先生、愚公移山、费宫人传、插秧女、送东阳马生序、伤仲永、景阳冈、北堂侍膳图记、《兰陔爱日图》记、田单以火牛攻燕、郭子仪单骑退敌、信陵君救赵、杨修之死、大铁椎传、左忠毅公逸事、祖逖传、马援传、西门豹治邺、明湖居听书、琵琶行（并序）、柳敬亭传、书史阁部殉扬州事、张巡死守睢阳、《指南录》后序、赵氏孤儿（第二折）、罗台山、黄土老爷、鲁仲连义不帝秦、燕太子丹谋秦、慎子拒齐求割地、优孟优旃、先妣事略、鸣机夜课图记

其中的人物身份特点如图 4-4 所示。

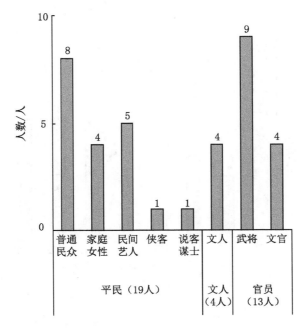

图 4-4　伪华北版初中国文教科书古代作品选文中的人物形象概况

汪伪版教科书和伪华北版有许多共同的古代作品选文，但以刻画人物为主的古代作品选文则达到了 47 篇：

岳飞之少年时代、王冕的少年时代、李龙眠画罗汉记、马二先生、荆元、阿留传、费宫人传、插秧女、送东阳马生序、伤仲永、冯谖、景阳冈、北堂侍膳图记、《兰陵爱日图》记、杜环小传、田单以火牛攻燕、郭子仪单骑退敌、信陵君救赵、虞卿议割六城与秦、大铁椎传、左忠毅公逸事、祖逖传、马援传、王冕传、西门豹治邺、木兰辞、石壕吏、琵琶行、汤琵琶传、柳敬亭传、范文正公论、书史阁部殉扬州事、张巡死守睢阳、《指南录》后序、祭妹文、罗台山逸事、黄土老爷、圬者王承福传、鲁仲连义不帝秦、燕太子丹谋秦、慎子拒齐求割地、优孟优旃、弦高犒师、烛之武退秦师、蔺相如与廉颇、先妣事略、鸣机夜课图记

其中的人物身份特点如图4-5所示。

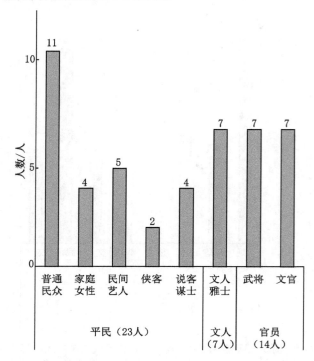

图 4-5　汪伪版初中国文教科书古代作品选文中的人物形象概况

从古代作品选文中的各类人物形象的比例来看，沦陷区教科书和1932年课标时期教科书也有很大不同（见图4-6）。

从图4-6可以看出，相对于1932年课标时期初中国文教科书古代作品选文中的人物形象，沦陷区教科书中的武将形象减少了，尤其是汪伪版，占比降低了一半，而文官人物有所增加，如在第六册中，沦陷区两个版本的教科书均用《黄土老爷》（俞樾）替换了原版教科书中的《秦士录》，"黄土老爷"没有反抗精神，是重节操、守官德、节俭自奉、廉洁自律的高风亮节之士。不难理解，"黄土老爷"这样的文官形象是符合具有"东方文明精神""日华共通的文化"的要求的。在平民人物方面，沦陷区教科书中家庭女性人物减少了，只保留了《北堂侍膳图记》《〈兰陔爱日图〉记》《先妣事略》《鸣机夜课图记》这类便于进行孝道教育的选文，而表现骨肉亲情的《祭妹文》曾被南京国民政府前期 16 个版本的初中国文教科书共同选入，却没有出现在伪华北版教科书中。同时，沦陷区教科书中的民间艺人形象增加了，伪华北版第五册还把《明湖居听书》《琵琶行（并序）》《柳敬亭传》与日本现代音乐理论家田边尚雄的《名耀世界的"月光曲"》并列编排，组成了该册的第二单元，这显然是"日华共通的文化"的呈现；而原来的中华书局版《新编初中国文》第一册第十组由《李龙眠画罗汉记》与《观巴黎油画院记》《一张小小的横幅》《图画》组成，沦陷区两个版本的教科书则均把《观巴黎油画院记》删除了，并均用郑燮的《题画竹》替换，这是因为《观巴黎油画院记》的题材和普法战争有关，其文后云："余问：'法人好胜，何以自绘败状，令人丧气若此？'通译者曰：'所以昭炯戒，激众愤，图报复也。则其意深长矣！'"这类选文显然和"贯彻睦邻政策之精神"不符。再如，沦陷区两个版本的教科书均以《孟子·鱼我所欲也章》（汪伪版名之为《舍生取义》）替换了原版中的《左宝贵死难记》一文。

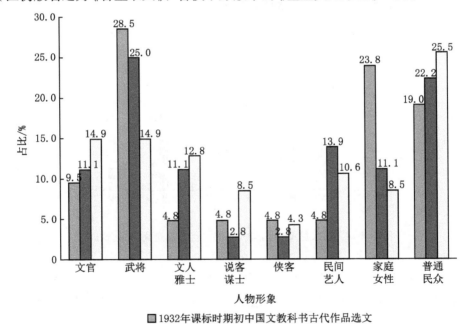

图 4-6 1932 年课标时期、沦陷区初中国文教科书古代作品选文中的人物形象比例对比

总之，在外敌入侵的危难时刻，沦陷区教科书利用古代作品选文向青少年学生灌输"安分坚忍""和平忠孝""仁爱王道"思想，实际上是在推行迎合日本帝国主义的奴化教育。

（二）国统区教科书：强化保家卫国意识

1940 年 7 月，国统区公布了《修正中学课标》，依然要求"使学生从本国语言文字上了解固有文化，并从代表民族人物之传记及其作品中唤起民族意识与发扬民族精神"[①]。《初级中学国文甲编》（以下简称《国文甲编》）就是遵照该标准编辑而成的，该教科书基本上保留了 1932 年课标时期教科书中"足以振奋民族精神"的古代作品选文，如民族代表人物的传记及作品《沈云英传》《论恢复疏》等，以描述武性人物为主的《景阳冈》《战国任侠》等，还增加了讨论战事的论说文，如《战论》《六国论》《教战守策》《请励战守疏》等。

1. 适应保家卫国形势，国家主题居首

《国文甲编》中的 84 篇古代作品选文，主题分布见图 4-7。

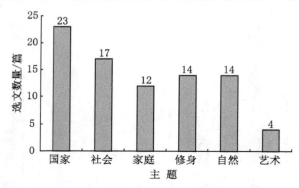

图 4-7　国统区初中国文教科书古代作品选文主题分布

从图 4-7 中可以看出，国家主题的选文是最多的，这延续了 1932 年课标时期教科书古代作品选文的主题特点（1932 年课标时期国家主题的古代作品选文占比居第二位），也与当时的抗日战争局面中中国暂时处于劣势有关。这些国家主题的选文，以论述收复失地、不屈外辱的作品为主，如《论恢复疏》

---

① 教育部：《修正初高级中学课标》，正中书局1941年版，第57页。

《教战守策》《请励战守疏》《战论》《六国论》等。这类古代作品选文往往并列编排，有的则和现代作品选文如《绝笔书》《争取国家的自由平等》等并列编排，这就体现了教科书编者通过此类选文对青少年学生进行爱国主义教育的自觉意识。

如果将古代作品选文主题进行对比，则更能呈现在国家危难之际，国统区教科书与沦陷区教科书所传递的保家卫国精神与妥协屈从意识之别（见图4-8）。

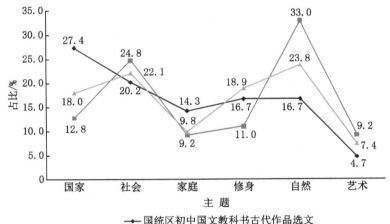

图 4-8　国统区与沦陷区初中国文教科书古代作品选文主题对比

从图 4-8 中可以看出，国统区教科书中国家主题、家庭主题的古代作品选文比例大大高于沦陷区伪政权两个版本的教科书；相反，沦陷区教科书中自然主题、艺术主题的古代作品选文比例大大高于国统区教科书。沦陷区教科书"屏蔽"了《巴黎观油画记》《五岳祠盟记》这类爱国主义作品，却让青少年学生大量阅读《日观峰观日出》《游珍珠泉记》《满井游记》《登泰山记》《游西湖记》《游龙门记》这类以描写自然景物为主的选文，显然是为了让他们养成"唾面自干""逆来顺受"的陋习。①

———————————

① 戚维翰：《战时中学国文补充教材》，《青年月刊》1938年第6卷第4期，第15页。

2. 多选民族代表人物传记及作品，强化"恢复""北伐"意识

《国文甲编》中以刻画人物为主的古代作品选文主要有 31 篇：

> 火烧赤壁、北堂侍膳图记、婴砧课诵图序、马伶传、大铁椎传、巴黎观油画记、沈云英传、景阳冈、群英会、万里寻兄记、鞭虎救弟记、明湖居听书、左忠毅公逸事、淳于髡一日进七士、邹忌讽齐王纳谏、侍坐章、项脊轩志、田单攻狄、晏子使楚、祭妹文、鸣机夜课图记、西门豹治邺、冯谖客孟尝君、战国任侠、李龙眠画罗汉记、五人墓碑记、费宫人传、孝女缇萦传、鸿门之宴、祭田横墓文、送东阳马生序

这些选文中的人物身份占比和沦陷区也存在差异（见图 4-9）。

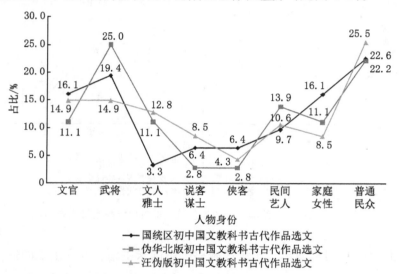

图 4-9　国统区与沦陷区初中国文教科书古代作品选文中的人物身份比例对比

从图 4-9 中可以看出，与沦陷区教科书相比，《国文甲编》古代作品选文中的家庭女性、侠客较多，前者有助于展现家庭亲情，后者有助于呈现平民中的武性人物。同时，《国文甲编》中的文人雅士形象占比较低，这主要是因为国统区教科书力求"从代表民族人物之传记中唤起民族意识与发扬民族精神"，显然，武将、侠客比文人雅士更符合这一导向；而日本帝国主义在沦陷区提出了"振兴儒教"的口号，教科书中强化文人雅士形象的目的也就不难理

解了。《国文甲编》中的文官形象所占比例明显高于沦陷区教科书，但这些文官并不"文气"，大多是淳于髡（《淳于髡一日进七士》）、晏子（《晏子使楚》）这类为维护国家利益挺身而出的文官，选文中着重展现的不是他们身上的"温文尔雅"；而沦陷区教科书中则是杜环（《杜环小传》）、黄土老爷（《黄土老爷》）这类雅洁清正之官。值得一提的是，三个版本的教科书中都有岳飞形象，《国文甲编》第四册选入了岳飞的《五岳祠盟记》《论恢复疏》，二文后还分别以"附诗"的形式选入了岳飞的《满江红》《送紫岩张先生北伐》，随后的两篇选文是《田单攻狄》《晏子使楚》；沦陷区两个版本教科书选入的是《岳飞之少年时代》，记述了少年岳飞"天资敏悟，强记书传，尤好左氏春秋""家贫，拾薪为烛，诵习达旦不寐"，该文与《王冕的少年时代》《佛兰克林做徒弟的时候》并排，组成"勤学好少年"单元。

（三）根据地教科书：知识教育、政治教育并重

从表4-1可以看出，根据地教科书中的古代作品选文极少，在每册仅仅一课，且以通俗易懂的寓言故事和诗歌为主。在全面抗战前期，日本侵略者暂时取得了军事上的优势，随着大都市的失陷，文化与政治必须与广大农民和战士打交道，通俗的语言文化形式成为社会交流和社会动员的主要媒介物。[1] 所以，在陕甘宁边区教育厅编的《中等国文》中"偶然选一两篇比较旧的东西"，在前两册中，每册仅有一课古代作品选文：第一册第26课《中国寓言》，包括《揠苗助长》（《孟子》）、《井蛙与海鳖》（《庄子》）、《郑人买鞋》（《韩非子》）、《狐假虎威》（《战国策》）、《鹬蚌相争》（《战国策》）、《愚公移山》（《列子》），每则寓言都有详细的白话译文；第二册第14课《诗选》，包括《石壕吏》（杜甫）、《歌舞》（白居易）、《关山月》（陆游）、《黄海舟中感怀》（秋瑾）。该教科书在《关于本书的七点说明》中说，书中所选的任何一篇文章都有三个方面的价值，即语文规律的价值、政治的价值、一般知识的价值，"国文教学的基本目的虽然在于掌握语文规律，但对于其他两个方面的价值决不允许忽视"。所以，这为数不多的古代选文，在其"教学参考"中也同样被

---

① 汪晖：《现代中国思想的兴起》，生活·读书·新知三联书店2008年版，第77页。

赋予了教育价值:①介绍中国语文性质特点及一般知识,如《中国寓言》中介绍了寓言的特点和《孟子》《庄子》《韩非》等"子书"知识,《诗选》中介绍了诗的文体特点和杜甫、李白、陆游等古代诗人常识;②发掘选文的思想政治宣传功能,如"'揠苗'的故事是反对主观主义的,'井蛙'的故事是反对狭隘经验主义的,'买鞋'的故事是反对教条主义的。'愚公移山'的故事则相反,愚公的坚持不妥协,勇往直前,前赴后继,不怕非难嘲笑,不知老之将至的精神是值得我们效法的"①。

---

① 详见赵新华:《现代中学国文教育简史(1904—1949年)》,中国社会科学出版社2018年版,第171—172页。

第二节　解放区亲近平民、文道并重的古代作品选文

一、解放区初级中学国文教科书中古代作品选文概况

抗日战争胜利至中华人民共和国成立前，由于客观形势的利好，中国共产党在政策方针上的统一，解放区教育事业取得了突出成就，如山东解放区有中等学校百余所，东北解放区的中等学校也发展到 200 多所。[1] 随着解放区中学教育的规范化发展，教科书编辑出版工作也稳步推进，各解放区都在努力探索，编辑出版了适应新形势的初级中学国文教科书，如胶东中学《初中国语》、东北行政委员会《初中国文（临时教材）》、中原临时人民政府《初级中学国语》、上海联合出版社《初中国文（临时课本）》、华北新华书店《中等国文》。由于华北解放区是即将成立的新中国的首都所在地，它的政治、经济、文化、教育的发展在全国备受关注，其教科书编写在全国自然起着风向标的作用。[2] 所以，华北新华书店版《中等国文》就最具代表性。[3]

1948 年 3 月，华北新华书店出版了王食三等人主编的《中等国文》，在 1949 年再版时更名为《初中国文》。该书共六册，在《编者的话》中明确表示"从三、四册起，酌量选入一些浅易的文言文和旧文学的代表作品，目的在使学生扩大眼界，初步接触中国古代历史文化的遗产"[4]。所以，相比于陕甘宁边区教育厅编写的《中等国文》，该教科书中的古代作品选文明显增加，甚至

---

[1]　石鸥、吴小鸥：《中国近现代史教科书史（上册）》，湖南教育出版社2012年版，第565—568页。

[2]　石鸥、吴小鸥：《中国近现代史教科书史（上册）》，湖南教育出版社2012年版，第571页。

[3]　本章主要基于《中等国文》论述解放区教科书的古代作品选文概况，解放区的其他版本教科书古代作品选文概况详见赵新华：《现代中学国文教育简史（1904—1949年）》，中国社会科学出版社2018年版，第175—178页。

[4]　王食三等：《中等国文·编者的话》，华北新华书店1948年版，第2页。

出现了完全由古代作品选文组成的独立单元，如第五册第七单元由《核辩篇》（徐幹）、《西门豹改革恶风》（褚少孙）、《卖柑者言》（刘基）、《捕蛇者说》（柳宗元）四篇古代作品选文组成；第六册第五单元由《鸿门宴》（《史记》）、《冯谖客孟尝君》（《战国策》）两篇古代作品选文组成。该教科书中的古代作品选文，篇目见表4-2。

表4-2　1948年版《中等国文》古代选文概览

册别	篇数/篇	占比/%	选文名称	作者	文体
一	0	0			
二	2	6.7	草船借箭	罗贯中	小说
			制台见洋人	李宝嘉	小说
三	6	20.0	卖炭翁	白居易	古诗
			苛政猛于虎	檀弓	故事
			临江之麋	柳宗元	寓言
			黔之驴	柳宗元	寓言
			成老爹	吴敬梓	小说
			鲁提辖拳打镇关西	水浒	小说
四	6	20.0	观巴黎油画记	薛福成	散文
			大明湖	刘鹗	小说
			武松打虎	《水浒》	小说
			木兰诗	（民歌）	古诗
			邹忌讽齐王纳谏	《战国策》	散文
			晏子使楚	《晏子春秋》	故事
五	7	23.3	新丰折臂翁	白居易	古诗
			刘老老	《红楼梦》	小说
			高要县	《红楼梦》	小说
			核辩篇	徐幹	散文
			西门豹改革恶风	褚少孙	故事
			卖柑者言	刘基	寓言
			捕蛇者说	柳宗元	散文
六	7	23.3	寓言六则	《战国策》	寓言
			曹刿论战	《左传》	散文
			赤壁之战	《资治通鉴》	散文
			鸿门宴	《史记》	散文
			冯谖客孟尝君	《战国策》	散文
			君子国	《镜花缘》	小说
			林冲棒打洪教头	《水浒》	小说

从表4-2中可以看出，本时期编辑出版的《中等国文》中的古代作品选文，其数量随着年级的升高逐渐增加；选文的体裁不再局限于寓言、诗歌，还包括小说、散文、诗歌、寓言等；既有文人的单篇作品，又有长篇小说节选和古代历史典籍节选。

二、解放区初级中学国文教科书古代作品选文特点

《中等国文》的编辑方针是："使学生掌握语文的基本规律，提高其阅读、写作的能力；同时养成青年活泼的思想，增进社会、历史、自然各方面的知识，以树立青年革命的人生观与实事求是的科学态度。"[1] 其中的古代作品选文以"思想教育、语文教育并行"为特点。

（一）阅读故事，揭批旧社会、旧阶级

该教科书中的古代选文，故事性强，颇具可读性。该教科书选文的内容标准是"力求立场、观点、思想方法正确，思想荒谬文章概不选用"。当然，古代作品选文也不例外，至于何为"思想正确"，何为"思想荒谬"，可以从中华人民共和国成立之初《初中各科总复习》中的"语文常识问答"中找到参照，因为《初中各科总复习》是根据"最新出版的初中课本，提出重点，略依性质分类，并斟酌初中同学所应备的知识，增加补充材料，编纂而成"[2]。该书至1952年已经是第7版了，这既说明该书之畅销，亦说明该书的确有权威性；再则，据此推断该书的初版年应该在1950年前后，所以其中提到的"根据最新出版的初中课本"，"语文常识"显然是根据最新初中语文课本编纂而成，而《中等国文》恰恰在1949年再版时更名为《初中语文》。《初中各科总复习》中的"语文常识问答"共有24个题目，只有第11题和古代作品有关：

问题：咱们伟大祖国的文学史上曾产生许多人民文学家和许多学者，试简述一下。

答案：首先可以提到《诗经》，它是周初的文学，是各阶层人们所做

---

① 王食三等：《中等国文·编者的话》，华北新华书店1948年版，第1页。

② 钱洪翔等：《初中各科总复习·书前的话》，北新书局1952年版，第4页。

的诗，大体是四个字一句，里面有许多老百姓做的民歌。在春秋战国时代的五百余年中，各种学说得到自由发展，楚国的屈原，不但是一个爱国诗人，而且是一个爱人民的诗人，他的伟大作品叫做《离骚》。唐朝大诗人白居易的诗，有好多是运用口语来写的，被群众所热爱。另一个大诗人杜甫的作品中有些不但同情人民，并且直接代表人民说话，反抗统治者的剥削。旧小说中，最著名的作品是《水浒传》，描写宋江等占据梁山泊抵抗地主武装和所谓"官军"的故事。①

从中可以看出，优秀作品的标准是亲近人民，尤其要求亲近下层人民，所以，以白居易、杜甫为代表的同情人民的诗人就是优秀的文学家。这就不难理解，在为数不多的古代作品选文中，白居易的古诗及节选自《水浒》的作品占据了很大比例。同时，该书还介绍了"民间故事"："民间故事是流传在人民口头上的文学，不知道谁是作者，而且也不一定是某一个人作的。大抵是先有了一个简陋的故事，流传开来，经过许多人增补删减、修订润色，是融合许多人的力量而成的。"② 这些都表明解放区教科书中的古代作品选文要凸显平民化、口语化。

同时，即便是"古代"的作品，也应具有鲜明的现时思想政治教育价值。在《中等国文》古代作品选文后的"参考"中，就明确提醒青少年学生阅读这些古代作品选文后应该掌握的道理（见表4-3）。

从表4-3中可以看出，教科书之所以选入这些古代作品选文，就是因为它们可以古为今用，可以通过它们批评旧社会（如《卖炭翁》《苛政猛于虎》），可以通过它们阐述人生哲理（如《黔之驴》《邹忌讽齐王纳谏》），还可以通过它们介绍模范人物的优秀品质，阐释何为"榜样"（如《西门豹改革恶风》《鲁提辖拳打镇关西》）。总之，以故事为媒介，引导青少年学生批评旧社会、旧阶级，进行人生观、价值观教育，是解放区教科书赋予中国古代作品选文的重要功能。

---

① 钱洪翔等：《初中各科总复习》，北新书局1952年版，第4页。
② 钱洪翔等：《初中各科总复习》，北新书局1952年版，第4页。

表 4-3　1948 年版《中等国文》中的部分古代作品选文"参考"一览

选文名称	"参考"内容
苛政猛于虎	这篇故事是从《礼记·檀弓篇》里选出来的。要旨是借孔子路过泰山的故事，说明统治者剥削的残酷，比老虎吃人还厉害。
卖炭翁	是描写封建社会的统治者对人民的剥削和压迫。
临江之麋	要旨是讽刺狭隘经验主义。
黔之驴	借驴的故事，说明无真实本领者装腔作势，只靠形貌吓人，终是要失败的。
邹忌讽齐王纳谏	要旨是：轻易听信别人的恭维赞美，不加分析，就会上当，就会受蒙蔽，就会看不到自己的错误和缺点，因而也就得不到改正，不能进步。反之，多听取别人的批评和指责，勇于改正错误，就能不断进步。
西门豹改革恶风	本文并不是传记，文体是属于故事一类。要旨是写西门豹用巧妙的方法，惩治借河神娶媳妇来敲诈民财祸害民众的豪绅恶吏，破除迷信，为民兴利除弊。
鲁提辖拳打镇关西	鲁达爽直热诚、扶弱抑强，救人救到底。

（二）分析写作方法，提高语言表达能力

解放区《中等国文》"在文体形式和写作技巧方面，力求广泛，今古中外，多式多样，兼容并包"。在一些古代作品选文的"参考"中，重点分析了该文的写作技法。如《观巴黎油画记》，"重点是写参观油画，为什么要从蜡人馆说起？这在文章作法上叫作陪衬法。写蜡人之妙，是为了反衬出油画之绝技"。再如《武松打虎》，"作者先写……接着……再是……每一动作都写得很周到，层次分明"。

（三）开阔眼界，了解中国古代历史文化遗产

解放区《中等国文·编者的话》中指出，选入浅易文言文和旧文学的代表作，目的在于"使学生扩大眼界，初步接触中国古代历史文化的遗产"。如，在《新丰折臂翁》的"参考"中就介绍了有关新乐府的知识："白居易总称他的时事诗为新乐府。关于新乐府这种诗体的特点，他在自序里说'其辞质而径，欲见之者易谕也。其言直而切，欲闻之者深诫也。其事核而实，使采之者传信也。其体顺而肆，可以播于乐章歌曲也。总而言之，为君、为臣、为民、为物、为事而作，不为文而作也'。所以白居易的新乐府不仅是优秀的文学作品，而且有社会史料的价值。"同时，在教科书中的"写法和作法"部分，还有

专门介绍文言文语法的专题，如第五册的《文言文的助词》，第六册的《文言文中的代名词》《文言文中词类的变通》。在介绍这些语法知识时，往往都举出具体的例句，而例句大多出自教科书中的古代选文。①

---

① 赵新华：《现代中学国文教育简史（1904—1949年）》，中国社会科学出版社2018年版，第190—192页。

结 语

《奏定学堂章程》的颁布，标志着中央政府以国家法令的形式确立了现代教育制度，在接下来的近半个世纪里，现代意义上的各级各类学校稳步发展，学科设置也逐渐科学、规范。在现代教育中，"国文"科扮演着极其重要的角色，因为国文教学是满足个人现实生活的需要，是社会生活巩固的需要，是国家组织、国家存在的需要，是国家生命与民族精神寄托所在。[①] 现代国文教科书是由一篇篇选文组成的，古代作品选文一直在中学国文教科书中占有一席之地，在清末至民国，这些选文不是一成不变的，由于在不同历史阶段被赋予的教育功能不同而呈现出自身的演变历程。

中学国文教科书是"选本"，即根据课程目标去选择课文：首先，要确定中学国文的课程目标，即"培养什么样的人，使之具有怎样的语言文字能力"。其次，根据课程目标选择能够帮助完成或部分完成课程目标的选文，同时要思考古代作品选文能够完成怎样的目标（或者古代作品选文被赋予何种教育功能，有些是和现代语体文作品一样的，有些则是古代作品特有的）。再次，哪些或哪类具体的古代作品篇目能够完全或部分承担上述功能。例如，在清末，中学是授以毕业学生功名的，是培养未来官绅的机构，而国文课程又重在保存国粹——包括中国文学（各体之辞之"文学"，不是文人之"文学"）、中国文字，所以中学国文课程是培养未来官绅读写雅正之文的课程，唯独古代作品能够承担这一功能（语体文作品不能），而古代作品中，以《史记》选文、唐宋古文、桐城派古文为代表的"雅文"可以完成这一目标；同时，迎合作为中学生（未来的官绅）将来的工作需要，又以各体皆备的应用古文为主，选文中出现的人物要以封建社会中的道德模范为主。

随着中学尤其初级中学平民化的推进，中学国文课程依次提出了培养健全国民的表达交流能力，使青少年学生能够充畅地叙说事理、表情达意的课程目标。初级中学国文教科书也经过了文言文独大、文白论争、白话文地位

---

① 王森然：《中学国文教学概要》，商务印书馆1929年版，第3—6页。

稳固的历程，其中的古代作品选文也从"经史子集中的平易雅驯之文"转向"浅近的文学作品"，再转向"能让学习表达技巧的古代作品"（现代书写的范文）；古代作品选文的文体也由"曾选"标准、"姚选"标准的经世致用文体向记叙文、议论文、抒情文等现代应用文体转变；古代作品选文中的人物也逐渐转为以平民人物为主，并且身份多元。日本帝国主义的入侵，大大影响了中国现代化的进程，在民族危难之际，中学国文课标将"振奋民族精神，了解固有的文化"纳入，并明确要求重视中国历代民族英雄传记及其作品的学习，文天祥、岳飞这类文学成就不高但富有抵抗外辱精神的人物受到了教科书的青睐。抗日战争全面爆发后，沦陷区、国统区、根据地政权都没有忽视中学国文教科书的教育价值，也没有放弃古代作品选文；解放战争时期，解放区教科书的编写同样主张古为今用，古代作品选文被赋予了新的教育功能。

综观清末民国时期，中学国文教科书中表现国家、社会主题的古代作品选文始终占据最高比例，这说明古代作品选文在每一个历史阶段都是青少年学生了解自己国家、民族的思想品质及文化传统的重要载体，体现着国家及知识分子顺应历史语境的变化，对理想国民语文素养（包括技能、品德）的建构与实践。

第一，在选文内容方面，从新学制时期开始，表现家庭亲情主题的选文比例大大增加。这与新学制颁行以后出现的教育平民化思潮及实践有关，因为融洽的亲友氛围是培养健全的现代国民的重要因素；在日本帝国主义发动对我国的入侵战争后，教科书中表现自然主题的古代选文比例大幅度降低，这是因为表现自然的选文多是审美色彩浓郁的游记小品、山水田园诗歌，在民族危难时刻，"品文览山水"的怡情显然是不合时宜的，取而代之的是那些能够振起民族精神的慷慨之作。

第二，在文体方面，清末民国时期中学国文教科书中古代作品选文的变化脉络也非常鲜明。清末，古代应用文基本上垄断了教科书，不要说古代小说，连诗歌都不多见；推翻帝制共和初立的民国初期，伴随着国文教育提出的"关注兴味"要求，具有鲜明抒情性质的古代诗歌（包括少量词作）被大量选入教科书；新学制确立后，白话文在教科书中获得了合法地位，古代的白话小说、戏曲作品也成为教科书中的精读范文；在应用、审美并重的选文标准下，古代作品选文的文体分类也从"姚选"标准、"曾选"标准转向了以记叙文、说明文、议论文为代表的实用文体和以小说、诗歌为代表的文学文体分类标准。

第三，古代作品选文中的人物形象也不是一成不变的。清末教科书中最多的是文官廉吏和贞妇烈女形象，以便于进行封建伦理道德教育；新学制时期增加了"各界"平民和多元女性形象及"不动武"就能成就功业的说客谋士，以利于对青少年学生进行现代公民道德教育，再联系到多数新编教科书都选入了《兼爱》《非攻》，这同时又表达了在当时军阀混战、民不聊生情形下人们的反战思想及对和平安定生活的向往；"九一八"事变后，教科书中则明显增加了彰显英勇气质、果敢抗争的人物形象，因为在外敌入侵的危急形势下，对青少年学生灌输不屈外辱、奋起抗敌精神成为首要任务，这是爱国主义教育的鲜明呈现。

总之，清末民国时期初级中学国文教科书中的中国古代作品选文在青少年语言文字能力培养、情感陶冶、健全人格塑造等诸多方面发挥着重要的功能。今天，语文课程"致力于培养学生的语言文字应用能力，提升学生的综合素养，为学生形成正确的世界观、人生观、价值观，形成良好个性和健全人格打下基础，为学生的全面发展和终身发展打下基础"；同时，"继承和弘扬中华民族优秀文化传统，增强民族文化认同感，增强民族凝聚力和创造力"。[①]显然，古代作品选文在21世纪依然具有重要的教育价值，21世纪语文课标明确要求初级中学阶段（7—9年级）"诵读古代诗词，阅读浅易文言文"，"注重积累、感悟和运用，提高自己的欣赏品位"。清末民国时期初中国文教科书中的古代作品选文对我们今天的语文教育也有着重要的启示。

一、中国传统文化经典在今天依然具有重要的现代价值

（一）在全球化的今天，教科书中的传统文化经典有利于增强青少年的中华文化认同意识、中华民族共同体意识

在清末至民国的大部分时期里，中小学教科书实行的是审定制，即允许

① 中华人民共和国教育部：《义务教育语文课标（2011年版）》，北京师范大学出版社2012年版，第1页。

多个版本的教科书并存，哪些作品会进入教科书无疑会受到教科书编者偏好的影响，而教科书编辑出版者为了在竞争中取胜，大多标新立异。即便如此，在不同版本的教科书中也存在着不少共同选文，如《过秦论》（贾谊）被清末民初8个版本的中学国文教科书全部选入；《伐檀》（《诗经》）、《非攻》（墨子）、《先妣事略》（归有光）、《李龙眠画罗汉记》（黄淳耀）、《核舟记》（魏学洢）、《登泰山记》（姚鼐）、《夜渡两关记》（程敏政）、《桃花源记》（陶潜）被中华书局、商务印书馆出版的3个版本的教科书全部选入[①]；《祭妹文》（袁枚）被南京国民政府前期16个版本的初级中学国文教科书选入，《祭十二郎文》（韩愈）、《王冕的少年时代》（吴敬梓）均被13个版本的教科书选入，《大铁椎传》（魏禧）、《为学》（彭端淑）、《景阳冈》（《水浒》）均被12个版本的教科书选入；《沈云英传》（夏之蓉）、《木兰诗》也分别被11个版本的教科书选入；《原君》（黄宗羲）在清末民初、新学制时期、南京国民政府前期的每个阶段均进入了半数以上的教科书中，版本数分别为5个、3个、10个，合计18个。无疑，这些被多个版本的教科书共同选入的古代作品，是国文教学领域公认的经典作品。由于文学文本塑造的艺术形象可以被人们一读再读、感同身受，经典化的文学性文本能够提升民族形象，更能丰富民族语言的表现力，增强民族文化的认同感。[②]中学国文教科书无疑是学习经典的重要媒介，而学习者又是关系着国家未来的青少年学生，教科书中的经典作品对于强化青少年的文化认同意识、中华民族共同体意识有着极其重要的价值。

（二）清末民国教科书为当前的中学语文教科书选文提供了丰富的素材

参照当前统编本初中（7—9年级）语文教科书中的古代作品选文，发现清末民国时期的教科书，其经典选文依然具有活力。当前教科书中的篇目大部分是清末民国时期的教科书中的经典选文（括号内数字为该文入选清末民国时期中学国文教科书的版本数）：

---

① 两大出版社有4个版本的代表性教科书出版，其中，中华书局《初级国语读本》没有文言选文。
② 江宁康：《启蒙思潮·经典建构·文化转型——论启蒙运动与现代西方诸民族的文化转型》，《清华大学学报（哲学社会科学版）》2011年第6期，第31页。

　　饮酒（36）、小石潭记（34）、送东阳马生序（30）、木兰诗（28）、出师表（27）、核舟记（26）、桃花源记（24）、茅屋为秋风所破歌（21）、石壕吏（23）、水调歌头（明月几时有）（18）、愚公移山（17）、天净沙·秋思（17）、岳阳楼记（15）、爱莲说（13）、鱼我所欲也（12）、邹忌讽齐王纳谏（11）、卖炭翁（11）、蒹葭（11）、醉翁亭记（10）、关雎（9）、记承天寺夜游（8）

　　即便小说进入民国时期初中国文教科书的时间比较晚，统编本语文教科书中的古代小说篇目也都在民国时期初中国文教科书中出现了，如《刘姥姥进大观园》被民国时期11个版本的教科书选入（题目为《刘老老》），《智取生辰纲》被5个版本的教科书选入。再如统编本八年级下册语文教科书第三单元选入的篇目都是清末民国时期初中国文教科书中的典范选文：《桃花源记》《小石潭记》《核舟记》《关雎》《蒹葭》分别被清末民国时期24个、34个、26个、9个、11个版本的中学国文教科书选入。

　　五四新文学运动后，有论者总结道："所谓新文学的'新'，乃是重新估定价值的新，在时间是说它是超越于普通社会的思想的而有永久性的"，"它具有超乎时代的思想"。① 经受时间考验的古代作品历久弥新，在21世纪的今天依然具有新价值。亲情是维系家庭关系的纽带，是社会人际交往的基础，良好的亲情氛围对个人成长及社会的和谐稳定都有着重要的作用，对青少年学生进行合理的亲情教育，帮助他们树立正确的亲情观有着极其重要的价值。而中国古代诗文中就有着重要的亲情教育资源，有的古代作品传达了家人间的浓浓亲情，感人至深。如：孟郊的《游子吟》刻画了一位母亲为即将出门的孩子缝衣的细节，《木兰诗》描写了木兰从军归来后家人团聚的场景——"爷娘闻女来，出郭相扶将；阿姊闻妹来，当户理红妆；小弟闻姊来，磨刀霍霍向猪羊"；还有的古代作品描写了传统节日，展现了丰富的亲情文化，如《九月九日忆山东兄弟》中记叙了一家人"遍插茱萸"的重阳节习俗，"每逢佳节倍思亲"已经成为家喻户晓的名言，不论今天是否还保留着插茱萸的风俗，思念亲

---

① 王哲甫：《中国新文学运动史》，杰成印书局1933年版，第13页。

人的心情是不会有变化的。①

21世纪的语文教科书也非常注意呈现古代作品的"新"价值。如原苏教版把节选自宋代沈括《梦溪笔谈》的《以虫治虫》《梵天寺木塔》与《斜塔上的实验》《事物的正确答案不止一个》《宇宙里有些什么》共同编排,组成了"关注科学"单元;把清代钱泳的《治水必躬亲》与《苏州园林》《都市精灵》《幽径悲剧》《明天不封阳台》共同编排,组成了"人与环境"单元。原人教版把节选自《山海经》的《夸父逐日》、节选自《淮南子》的《共工怒触不周山》与《伟大的悲剧》(茨威格)、《在沙漠中心》(圣埃克絮佩里)、《登上地球之巅》(郭超人)、《真正的英雄》(里根)共同编排,组成了"探险"单元。

(三)考察清末民国时期初级中学国文教科书中的古代作品经典选文,对当前初中语文教科书选文也有一些启示

第一,当前初中语文教科书中古代作品选文的多元性有待提高。如当前统编版初中语文6册教科书中的先秦诸子选文,没有墨子、老子的作品,而节选自《墨子》的《兼爱》《非攻》分别被民国时期24个、29个版本的教科书选入,远远高于儒家中最高者《孟子》(《生于忧患死于安乐》入选13个版本、《鱼我所欲也》入选12个版本)。在加强中华优秀传统文化教育的今天,初中学生在语文教科书中应该通过阅读课文了解绚丽多彩、名家辈出的中国古代文化经典,尤其是"百家争鸣"的先秦时期的文化经典。除了精读和略读课文,当前初中教科书中"名著导读"的丰富性也有待提高,当前统编初中语文教科书名著导读中的中国古代作品为《水浒传》《西游记》《儒林外史》,自主推荐阅读的书目为《唐诗三百首》《世说新语》《聊斋志异》《镜花缘》,明清小说占据了绝对优势。这不禁让人产生疑问:不论是从文体样式还是从内容主题看,这些书目能在多大程度上代表中国的古代"名著"呢?有没有其他更适合推荐给初中孩子阅读的"名著"呢?

第二,当前中学语文教科书中古代作品选文的适切性需要提高。即古代作品选文既要考虑新的时代特点,又要符合学生的年龄、心理特征,贴近他

① 赵新华:《中学古代诗文教学中的亲情教育》,《内蒙古师范大学学报(教育科学版)》2011年第8期,第114页。

们的生活。如教科书中节选自《儒林外史》的作品，原苏教版、人教版及现行统编版初中教科书均为《范进中举》，而且强化了对科举制度、旧时代读书人的批评。统编版《范进中举》的"预习"为：

> 科举制度创自隋唐，明清时期逐渐走向僵化。查找有关资料，了解一下中国古代的科举制度。
>
> "金榜题名"是古代读书人梦寐以求的人生目标，课文中的范进在中举人之后却疯了，这是为什么呢？带着问题通读课文。

课后的"思考探究（三）"：

> 《儒林外史》以讽刺的笔法，写可笑之人、可笑之事，蕴含着深刻意味。阅读时，把你认为可笑的地方画出来，想一想可笑的背后隐含着什么。

不难看出，从课前预习到课后思考，都在引导青少年学生认识科举制度的僵化以及范进这类读书人的"可笑"。此外，统编版九年级下册的名著导读"《儒林外史》讽刺性作品的阅读"，也用不小的篇幅描述了科举制度的罪恶，如："这个制度已经极度腐朽，不再能够选拔真正的人才，反而成为蒙蔽、扭曲士人灵魂的工具……"为什么要引导今天的青少年学生去以"可笑"的姿态审视范进这类读书人呢？不怕"我们"一不小心也成为鲁迅笔下的看客？科举制度都被废除100多年了，还有必要让21世纪的"00"后青少年学生甚至包括他们的老师一起"恶狠狠"地批判已经"死"了100多年的"僵尸"吗？《儒林外史》还具备其他语文教育价值——尤其是现代意义的语文教育价值吗？《范进中举》仅被选入1个版本的民国时期中学国文教科书（《开明国文讲义》），而同样节选自《儒林外史》，刻画了"淡泊名利、恪守道德"贤者形象的《王冕的少年时代》则进入了民国时期33个版本的中学国文教科书。

再如强调成功不靠先天才气，而靠后天踏实勤学的《为学》（彭端淑），被清末民国25个版本的教科书选入，在世界书局版《朱氏初中国文》中与《学者的态度与精神》（宗白华）、《日喻赠吴彦律》（苏轼）、《稼说送张琥》（苏轼）共同组成了"申诉学者应具的态度与应抱的精神"单元，在正中书局版

《初中国文》中与《谈读书》（朱光潜）、《孙中山先生好学的精神》（因公）、《与友论修学书》（顾森千）、《学问的趣味》（梁启超）共同组成了"修业"单元，在中华书局版《新编初中国文》中与《送东阳马生序》（宋濂）、《伤仲永》（王安石）、《敬告中等学生》（陆费逵）共同组成了第三册的第一组，该组也全是鼓励青少年勤学的选文。非常遗憾的是，这类已经被实践证明适于中学生阅读的经典篇目，既没有出现在 21 世纪初的苏教版、人教版初中与高中语文教科书中，也没有出现在当前的统编版语文教科书中。

二、科学编排古代作品选文，有效实现教科书内容的教学化

如前所述，中国传统文化经典对于青少年学生的语言文字应用能力及情感、态度、价值观教育都有着无可替代的现代价值，而语文教科书是传承经典的重要媒介，如何在教科书中进行选文的科学编排，以便于一线教师的教学，从而高效实现文化经典的教育功能，也是一个颇有现实意义的话题，我们也可以从清末民国的教科书中得到有益的启示。

在清末民国时期，随着教育现代化进程的加快，中学国文教科书的编排从清末的以朝代为经、以作家为纬，逐渐发展到以主题为单元，往往同类主题的古代作品与现代作品（包括外国翻译作品）并列编排。如大东书局版《初中国文教本》，为了启发刚刚步入初级中学的学生"对于学校家庭应有的纯爱的情绪"，第一册第一单元由《背影》（朱自清）、《鸣机夜课图记》（蒋士铨）、《岁暮到家》（蒋士铨）、《北堂侍膳图记》（朱琦）、《祭十二郎文》（韩愈）、《先妣事略》（归有光）、《忆儿时》（丰子恺）、《慈乌夜啼》（白居易）、《万里寻兄记》（黄宗羲）等古今选文组成，并名之曰"常态的生活"；为了向即将结束初级中学生活的学生"展示读书纯正态度，指示读书紧要方法"，第六册最后一单元则是由《读书》（胡适）、《谈读书》（朱光潜）、《读书杂谈》（鲁迅）、《读书之要》（朱熹）、《谕纪泽》（曾国藩）、《李氏山房藏书记》（苏轼）、《黄生借书说》（袁枚）、《读书诗七首》（陆游、朱熹、赵翼等）等选文组成，并名之曰"书籍的涵泳"。再如世界书局出版的 6 册《初中新国文》，各册的第一单元均为时令的描写，第一、三、五册都是描写秋天的，第二、四、六册都

是描写春天的，且第一至第四册是现代作品，第五、六册是古代作品。① 从以上举例中可以看出，在民国时期尤其是1929年以后编辑出版的中学国文教科书，选文的单元主题设计大多紧密联系生活，并且是统筹考虑初级中学三年的情形，不同的年级、不同的学期都有所侧重，而且大多是相同或相近主题的古代作品、现代作品的合编。

编排的科学性、合理性，是现代语文教育工作者经过了漫长的摸索阶段逐渐形成的。比如在清末民初，教科书编者往往认为篇幅长短、创作年代远近和学习难易密切相关，但到了20世纪30年代前后，该观点被普遍认为是不科学的，如1931年出版的《基本教科书国文》在"编辑说明"中就明确表示："我们相信教材的难易与内容的深浅关系尤大。旧式的教本往往把韩愈的《杂说》、柳宗元的《永州之鼠》一类文章放在前面，取其简短易读，而其实寓意甚深，不在初年级学生了解范围之类"，"文章所含元素之单纯与复杂也与难易的程度有关。例如柳宗元的永州山水诸记，虽似摹仿《山海经》，实比《山海经》难解，就是因为前者于记叙的元素之外还有抒情的元素，后者则否"。②《基本教科书国文》有意在同一单元中把主题相关的文学、历史、诸子、现代学者研究类文章共同编排，从而引起青少年学生对比、分析的兴趣。如《基本教科书国文》第六册第24—37课分别为：《孟子荀卿列传》（《史记》）、《礼论》（荀子）、《非乐》（墨子）、《乐论》（荀子）、《节用》（墨子）、《墨子之实力主义及其经济学说》（梁启超）、《杨朱》（列子）、《老庄申韩列传》（《史记》）、《五蠹》（韩非子）、《六反》（韩非子）、《申法》（苏洵）、《一切法与物之关系》（孟德斯鸠；严复译）、《秋水》（庄周）、《老子的政治哲学》（高一涵）。这种选文编排既便于学生通过《史记》中的诸子列传了解先秦诸子概况，又可以帮助学生结合现代学者的研究论文进行先秦各派（如墨子、荀子论"乐"）及中外学术思想（孟德斯鸠、苏洵、韩非子论"法"）的对比，还可

---

① 第一册第一单元：《没有秋虫的地方》（叶绍钧）、《瓦盆里的胜负》（绿漪）。第二册第一单元：《新柳》（朱光熊）、《春》（朱自清）、《春》（陈学昭）、《迎春》（吴守中）、《春天与其力量》（爱罗先珂）。第三册第一单元：《莫辜负了秋光》（徐蔚南）、《秋》（丰子恺）、《海滨的秋宵》（陈醉云）。第四册第一单元：《一个春天的早晨》（陈醉云）、《春晨》（俞平伯）、《春日》（罗黑芷）。第五册第一单元：《秋游原上》（白居易）、《秋日杂咏》（陆游）。第六册第一单元：《春夜宴桃李园序》（李白）、《感春杂言》（欧阳修）。

② 傅东华、陈望道：《基本教科书国文·编辑大意》，商务印书馆1931年版，第3页。

以引导学生明确古代作品的现代价值（如梁启超谈墨子的经济学说，高一涵谈老子的政治哲学）。再如，中学生书局版《初中当代国文》把节选自《资治通鉴》的《赤壁之战》与节选自《三国演义》的《火烧赤壁》并排，同样是写赤壁之战，对比阅读能让青少年学生感受"以文运事"的历史笔法与"因文生事"的文学笔法之别；中学生书局版《初中当代国文》、商务印书馆版《基本教科书国文》、商务印书馆版《新学制国语教科书》、大东书局版《初中国文教本》、立达书局版《初中国文选本》均把《王冕的少年时代》（吴敬梓）、《王冕传》（宋濂）并排，青少年学生在对比阅读中能切身感受到小说与纪传的区别。

当前的初中语文教科书依然重视文质兼美的古代作品对青少年学生的现代教育功用，如果当前的教科书编者能够参照经过时间验证的清末民国中学国文教科书中的经典古代作品，从它们的编排设计中汲取有益的养分，结合当前的时代特点，一定能够更进一步发挥中国古代文化经典作品多方面的教育价值。

总之，我们首先应该客观审视我们的教育目标，即我们的教育是培养具有什么样能力的、怎样的人（如会写应用文的官绅、会表达交流的现代公民）。然后冷静思考古代经典能够或应该承担完成哪一部分的目标，而且还要思考这一部分目标是否只有古代经典才能完成。接下来，在丰富多彩的中国古代经典里严谨地挑选那些适合当前时代特点并易于被青少年学生接受的具体篇目（课文）或著作（整本书），并据此设计课前导读、课后思考题、课外阅读篇目等，从而加强教育的针对性，最终实现中国传统文化经典教育的目的性、持久性、有效性。同时，对于哪些（类）经典适合哪个学段的学生一类的问题，不能"自以为是"或"跟着感觉走"，而是需要进行科学的跟踪调研、分析论证，即便是已经生成的篇目，也要不断地订正，从而提高中国传统文化教育的科学性、灵活性。

此外，也要注意到，要引起国人对传统文化经典乃至国家通用语言文字学习的重视，仅仅依靠学校语文课程还是不够的。在清末民国时期，各级各类学校的招生考试、出国留学考试、公务员（包括外交官、驻外国公职人员）考试中，国文都是必考科目；我们今天的研究生考试、出国留学考试、职称评审考试都把英语作为必考科目，而且大多不考语文。在现代语体文盛行后，民国时期中学毕业会考、升学考试中的国文试题，则又包括了比重不轻的"国学常识"；而当前的中考、高考及毕业会考语文试题中的古代作品部分，大多停留在名句背诵以及字义、词义、句意解释的"鉴赏"层面，难以上升到影响青少年学生"精神"的高度。因此，传承中国传统文化经典，合理、现实地发挥古代经典的现实教育价值，还需要社会各界群策群力，为实现国家"纵的统一"、文化认同、中华民族认同提供坚实的保障。

参考文献

（一）中学国文教科书

许贵、苏民:《中学文粹》,文明书局 1905 年版。

潘博:《高等国文读本》,广智书局 1906 年版。

章士钊:《中等国文典》,商务印书馆 1907 年版。

吴增祺:《中学国文教科书》,商务印书馆 1908 年版。

林纾:《中学国文读本》,商务印书馆 1908 年版。

邵伯棠:《中国文学指南》,会文堂书局 1911 年版。

刘法曾、姚汉章:《中华中学国文教科书》,中华书局 1912 年版。

戴克敦:《国文典》,商务印书馆 1912 年版。

蔡郕:《中等新论说文范》,会文堂书局 1912 年版。

许国英:《共和国教科书国文读本》,商务印书馆 1913 年版。

陆基:《中学新国文》,中国图书公司 1913 年版。

刘宗向:《中等学校国文读本》,宏文图书社 1914 年版。

谢蒙:《新制国文教本》,中华书局 1914 年版。

王梦曾:《中学校用共和国教科书中国文学史》,商务印书馆 1914 年版。

洪北平、何仲英:《白话文范》,商务印书馆 1920 年版。

朱毓魁:《国语文类选》,中华书局 1920 年版。

江荫香:《评点历代白话文范》,广文书局 1920 年版。

马国英:《新式标点符号使用法》,中华书局 1922 年版。

孙俍工、沈仲九:《初级中学国语文读本》,民智书局 1922 年版。

秦同培:《中学国语文读本》,世界书局 1923 年版。

秦同培:《言文对照初级中学国文读本》,世界书局 1923 年版。

沈星一:《初级中学用新中学古文读本》,中华书局 1923 年版。

范祥善、吴研因、周予同、顾颉刚、叶绍钧:《新学制国语教科书（初级中学
用）》,商务印书馆 1923 年版。

庄适:《现代初中教科书国文》,商务印书馆 1924 年版。

沈星一:《新中学教科书初级国语读本》,中华书局 1924 年版。

胡怀琛、陈彬龢、汤彬华:《初级中学用新时代国语教科书》,商务印书馆
1928 年版。

朱文叔:《新中华国语与国文教科书》,新国民图书社 1929 年版。

朱剑芒:《初级中学教科书初中国文》,世界书局 1929 年版。

张弓:《初中国文教本》,大东书局 1930 年版。

赵景深:《初中混合国语》,北新书局 1930 年版。

傅东华、陈望道:《初级中学用基本教科书国文》,商务印书馆 1931 年版。

江苏省立扬州中学国文分科会议:《新学制中学国文教科书初中国文》,南京书
店 1931 年版。

徐蔚南:《初级中学创造国文读本》,世界书局 1932 年版。

王伯祥:《初级中学学生用开明国文读本》,开明书店 1932 年版。

张鸿来、卢怀琦、汪震、王述达:《初级中学国文读本》,师大附中国文丛刊社
1932 年版。

孙俍工:《初级中学国文教科书》,神州国光社 1932 年版。

戴叔清:《初级中学国语教科书》,文艺书局 1933 年版。

傅东华:《复兴初级中学教科书国文》,商务印书馆 1933 年版。

朱文叔:《初中国文读本》,中华书局 1933 年版。

罗根泽、高远公:《初中国文选本》,立达书局 1933 年版。

孙俍工:《中学国文特种读本》,商务印书馆 1933 年版。

朱剑芒:《朱氏初中国文》,世界书局 1934 年版。

沈荣龄、汪定奕、周侯于、张圣瑜、诸祖耿、刘壬林:《实验初中国文读本》,
大华书局 1934 年版。

江苏省教育厅:《初中当代国文》,中学生书局 1934 年版。

孙怒潮:《初级中学国文教科书》,中华书局 1934 年版。

叶楚伧：《初级中学教科书国文》，正中书局 1934 年版。

江苏省教育厅修订中学国文科教学进度表委员会：《初中标准国文》，中学生书局 1934 年版。

周祜、黄骏如：《新生活初中教科书国文》，大东书局 1934 年版。

颜有松：《初中国文教科书》，大华书局 1935 年版。

朱剑芒：《初中新国文》，世界书局 1936 年版。

宋文翰：《新编初中国文》，中华书局 1937 年版。

特种教育社：《战时国语读本》，特种教育社 1937 年版。

汪馥泉：《战时初中国文》，救亡出版部 1938 年版。

孙俍工：《抗战时期中学国文选》，诚达印书馆 1938 年版。

赵景深：《战时初中文选》，北新书局 1938 年版。

任宝祥：《抗战读本》，亚新地学社 1938 年版。

伪华北教育总署编审会：《初中国文》，新民印书馆 1938 年版。

汪伪教育部编审委员会：《国定教科书初中国文》，华中印书局 1941 年版。

国立编译馆：《初级中学国文甲编》，国定中小学教科书七家联合供应处发行 1943 年版。

陕甘宁边区教育厅：《中等国文》，华北新华书店 1945 年版。

王食三、韩书田、李增光、于共三：《中等国文》，新华书店 1948 年版。

《前进初中国文》，大东书局 1949 年版。

课程教材研究所：《义务教育课程标准语文实验教科书（七—九年级）》，人民教育出版社 2007 年版。

洪宗礼：《义务教育课程标准语文实验教科书（七—九年级）》，江苏教育出版社 2009 年版。

（二）民国报纸杂志

《教育杂志》

《中华教育界》

《新教育》

《中学生》

《国文月刊》

《新青年》

《北京大学日刊》

（三）教育法令、文件资料汇编

全国教育联合会新学制课程标准起草委员会：《新学制课程标准纲要》，商务印书馆 1925 年版。

国民政府教育部中小学课程标准起草委员会：《中小学课程暂行标准》，卿云图书公司 1929 年版。

国民政府教育部中小学课程标准编订委员会：《初级高级中学课程标准》，商务印书馆 1933 年版。

舒新城：《中国近代教育史资料》，人民教育出版社 1961 年版。

多贺秋五郎：《近代中国教育史资料》，文海出版社 1976 年版。

朱有瓛：《中国近代学制史料（第一辑下册）》，华东师范大学出版社 1986 年版。

朱有瓛：《中国近代学制史料（第二辑上册）》，华东师范大学出版社 1987 年版。

朱有瓛：《中国近代学制史料（第三辑上册）》，华东师范大学出版社 1990 年版。

中国第二历史档案馆：《中华民国史档案资料汇编（第三辑·教育）》，江苏古籍出版社 1991 年版。

杨学为、朱仇美、张海鹏：《中国考试制度史资料选编》，黄山书社 1992 年版。

中国第二历史档案馆：《中华民国史档案资料汇编（第五辑第一编·教育）》，江苏古籍出版社 1994 年版。

中国第二历史档案馆：《中华民国史档案资料汇编（第五辑第二编·教育）》，江苏古籍出版社 1997 年版。

中国第二历史档案馆：《中华民国史档案资料汇编（第五辑第三编·教育）》，江苏古籍出版社 2000 年版。

课程教材研究所：《20 世纪中国中小学课程标准·教学大纲汇编·课程（教学）计划卷》，人民教育出版社 2001 年版。

课程教材研究所：《20 世纪中国中小学课程标准·教学大纲汇编·语文卷》，人民教育出版社 2001 年版。

刘昕:《中国考试史文献集成（第七卷）》,高等教育出版社 2003 年版。

中央档案馆等:《日本帝国主义侵华档案资料选编·汪伪政权》,中华书局 2004
　　年版。

朱有瓛等:《中国近代教育史资料汇编》,上海教育出版社 2007 年版。

舒新城:《近代中国教育史料》,中国人民大学出版社 2012 年版。

中华人民共和国教育部:《义务教育语文课程标准（2011 年版）》,北京师范大
　　学出版社 2012 年版。

中国社会科学院近代史研究所《近代史资料》编译室:《陕甘宁边区参议会文献
　　汇辑》,知识产权出版社 2013 年版。

（四）著作

余家菊、李璜:《国家主义的教育》,中华书局 1923 年版。

廖世承等:《施行新学制后之东大附中》,中华书局 1924 年版。

廖世承:《中学教育》,商务印书馆 1924 年版。

阮真:《中学国文教学法》,正中书局 1926 年版。

王森然:《中学国文教学概要》,商务印书馆 1929 年版。

朱兆萃:《现实主义与教育》,世界书局 1929 年版。

吴敬恒、蔡元培、王云五:《现代教育思潮》,商务印书馆 1931 年版。

国联教育考察团:《中国教育之改进》,国立编译馆 1932 年版。

王哲甫:《中国新文学运动史》,杰成印书局 1933 年版。

姜书阁:《桐城文派述评》,商务印书馆 1933 年版。

冯品兰:《现代教育思潮》,大华书局 1933 年版。

中华民国教育部中国教育年鉴编审委员会:《第一次中国教育年鉴》,开明书店
　　1934 年版。

黎锦熙、王恩华:《中等学校国文选本书目提要》,国立北平师范大学文学院
　　1937 年版。

朱经农:《近代教育思潮七讲》,商务印书馆 1940 年版。

钱洪翔等:《初中各科总复习》,北新书局 1952 年版。

费正清等:《剑桥中国晚清史（1800—1911 年）》,中国社会科学院历史研究所

编译室译，中国社会科学出版社 1985 年版。

孙中山：《孙中山全集》，中华书局 1985 年版。

艾恺：《文化守成主义论——反现代化思潮的剖析》，时报文化出版事业有限公司 1986 年版。

皇甫束玉、宋荐戈、龚守静：《中国革命根据地教育纪事》，教育科学出版社 1989 年版。

梁启超：《国学小史》，商务印书馆 2014 年版。

董纯才、张腾霄、皇甫束玉：《中国革命根据地教育史》，教育科学出版社 1991 年版。

张志公：《传统语文教育教材论——暨蒙学书目和书影》，上海教育出版社 1992 年版。

费正清、费维恺：《剑桥中华民国史》，杨品泉等译，中国社会科学出版社 1994 年版。

叶圣陶：《叶圣陶教育文集》，人民教育出版社 1994 年版。

胡适：《胡适教育论著选》，人民教育出版社 1994 年版。

乔炳臣、潘莉娟：《中国古代学习思想史》，人民教育出版社 1996 年版。

张国风：《中国古代小说史话》，商务印书馆 1996 年版。

顾黄初：《语文教材的编制与使用》，江苏教育出版社 1996 年版。

朱绍禹：《中学语文教材概观》，人民教育出版社 1997 年版。

丸山真男：《日本近代思想家福泽谕吉》，区建英译，世界知识出版社 1997 年版。

吕思勉：《吕思勉遗文集》，华东师范大学出版社 1997 年版。

吴康宁：《教育社会学》，人民教育出版社 1998 年版。

陈平原：《中国现代学术之建立：以章太炎、胡适之为中心》，北京大学出版社 1998 年版。

夸美纽斯：《大教学论》，傅任敢译，教育科学出版社 1999 年版。

施良方、崔允漷：《教学理论：课堂教学的原理、策略与研究》，华东师范大学出版社 1999 年版。

昌切：《清末民初的思想主脉》，东方出版社 1999 年版。

周浩波：《教育哲学》，人民教育出版社 2000 年版。

郑金洲:《教育文化学》,人民教育出版社 2000 年版。

刁培萼:《教育文化学》,江苏教育出版社 2000 年版。

郑国民:《从文言文教学到白话文教学:我国近现代语文教育的变革历程》,北京师范大学出版社 2000 年版。

丸山真男:《日本政治思想史研究》,王中江译,生活·读书·新知三联书店 2000 年版。

迈克尔·W.阿普尔:《意识形态与课程》,黄忠敬译,华东师范大学出版社 2001 年版。

李孝悌:《清末的下层社会启蒙运动:1901—1911》,河北教育出版社 2001 年版。

郭延礼:《中国近代文学发展史》,高等教育出版社 2001 年版。

约翰·杜威:《民主主义与教育》,王承绪译,人民教育出版社 2001 年版。

张之洞:《劝学篇》,上海书店出版社 2002 年版。

尚小明:《留日学生与清末新政》,江西教育出版社 2002 年版。

森有礼:《文学兴国策》,任廷旭译,上海书店出版社 2002 年版。

肖东发:《中国编辑出版史》,辽海出版社 2002 年版。

王伦信:《清末民国时期中学教育研究》,华东师范大学出版社 2002 年版。

陈平原:《现代中国(第三辑)》,湖北教育出版社 2003 年版。

罗志田:《国家与学术:清季民初关于"国学"的思想论争》,生活·读书·新知三联书店 2003 年版。

胡适:《胡适全集》,安徽教育出版社 2003 年版。

徐雁平:《胡适与整理国故考论:以中国文学史研究为中心》,安徽教育出版社 2003 年版。

杨东平:《艰难的日出——中国现代教育的 20 世纪》,文汇出版社 2003 年版。

杨联芬:《晚清至五四:中国文学现代性的发生》,北京大学出版社 2003 年版。

迈克尔·W.阿普尔:《官方知识——保守时代的民主教育》,曲囡囡、刘明堂译,华东师范大学出版社 2004 年版。

李杏保、顾黄初:《中国现代语文教育史》,四川教育出版社 2004 年版。

吴康宁:《课程社会学研究》,江苏教育出版社 2004 年版。

郑振铎:《中国俗文学史》,商务印书馆 2005 年版。

宋恩荣、余子侠:《日本侵华教育全史》,人民教育出版社 2005 年版。

杨宏雨:《困顿与求索——20 世纪中国教育变迁的回顾与反思》,学林出版社 2005 年版。

曹诗弟:《文化县:从山东邹平的乡村学校看二十世纪的中国》,泥安儒译,山东大学出版社 2005 年版。

李家驹:《商务印书馆与近代知识文化的传播》,商务印书馆 2005 年版。

黄显华、霍秉坤:《寻找课程论和教科书设计的理论基础(增订版)》,人民教育出版社 2005 年版。

胡适:《国语文学史》,安徽教育出版社 2006 年版。

胡适:《白话文学史》,安徽教育出版社 2006 年版。

王建辉:《出版与近代文明》,河南大学出版社 2006 年版。

吕思勉:《吕思勉论学丛稿》,上海古籍出版社 2006 年版。

葛兆光:《西潮又东风——晚清民初思想、宗教与学术十讲》,上海古籍出版社 2006 年版。

周予同:《中国现代教育史》,福建教育出版社 2007 年版。

商友敬:《过去的教师》,教育科学出版社 2007 年版。

舒新城:《近代中国教育思想史》,福建教育出版社 2007 年版。

迈克尔·W.阿普尔:《国家与知识政治》,袁振国等译,华东师范大学出版社 2007 年版。

约翰·贝克、玛丽·厄尔:《中学教师应关注的热点问题》,王璐、王向旭译,北京师范大学出版社 2007 年版。

周其厚:《中华书局与近代文化》,中华书局 2007 年版。

陈平原等:《教育:知识生产与文学传播》,安徽教育出版社 2007 年版。

苏云峰:《中国新教育的萌芽与成长(1860—1928)》,北京大学出版社 2007 年版。

张玉成:《汪伪时期日伪奴化教育研究》,山东人民出版社 2007 年版。

孔凡哲、张恰:《教科书研究方法与质量保障研究》,东北师范大学出版社 2007 年版。

泰勒：《课程与教学的基本原理》，罗康、张阅译，中国轻工业出版社 2008 年版。

饶杰腾：《近现代中学语文教育的发展》，广东教育出版社 2008 年版。

秦燕春：《清末民初的晚明想象》，北京大学出版社 2008 年版。

姜朝晖：《民国时期教育独立思潮研究》，中国社会科学出版社 2008 年版。

李维：《中国诗史》，江苏文艺出版社 2008 年版。

王易：《词曲史》，江苏文艺出版社 2008 年版。

陈山榜：《张之洞教育文存》，人民教育出版社 2008 年版。

陈青之：《中国教育史》，东方出版社 2008 年版。

汪家熔：《民族魂——教科书变迁》，商务印书馆 2008 年版。

汪晖：《现代中国思想的兴起》，生活·读书·新知三联书店 2008 年版。

陈来：《传统与现代：人文主义的视界》，生活·读书·新知三联书店 2008 年版。

周宪：《中国文学与文化的认同》，北京大学出版社 2008 年版。

刘华：《经典语文教育研究》，人民教育出版社 2009 年版。

吴康宁：《课堂教学社会学》，南京师范大学出版社 2009 年版。

杜赞奇：《从民族国家拯救历史：民族主义话语与中国现代史研究》，王宪明等
    译，江苏人民出版社 2009 年版。

克里斯托夫·武尔夫：《教育人类学》，张志坤译，教育科学出版社 2009 年版。

杨天石、黄道炫：《战时中国的社会与文化》，社会科学文献出版社 2009 年版。

葛兆光：《中国思想史》，复旦大学出版社 2009 年版。

鲁迅：《中国小说史略》，中华书局 2010 年版。

郭箴一：《中国小说史》，中国社会科学出版社 2010 年版。

毕苑：《建造常识：教科书与近代中国文化转型》，福建教育出版社 2010 年版。

蓝顺德：《教科书意识形态——历史回顾与实证分析》，华腾文化股份有限公司
    2010 年版。

伍威·弗里克：《质性研究导引》，孙进译，重庆大学出版社 2011 年版。

王建明等：《中国近代出版史稿》，南开大学出版社 2011 年版。

康海燕：《初中语文教科书的人生观研究》，社会科学文献出版社 2011 年版。

约翰·杰洛瑞：《文化资本——论文学经典的建构》，江宁康、高巍译，南京大
    学出版社 2011 年版。

钱理群:《经典阅读与语文教学》,漓江出版社 2012 年版。

陈柱:《中国散文史》,东方出版社 2012 年版。

钱穆:《中国思想史》,九州出版社 2012 年版。

迈克尔·斯坦福:《历史研究导论》,刘世安译,世界图书出版公司 2012 年版。

张同乐:《华北沦陷区日伪政权研究》,生活·读书·新知三联书店 2012 年版。

石鸥、吴小鸥:《中国近现代教科书史》,湖南教育出版社 2012 年版。

胡适:《四十自述》,华文出版社 2013 年版。

陈子展:《中国近代文学之变迁·最近三十年中国文学史》,上海古籍出版社
　　2013 年版。

郭廷以:《近代中国史纲》,上海人民出版社 2013 年版。

郑国民、谢锡金:《怎样进行语文教育研究》,北京师范大学出版社 2013 年版。

（五）学位论文

毕苑:《中国近代教科书研究》,北京师范大学博士学位论文,2004 年。

赵蒙:《扬州中学早期（1927—1937）国文教育及现实启示》,扬州大学硕士学
　　位论文,2011 年。

陈尔杰:《民国北京"平民教育"的渊源与兴起（1912—1920）》,北京大学博士
　　学位论文,2012 年。

附　录：部分教科书中的古代作品选文

　　本部分列举的教科书，版本以商务印书馆为主，这不仅是为了方便读者比较，也因为商务印书馆是清末民国时期最具影响力、持久力的教科书出版机构。文明书局在民国时期的影响力逐渐下降，最终于 1932 年并入中华书局；而中华书局成立于民国初年，在清末没有影响力。同时，限于篇幅，仅列举初级中学（包括清末、民初旧制中学）一年级教科书中的古代作品选文（见附表 1 至附表 6），但依然能从其中的古代作品选文的数量及篇目中管窥清末民国初级中学教科书古代作品选文全貌。教科书的出版信息，列示如下：《中学堂用国文教科书》，吴增祺评选，商务印书馆 1908 年版；《共和国教科书国文读本》，许国英编纂，商务印书馆 1913 年版；《新学制国语教科书》，范祥善、吴研因、周予同、顾颉刚、叶绍钧等编辑，商务印书馆 1923 年版；《基本教科书国文》，傅东华、陈望道编辑，商务印书馆 1931 年版；《复兴初级中学教科书国文》，傅东华编著，商务印书馆，1933 年版；《初级中学国文甲编》，国立编译馆编辑，国定中小学教科书七家联合供应处发行，1943 年版。

附表 1　《中学堂用国文教科书》（初集）选文列举

选文名称	作者
睿亲王与明史可法书（附史可法复摄政睿亲王书）	多尔衮
郡县论（九篇）、与友人论学书	顾炎武
答孙生书、甯南侯传	侯方域
万里寻兄记	黄宗羲
曾庭闻文集序、梓室遗稿序、彭躬庵七十序、萧小翮五十序、寄兄弟书、刘参传、大铁椎传、安邱张夫人家传	魏禧
梁烈妇传	王猷定
送王进士之任扬州序、答王进士书、乙邦才传、申甫传、书沈通明事	汪琬
书苏文公用闲后	魏世效
子房击秦论	毛际可

续　表

选文名称	作者
与友人荆雪涛书	于成龙
高节妇传、狱中杂记、石斋黄公逸事、武季子哀辞	方苞
阎典史传、侯方域魏禧传、青门老圃传	邵长蘅
王山长集序	施闰章
教女遗规序	陈宏谋
文学李君墓碣	姜宸英
蒲州府复涑姚二渠记	胡天游
祭妹文	袁枚
石坞山房图记	汤斌
三习一弊疏	孙嘉淦
记新疆边防二则	纪昀
别籍异财议	李绂
倪司城诗集序、焚书辨、书荆轲传后	刘大櫆
贾生明申商论、李斯论、翰林论、南园诗存序、程绵庄文集序、左仲郛浮渡诗序、赠钱献之序、赠程鱼门序、复张君书、复鲁洁非书、朱竹君先生传、袁随园君墓志铭、丹徒王公墓志铭、博山知县武君墓表、登泰山记	姚鼐
溪音序、答邓副使梅庵书	朱仕琇
秋水集序、王文成公文钞序、王处士墓志铭、文学郑君圹志铭、文学曹君墓志铭、万柳堂记	朱彝尊
先考灵表、先妣灵表、黄鹤楼铭并序	汪中
汉麒麟阁功臣颂并序	洪亮吉
书左仲甫序	张惠言
先贤仲子庙立石文、张皋文墓诗铭	恽敬
刑论、臣事论、闲园诗序、陈拜乡诗序、赠林侍郎序、赠孙秋士序、答吴子序书、游小盘谷记、钵山余霞阁记、书李林孙事、书杨氏婢	梅曾亮
权实	唐甄
蒯通论、除奸、说士二首、黄蛟门传	管同
续苏明允谏论、名实说	朱琦
读贾参传书后、致曾涤笙侍郎书、上梅伯言先生书	龙启瑞
欧阳生文集序、送谢吉人之官江左序、应诏陈言折、敬陈圣德三端预防流弊折、复贺耦耕魏庚中丞书、复吴南屏书、江忠烈公神道碑铭、李忠武公神道碑铭、大界墓表、台洲墓表、林君殉难碑记、何君殉难碑记、祭汤海秋文	曾国藩
游歙西徐氏园记	王灼
校邠庐抗议自序	冯桂芬

续表

选文名称	作者
秦论、与左逸民书、与左逸民第二书	鲁一同
祭胡文忠公文	左宗棠
祭李迪庵文	胡林翼
论私	龚自珍
黄烈女传	吴定
婴砧课诵图序、送陈伯渊赴官东河序、复陈冀子丈书、先妣行略	王拯
与郭筠仙书、凌丰叔哀辞	孙鼎臣
送朱伯韩序	冯志沂
湖南靖州训导毛府君墓志铭	邓显鹤
驳王夫之李纲论	李元度
送孙侍读还朝序、屠禹甸夫妻八十寿序、上曾侍郎书	吴敏树
赠光禄卿赵君事述	庄受祺
王觐臣副戎五十寿序	张裕钊
画网巾先生传	宋潜虚
书益阳胡文忠公与辽阳官文恭公交欢事、科尔沁亲王死事略、观巴黎油画记	薛福成
孔叙仲文集序、二许集序	吴汝纶

附表 2 《共和国教科书国文读本》（第一册）选文列举

课别	选文名称	作者
一	汉高帝论	周树槐
二	海瑞论	薛福成
三	士说	梅曾亮
四	原士	袁枚
五	蔺相如完璧归赵论	王世贞
六	焚书辨	刘大櫆
七	杂说	吴敏树
八	说钓	吴敏树
九	观渔	梅曾亮
十	渔父	邵长蘅
十一	游小盘谷记	梅曾亮
十二	病说	龙启瑞
十三	插秧女	陈文述
十四	李氏山房藏书记	苏轼

续 表

课别	选文名称	作者
十五	范增论	苏轼
十六	范增论	管同
十七	送东阳马生序	宋濂
十八	题叶秀才为方氏复姓记后	王世贞
十九	题元祐党碑	倪元璐
二十	大铁椎传	魏禧
二十一	秦士录	宋濂
二十二	吴士	方孝孺
二十三	蠹盗	何景明
二十四	沈云英传	夏之蓉
二十五	卖柑者言	刘基
二十六	少年行；城上草歌	孙枝蔚；刘侯
二十七	五岳祠盟记	岳飞
二十八	英雄之言	罗隐
二十九	左忠毅公逸事	方苞
三十	吾庐记	魏禧
三十一	贾谊论	苏轼
三十二	晁错论	梅曾亮
三十三	晁错论	苏轼
三十四	钵山余霞阁记	梅曾亮
三十五	余霞阁记	管同
三十六	岁暮别诸生	归子慕
三十七	登泰山记	姚鼐
三十八	论养士	苏轼
三十九	书货殖传后	姚鼐
四十	读货殖列传	恽敬
四十一	书周官卅人后	薛福成
四十二	删通论	管同
四十三	与友人荆雪涛书	于成龙
四十四	瘗旅文	王守仁
四十五	万柳堂记	朱彝尊
四十六	陈文长画竹册叙	魏禧
四十七	竹溪记	唐顺之

续表

课别	选文名称	作者
四十八	左仲郛浮渡诗序	姚鼐
四十九	方山子传	苏轼
五十	鹤叹	苏轼
五十一	书欧阳子纵囚论后	龙启瑞
五十二	说居庸关	龚自珍
五十三	记新疆边防二则	纪昀
五十四	李斯论	姚鼐
五十五	五代史宦者传论	欧阳修
五十六	创开中国铁路议	薛福成
五十七	秋声赋	欧阳修

附表3 《新学制国语教科书》（第一、二册）选文列举

册别	课别	选文名称
第一册	五	许行章
	六	王冕的少年时代
	七	王冕传
	八	大铁椎传
	十二	黄河上打冰
	十四	卖鱼妇
	十七	桃花源记
	十八	桃源行
	十九	桃花山
	二十	游小盘谷记
	二十一	蓬莱岛
	二十二	西山有虎行
	二十六	卜来敦记
	三十七	新丰折臂翁
	四十一	冯谖
	四十四	祭外姑文
第二册	四	五人墓碑记
	六	荆轲刺秦王
	九	送东阳马生序

续　表

册别	课别	选文名称
第二册	十一	原泉章
	十三	水经注巫峡
	十四	记翠微山
	二十三	先妣事略
	二十六	插秧女
	二十八	核舟记
	二十九	核工记
	三十	斗鸡
	三十一	养蜂
	三十三	荆元
	三十六	登泰山记
	三十九	夜渡两关记
	四十	腊日游孤山访惠勤惠思二僧
	四十一	木兰诗

附表 4　《基本教科书国文》(第一、二册)选文列举

册别	课别	选文名称
第一册	五	为学
	六	愚公移山
	七	舜发于畎亩之中
	九	李龙眠书罗汉记
	十二	核舟记
	十三	核工记
	十四	觚戏记
	十五	观车利尼马战记
	十九	水经注巫峡
	二十	登巫山最高峰
	二十一	发唐行
	二十二	夜入瞿唐峡
	二十三	下江陵
	二十四	游小盘谷记
	二十五	记翠微山
	二十六	西湖游记

续表

册别	课别	选文名称
第一册	二十七	春题湖上
	二十八	马二先生游西湖
	二十九	蓬莱岛
	三十	口技（一）
	三十一	口技（二）
	三十二	口技（三）
	三十六	关雎
	三十七	王冕的少年时代
	三十八	王冕传
	三十九	荆元
	四十	大铁椎传
	四十一	刘老老（一）
	四十二	刘老老（二）
	四十三	陌上桑
	四十四	刘东山（一）
	四十五	刘东山（二）
	四十六	秦淮健儿传
	四十七	景阳冈
	五十七	卖炭翁
	五十九	新制布裘
第二册	四	项脊轩志
	五	先妣事略
	六	寒花葬志
	九	闲情记趣
	十一	田家即事
	十三	万里春
	十九	插秧女
	二十四	晚春田园杂兴
	二十五	桃花源记
	二十六	桃源行
	二十七	寄墨弟书
	二十八	示儿
	二十九	与澄侯温甫子植季洪弟

续表

册别	课别	选文名称
第二册	三十	清平乐
	三十三	养蚕词
	三十四	钴鉧潭西小丘记
	三十五	柳州山水近治可游者记
	四十二	阿房宫
	四十三	庐山草堂记
	五十	消暑
	五十四	苦旱行
	五十七	夏夜叹
	五十八	人皆有人不忍人之心
	五十九	蚊对
	六十	兼爱

附表 5　《复兴初级中学教科书国文》（第一、二册）选文列举

册别	课别	选文名称	作者
第一册	六	梧桐	李渔
	八	菊海	张岱
	十	小洋	王思任
	十一	蓬莱岛	《镜花缘》
	十二	李龙眠画罗汉记	黄淳耀
	十三	核工记	宋起凤
	十六	小石潭记	柳宗元
	十七	大明湖	《老残游记》
	二十	满井游记	袁宏道
	二十二	景阳冈	《水浒》
	二十三	夜渡两关记	程敏政
	二十四	大铁椎传	魏禧
	二十五	刘老老（一）	《红楼梦》
	二十六	刘老老（二）	《红楼梦》
	二十七	马二先生	《儒林外史》
	二十八	醉书齐记	郑日奎
	二十九	刘东山（一）	《拍案惊奇》
	三十	刘东山（二）	《拍案惊奇》

续 表

册别	课别	选文名称	作者
第一册	三十四	说居庸关	龚自珍
	三十七	病梅馆记	龚自珍
	四十	村居苦寒	白居易
第二册	三	愚公移山	《列子》
	十七	五人墓碑记	张溥
	二十一	沈云英传	夏之蓉
	二十二	费宫人传	陆次云
	二十三	先妣事略	归有光
	二十五	鸣机夜课图记	蒋士铨
	二十七	西门豹治邺	史记
	二十八	杨修之死	《三国演义》
	二十九	三姑娘殉夫	《儒林外史》
	三十	华元为植巡功	《左传》
	三十四	石碣村湖泊	《水浒》
	三十五	新丰折臂翁	白居易
	三十六	冯谖	《战国策》

附表 6 《初级中学国文甲编》（第一、二册）选文列举

册别	课别	选文名称	作者
第一册	三	为学一首示子侄	彭端淑
	九	火烧赤壁（节选）	罗贯中
	附诗	赤壁	杜牧
	十一	核舟记	魏学洢
	十三	湖心泛月记	林纾
	十五	北堂侍膳图记	朱琦
	十六	婴砧课诵图序	王拯
	十八	梧桐	李渔
	十九	马伶传	侯方域
	二十	大铁椎传	魏禧
	附诗	少年行	令狐楚
	二十五	巴黎观油画记	薛福成
	二十七	沈云英传	夏之蓉
	二十九	儿时记趣	沈复

续 表

册别	课别	选文名称	作者
第一册	三十四	黄河结冰记	刘鹗
	附诗	村居苦寒	白居易
第二册	一	寄沅季二弟	曾国藩
	二	寄纪瑞侄	曾国藩
	十	日喻赠吴彦律	苏轼
	十一	弈喻	钱大昕
	十二	景阳冈	施耐庵
	十三	群英会	罗贯中
	附诗	黄鹤楼送孟浩然之广陵	李白
	十四	记翠微山	林纾
	十五	游小盘谷记	梅曾亮
	十八	万里寻兄记	黄宗羲
	十九	鞭虎救弟记	蒋衡
	二十二	说居庸关	龚自珍
	二十三	夜渡两关记	程敏政
	二十六	人皆有人不忍人之心	孟子
	二十八	明湖居听书	刘鹗
	三十	读书法	朱熹
	三十一	习惯说	刘蓉
	三十四	爱莲说	周敦颐
	附诗	七夕	杜牧

后　记

　　本书是在我的博士学位论文基础上完成的。回想三年博士生涯，给我提供帮助的人颇多。首先，最应感谢的是我的导师郑国民教授。正是由于老师对边疆教育事业及我个人的热心帮助和大力支持，我才得以于 2012 年以教育部"对口支援新疆"计划进入北京师范大学攻读博士学位。三年间，老师在生活上、学业上、工作上均给予了我无微不至的关怀。老师当时正在主持国家社科基金重点项目"20 世纪中国文学教育的历史回顾与现实意义研究"，考虑到我硕士攻读的是中国古代文学专业，便建议我以近代中学国文教科书中的古代作品为研究对象，开展博士论文撰写工作。在论文写作的过程中，老师每周都拿出固定的时间，集合师门同学进行讨论；同时，还多次邀请教育学、文学、历史学等领域的专家学者对我们的论文进行指导。老师包容的胸怀、国际化的视野、敏锐的洞察力都深刻影响着我。他要求我们大量翻阅民国报纸杂志以获得第一手资料，还让我们随身准备一个小记录本，及时记下"眼前一亮"的发现。老师多次强调要学会交流、懂得分享，以获得思维的碰撞，而且不必拘于形式，可以在宿舍里、在操场边、在饭桌前……正是老师一次次的督促，打消了我偷懒的念头，博士学位论文才得以在三年时间内完成；正是老师的精心呵护，保证了论文的质量，我的论文才得以顺利通过匿名专家的评审，并最终通过了答辩。

　　衷心感谢同门的兄弟姐妹。正是大家的共同努力，完成了"百年中学语文教科书选文"数据库的建设工作，才让我开展论文写作有了最基本的依据。特别感谢华东师范大学的张心科教授、首都师范大学的张燕华教授、北京教育学院的陈晓波教授，在我论文写作遇到困难的时候，大家都暂时放下了手头工作，集中精力给我出谋划策，并提出了宝贵的可行性建议。三年中，我由于能力有限，没能给师门锦上添花，却屡次感受到了雪中送炭般的温暖，这让我终生难忘。

衷心感谢我的妻子。三年来，她默默承担了所有的家务，每次打电话总是报喜不报忧。在毕业论文答辩前夕，我们的宝贝女儿降临了，从此我们的二人世界变成了三口之家。曾经为了评职称而忙着做课题、发论文的我，猛然发现女儿是我今生最大的课题、最有分量的论文。

感谢所有帮助过我、批评过我、理解过我的人！

赵新华

2021 年 5 月 17 日于新疆师范大学